Sebastian Fickert – Vietnam

Dr. Sebastian Fickert wurde am 29. April 1976 geboren. Nach dem Studium der Rechtswissenschaft an der Universität Würzburg promovierte er auf dem Gebiet des Strafprozessrechts. Anfang 2004 wurde er zum Richter ernannt. Er arbeitete zwischenzeitlich als Staatsanwalt, danach als Richter am Amtsgericht Gemünden am Main, am Landgericht Würzburg sowie am Oberlandesgericht Bamberg. Seit November 2023 ist Fickert Vorsitzender Richter am Oberlandesgericht. Im Verlag Königshausen und Neumann erschienen von ihm bislang das Buch „14 Wochen Japan“, die Reiseerzählungen „Kasachstan“, „Ararat“, „Ecuador“, „Namibia“ sowie die Romane „Der Frosch auf dem Wasser“ und „Eckert oder der Vogel im Weinberg“.

Sebastian Fickert

Vietnam

Eine Reise

Königshausen & Neumann

Bibliografische Information der Deutschen Nationalbibliothek
Die Deutsche Nationalbibliothek verzeichnet diese Publikation in der Deutschen Nationalbibliografie; detaillierte bibliografische Daten sind im Internet über http://dnb.d-nb.de abrufbar.

Gedruckt auf säurefreiem, alterungsbeständigem Papier
Umschlag: skh-softics/coverart
Umschlagabbildungen: Fotos: Autor; bis auf S. 2 Meike Keller

Karte S. 236: https://commons.wikimedia.org/wiki/File:Vietnam-map.png

Printed in Germany

ISBN 978-3-8260-8713-4
eISBN 978-3-8260-8714-1

www.koenigshausen-neumann.de
www.ebook.de
www.buchhandel.de
www.buchkatalog.de

Inhalt

Eins

Aufbruch

Ich kann jetzt nicht weg, ohne nicht auch was hinter mir zu lassen.

Hubert von Goisern

Der Regen lässt nach. Hinter der Glaswand werden die Schritte langsamer und die Züge der jungen Frau, die den Kinderwagen schiebt, entspannen sich. Auf dem unebenen Asphalt übernimmt ihr älteres Kind den Rollkoffer. Ein kurzes Lächeln huscht über ihr Gesicht. Die Deutsche Bahn schenkt mir diesen Moment in dem Café mit Blick auf den Bahnhofsvorplatz, wobei ich meinen Anteil nicht verschweigen möchte: Um 8.50 Uhr betrat ich das Bahnhofsgebäude, der Fahrkartenautomat tat sicherlich sein Bestes, um meine Anfrage „Frankfurt (M) Flughafen" gewissenhaft zu beantworten und bat um „einen Moment". Der Moment dauerte – zumindest gefühlt – sehr lang. Mit großem Travelrucksack auf dem Rücken, einem etwas kleineren Rucksack vor mir und der Fahrkarte in der Hand lief ich kurz darauf durch die Unterführung und die Treppen zum Gleis hinauf. Etwa 15 Stufen und 10 Meter entfernt stieg der Schaffner um 8.54 Uhr und 40 Sekunden (die Uhr mit Sekundenanzeiger war direkt über ihm gut zu erkennen) ein und schloss die Tür hinter sich. 10 Sekunden später drückte ich auf die runde Taste an der Waggontür. Sie leuchtete nicht mehr grün auf. Ich sah nach oben ins Gesicht des Zugbegleiters. Mit ernster Miene schüttelte er den Kopf. Mit möglichst entsetztem Blick sprach ich lautlos durch die Scheibe eine „55". Er zog gleichzeitig Augenbrauen und Schultern nach oben. Wir standen uns weitere 30 Sekunden bei verriegelten Türen gegenüber. Dann fuhr der Zug fahrplanmäßig ab. Jetzt steht der große Rucksack, der mich schon vor 20 Jahren nach Japan begleitete, neben mir. Ich schaue durch die Glasfront oder auf einen Bildschirm im Café, über den Ozelots in Texas streifen. In einigen Wiederholungsschleifen werde ich sie eingehend studieren können. Vom nächsten ICE, der über den Hauptbahnhof Frankfurt fährt, wird wegen des angekündigten Warnstreiks abgeraten. Es folgt laut Plan eine Direktverbindung in einer Stunde. Für diese wird bereits jetzt eine Verspätung von 40 Minuten angezeigt. Ich hatte mir fest vorgenommen, dieses

Mal zwei bis drei Stunden vor Abflug am Flughafen anzukommen. Es soll nicht sein. Dafür kann ich mich hier in den nächsten eineinhalb Stunden auf die Reise einstimmen.
Aus meiner Jacke ziehe ich ein kleines Blatt. Gestern schrieb mir ein vietnamesisches Ehepaar, das mein Stamm-Sushi-Lokal in Würzburg betreibt, die wichtigsten Worte für eine Minimalkommunikation auf. Danach feilten sie mit bewundernswerter Geduld an meiner Aussprache – wie sie bald merkten, ein ambitioniertes Unterfangen. An welchem Wort ich mich auch versuchte, die Frau schüttelte den Kopf und wiederholte es lächelnd mit dem Zeigefinger dirigierend. Nach der vierten Wiederholung war ich davon überzeugt, kein Naturtalent zu sein. Diese Einschätzung bestätigen frühere Erfahrungen: Vor vier Jahren erlebte ich eine ganz ähnliche Situation in Okahandja, wo sich eine Namafrau vergeblich bemühte, mir ein paar Worte der Klicksprache beizubringen. Vietnamesisch klingt in meinen Ohren nicht einfacher: Eine Silbe kann in sechs verschiedenen Tonhöhen ausgesprochen werden, wovon der Sinn des Wortes entscheidend abhängt. Hinzu kommen Implosive und Diphthonge, für die es keine annähernd vergleichbare Aussprache im Deutschen gibt. Meine Versuche weckten das Interesse der gesamten Belegschaft, die – sichtlich erheitert – Verbesserungsvorschläge machte, die sich ihrerseits unterschieden, je nachdem, ob der Ratgeber aus Hanoi, Hue oder dem Süden des Landes stammte.
Noch mehr als die Verständigung beschäftigte mich in den letzten Wochen aber etwas anderes: Wie wird es sein, *allein* zu reisen? Dieser Gedanke kam mir immer häufiger in den Kopf, besonders kraftvoll am Morgen während des Aufwachens oder wenn Bekannte mich fragten, mit wem ich unterwegs sei, und auf meine Antwort hin das Wort „allein“ – meistens mit Betonung der zweiten Silbe – wiederholten. Und „al*lein*“ bedeutet, dass ich Menschen, Gewohnheiten, ja meinen Alltag in Würzburg und Bamberg zurücklasse. Hubert von Goisern sagte einmal in einem Interview, der Aufbruch sei immer mit Neugier und Fantasie verbunden. Es bleibe zwar auch etwas zurück, aber daran denke man zunächst nicht, wenn man die-

se Sehnsucht habe: „Kurz vor der Reise kommt dir dann der Gedanke: Ich kann jetzt nicht weg, ohne nicht auch was hinter mir zu lassen. Das ist zwar schmerzvoll, aber kurz."

In mir setzt sich jetzt eine positive Anspannung durch, bestärkt durch die Nachrichten einiger Freunde, die sich mit mir freuen. Außerdem habe ich meine beiden schwarzen Notizbücher dabei. Es ist, als würde ich mit ihnen denjenigen, der später diese Zeilen liest, jetzt mitnehmen, für „das Gespräch, das jedes Buch sein will", wie Navid Kermani schreibt.

Der übernächste Zug nimmt mich bis Frankfurt mit. Kurz vor dem Flughafen bleibt er an einer kleinen Haltestelle stehen. Die Weiterfahrt sei wegen einer „Stellwerkstörung und/oder behördlichen Anordnung" nicht möglich. Alle Fahrgäste sollen aussteigen und mit „einem anderen Zug" weiterfahren. Werde ich eine Stunde vor Abflug am richtigen Terminal sein? Allein bin ich mit dieser Ungewissheit nicht. In der folgenden, gut gefüllten Regionalbahn zum Flughafen herrscht gespannte Stille.

Dort eile ich (wieder einmal) im Grenzbereich zwischen beschleunigtem Gehen und Laufschritt durch lange Gänge bis zu einem Busshuttle. Die Abfahrt des Busses verzögert sich, weil tröpfchenweise neue Fahrgäste heraneilen. Am Gepäckschalter stehen keine Passagiere mehr. Nur eine Bedienstete unterhält sich gut gelaunt mit ihrem Kollegen. Lächelnd nehmen sie mich zur Kenntnis und sprechen weiter.

„Ich würde gerne um 13.55 Uhr nach Hanoi fliegen", störe ich ihr Gespräch. Beide unterbrechen und sehen mich an.

Er atmet hörbar aus: „Na, dann wird es Zeit!"

„In sechs Minuten schließt der Schalter", ergänzt sie. Sie nimmt meinen großen Rucksack entgegen und sagt freundlich wie bestimmt: „Sie sollten jetzt direkt zum Gate gehen!"

Wäre mein Bruder mitgereist, hätte er sie vermutlich – ebenso freundlich – nach den Duschen im Gebäude gefragt. Ich dagegen nicke und bedanke mich artig. Es bleibt wenig Zeit, die Flughafenatmosphäre aufzunehmen. Als ich am Gate ankomme, ist es bereits geöffnet. Kurz danach sitze ich auf meinem Platz. Für Zweifel an der Reise war in den letzten beiden Stunden kein Raum. Ich bin froh, im Flieger zu sein.

Und dort werde ich nun freundlich von der Stewardess in einem Ao Dai (gesprochen „ow zai“ im Norden beziehungsweise „ow yai“ im Süden Vietnams), einem „langen Kleid“ begrüßt. Ich habe einiges darüber im Vorfeld gelesen: Es sei eine Kombination aus Tradition und Moderne, ein vietnamesisches Symbol für Grazie und Schönheit, anmutig, jedoch nicht kokett. Der Ursprung liege in der Cham-Kultur des 17. Jahrhunderts. Durch eine Verfeinerung sei ein Kompromiss zwischen der konservativen, konfuzianischen Kleidungstradition und dem Wunsch nach individueller Freiheit entstanden. Jetzt sehe ich ihn das erste Mal konkret und kann sagen: Jedenfalls dieser Frau steht der Ao Dai gut. Genau genommen ist es ein Set: ein oben eng anliegendes, rotes Seidenkleid, das an zwei Seiten etwa ab dem oberen Rand des Beckens geschlitzt ist. Wäre das alles, wäre Konfuzius nicht einverstanden gewesen, auch wenn das Kleid lange Ärmel hat und am Hals eng ist. Unter dem geschlitzten Kleid trägt die Stewardess aber noch eine weite, weiße Hose. Nach einem vietnamesischen Sprichwort bedecke der Ao Dai alles, aber verstecke nichts. In der Kolonialzeit des Landes trugen ihn nur vietnamesische Frauen, die mit französischen Männern verheiratet waren, später wurde er ein weit verbreitetes Kostüm. Jetzt kann ich bestätigen, dass ihn zumindest die Stewardessen von Vietnam Airlines anziehen.

Auf dem kleinen Bildschirm vor mir sehe ich vertraute Orte: Die Fluglinie wirbt für eine Reise nach Japan, unterlegt mit strahlenden Aufnahmen des Kaiserpalastes, des Tokyotower und der Natur Hokkaidos. Es folgen die Sicherheitsanweisungen, sonst eine nüchterne Angelegenheit: Da ist die Rettungsweste, hier steckt eine Pfeife und dort sind die Notausgänge. Dieses Mal wird etwas anderes geboten und jeder in meiner Umgebung schaut zu: Gedreht wurde die Einweisung nicht in einem Flieger, sondern an verschiedenen Orten in Vietnam – im Hochland, auf einem Reisfeld, einer Tempelanlage und vor einem Wasserfall. Vor allem aber werden die Anweisungen tänzerisch dargestellt. Ich brauche einen Moment, um zu verstehen, was da gerade vor sich geht. Es scheint, als müssten die Tänzer selbst ein Lachen unterdrücken. Am meisten Spaß aber hat jetzt ein etwa zweijähriger Passagier, der drei Reihen weiter euphorisch zur Performance mittanzt. Spätestens das sorgt in seinem Umkreis für gute Laune. Das erste Mal finde ich es fast schade, dass eine Einweisung zu Ende ist und wir kurz darauf abheben. Ich schaue mir noch einen ästhetischen Werbefilm über das Land an, während das Flugzeug wackelnd der Sonne entgegenfliegt. Ein paar Minuten später ist es draußen dunkel. Mein Nachbar fasst ungläubig an die Scheibe, als wolle er einen Vorhang zur Seite schieben. Es ist 15 Uhr MEZ und wir haben laut Flugkarte gerade Würzburg überflogen. Es war weder ein Gewitter noch eine Sonnenfinsternis angekündigt. Ein plötzlicher Zeitsprung ist nicht sehr wahrscheinlich. Ich vergewissere mich: der Werbefilm dauerte nur acht Minuten. Die Stewardess kommt vorbei, ich frage sie, warum es draußen dunkel sei. Sie lächelt verständnisvoll. Draußen sei es hell. Das sei eine automatische Abdunkelung der Fenster, man könne sie aber für das jeweilige Fenster jederzeit ändern. Sie deutet auf die Tasten. Nein, winke ich betont gelassen ab, das könne so bleiben. In Vietnam ist es bereits nach 22 Uhr. So werden die Lichtverhältnisse schon jetzt angepasst. Vielleicht ist das eine Möglichkeit, dem Jetlag vorzubeugen – oder die Augen vor zu grellem Licht zu schützen.

Ich richte sie wieder auf den Bildschirm. Der nächste Film stellt die südvietnamesische Stadt Nha Trang mit ihrem langen Strand vor. Der Arzt und Bakteriologe Alexandre Yersin leitete dort während der französischen Kolonialherrschaft das Pasteurinstitut, baute Straßen, ein Telegrafennetz, sagte den Fischern Taifune voraus. Ganz gleich, was ich jetzt noch über ihn schreibe, etwa, dass er den Pesterreger entdeckte, landwirtschaftliche Betriebe errichtete, die Schule für Medizinisches Personal in Hanoi aufbaute oder Forschungen in Bereichen der Elektrizität oder Astronomie betrieb – es wird sehr unzureichend sein. An der Stelle begnüge ich mich damit, dass der

gebürtige Schweizer, der die französische Staatsangehörigkeit annahm, noch heute in Vietnam wegen „Verdiensten auf unterschiedlichen Gebieten" gewürdigt wird. Und dass Patrick Deville ihm mit „Pest und Cholera" ein literarisches Denkmal geschaffen hat.
Ein Werk anderer Art beeinflusst meine nächste Entscheidung: Weil mich Brad Pitt in der Rolle des Cliff Booth in „Once about a time in Hollywood" überzeugte, ziehe ich „Bullet train" den zur Auswahl stehenden vietnamesischen, koreanischen und japanischen Produktionen vor. Während Turbulenzen am Flugzeug rütteln, wird Pitt durch einen Shinkansen zwischen Tokyo und Kyoto geschleudert. Inmitten zahlreicher Profikiller wirkt er – wie der gesamte Streifen – sehr um Effekt und Witz bemüht. Und nach den ersten Dialogen ist klar: Es ist kein Quentin Tarantino-Film, auch wenn er irgendwie daran erinnern will. Als Pitt der letzten ausweglosen Situation entronnen ist, passieren wir den Van-See und kurz darauf das türkische Dogubeyazit an der Grenze zum Iran und zu Armenien. Vor zehn Jahren war ich mit einer kleinen Bergsteigergruppe hier. Und die Bilder von meinen Beinen, die nur noch imstande waren, winzige Schritte zu machen, dem gefrorenen Gletscher und unserem Jubel auf dem Gipfel des Ararat sehe ich scharf vor mir.
Danach überqueren wir den südlichen Teil des Kaspischen Meeres und den Iran. Auf der Karte ist eine zerklüftete Berglandschaft zu erkennen, aber keine Stadt. Auch nach dem zweiten Becher Rotwein schlafe ich nicht ein. Betrachte ich zuhause am späten Abend Landkarten, wirkt das oft so beruhigend, dass nach kurzer Zeit meine Augenlider schwer werden. Jetzt bleibt der Effekt aus: Unter mir ziehen ein dünn besiedelter Teil Pakistans, der Norden Indiens, die Grenze zu Nepal vorbei. Auf der Karte sehe ich Bangladesch, den Golf von Bengalen und Myanmar. Bei den vielen unbekannten Orts- und Flussnamen wird mir wieder bewusst, wie begrenzt mein Wissen von der Welt ist. Und auch meine Kenntnisse in Bezug auf Vietnam waren lange Zeit auf „den" Vietnamkrieg beschränkt, auf Begriffe wie „Dschungelkrieg", „Guerillataktik" oder „Viet Cong", die ich als Kind aufschnappte, wenn mein Vater, ein Lehrer oder Jugendliche

davon sprachen. Um die Begriffe bildeten sich Sätze, wie der von der „blutigen Nase", die sich die Amerikaner bei ihrem Kampf gegen den Kommunismus im Regenwald geholt hätten. Als Jugendlicher sah ich Filme, die – Mitte der 80er Jahre gedreht – das Gesamtbild ausmalten: In „Platoon" kämpfte William Dafoe als heldenhafter Elias, Sylvester Stallone befreite (noch heroischer) nach dem Krieg in Gefangenschaft geratene US-Soldaten in „Rambo II". Minimal weiteten „Good Morning Vietnam" (es war möglich, mit einem „Viet Cong" Freundschaft zu schließen und sich in dessen Schwester zu verlieben!) und „Full Metal Jacket" (der Krieg hatte auch etwas Absurdes!) meine Perspektive. Als ich „Apocalypse Now" das erste Mal in geselliger Runde eher beiläufig schaute, wunderte ich mich schon weniger über Lieutenant Colonel Kilgore und seine Vorlieben für Napalm oder Surfbretter als über den Umstand, dass Captain Willard mitten im Dschungel französische Plantagenbesitzer trifft.

Und einige Jahre später ertappte ich mich beim Lesen von „Pest und Cholera" oder Werken von Marguerite Duras dabei, dass ich zunächst keine Vorstellung hatte, wo diese Geschichten angesiedelt waren. Als wären sie Fremdkörper in meinem bereits gefertigten Bild, musste ich sie langsam in die Vorstellung von Vietnam integrieren.

Zwei

Dien Bien Phu – Hanoi

Die Tonkin-Franzosen haben sich beeilt. Innerhalb von zwanzig Jahren haben sie, um ihre Macht zu untermauern, als blieben sie für Jahrhunderte da, mit der Selbstsicherheit und Dreistigkeit und Verblendung der Römer, die sich nach Gallien verirrten, das Hotel Metropole und das Palais Puginier errichtet, eine Pferderennbahn und die Markthallen gebaut, die beiden Seen entwässert und trockengelegt.

Patrick Deville

Die ersten Missionare waren Dominikaner. Dauerhaft richteten sich erst französische und portugiesische Jesuiten in dem Land ein. Einer von ihnen war Alexandre de Rhodes, der ab 1624 hier seinen Glauben verbreitete und später das erste vietnamesisch-portugiesisch-lateinische Wörterbuch schrieb. Ihm wird vereinzelt auch die Entwicklung der vietnamesischen Schrift auf Basis lateinischer Buchstaben zu-geschrieben. Inwieweit zuvor schon Portugiesen diese Schrift entwickelt hatten, ist umstritten, jedenfalls wird sie nach wie vor unter dem Namen Chu Quoc Ngu verwendet und de Rhodes hat sich mit ihr zumindest intensiv auseinandergesetzt.
Die Glaubensbrüder und die Franzosen waren nicht von vornherein unbeliebt. Kaiser Gia Long besiegte mit französischer Unterstützung seine Gegner im eigenen Land und holte Anfang des 19. Jahrhunderts Missionare als Berater an den Hof. Doch unter seinem Nachfolger Minh Mang kippte die Stimmung. In der katholischen Missionsbewegung sah dieser eine Gefahr für die konfuzianisch geprägte Staatsordnung. Auf die Repressionen des Kaisers folgten Aufstände, an denen sich die Katholiken beteiligten. Im Gegenzug wurden Christen öffentlich hingerichtet. Der nächste Kaiser Tu Duc goss noch mehr Öl ins Feuer, und das in einer Situation, in der Frankreich bereits begonnen hatte, seine Fühler nach Südostasien auszustrecken. Lange Zeit hatten die europäischen Kolonialmächte an dem armen Land kein nennenswertes Interesse. Mit der erzwungenen Öffnung Chinas entstand eine neue Perspektive: In Vietnam konnten wichtige Stützpunkte für den Land- und Seeweg aufgebaut werden. Und seit Waterloo wartete Frankreich darauf, sich zumindest außerhalb Europas wieder zu vergrößern.
Als Tu Duc 1857 zwei spanische Missionare hinrichten ließ, lieferte er den ersehnten Anlass. Mit Truppen, die auf Grund des sich abzeichnenden Sieges im Zweiten Opiumkrieg gegen China frei geworden waren, startete Frankreich gemeinsam mit Spanien eine

„Strafexpedition". Ende August 1858 tauchte ein französisches Flottengeschwader vor Tourane, heute Da Nang, auf. Die Franzosen besetzten die Bucht. Von dort mussten sie sich zwei Jahre später zwar zurückziehen, in der Zwischenzeit hatten sie aber Saigon unter ihre Kontrolle gebracht. 1862 annektierten sie drei Provinzen im Süden Vietnams, die sie zur Kolonie Cochinchina zusammenschlossen. Bis 1887 beherrschten sie auch die Mitte und den Norden Vietnams, bezeichneten die Gebiete als Protektorate Annam beziehungsweise Tonkin und bildeten daraus mit dem Protektorat Kambodscha die „Union Indochinoise". 1893 wurde das heutige Laos eingegliedert. In den folgenden Jahren regte sich starker Widerstand gegen die Fremdherrschaft. Regelmäßig brachen Aufstände aus. Diese wurden zwar niedergeschlagen, doch die Sicherheitslage blieb fragil. Im Zweiten Weltkrieg besetzten Japaner das Land und diesmal formierte sich ein Widerstand, der militärisch sogar von dem US-Geheimdienst OSS unterstützt wurde: Die Viet Minh, die „Liga für die Unabhängigkeit Vietnams", gegründet und politisch geführt von Ho Chi Minh, war ein Zusammenschluss aus nationalistischen und kommunistischen Kämpfern unter militärischer Leitung von Vo Nguyen Giap. Nach der Kapitulation Japans wollte Frankreich die Kolonie wieder zurück, die Viet Minh hingegen waren entschlossen, die Fremdherrschaft jetzt endgültig abzuschütteln. 1946 brach der Indochinakrieg aus, dessen Ende zugleich die französische Kolonialzeit abschloss.

Dass es so kam, hängt mit einem Ort zusammen, den wir gerade überfliegen. Die Viet Minh setzten gegen die militärisch überlegenen Besatzer Nadelstiche mit Guerillaaktionen, nach deren Ausführung sie sich in ländlichen Rückzugsgebieten versteckten. Die französischen Truppen kontrollierten zwar weitgehend die Städte. Sobald sie diese aber verließen, mussten sie Anschläge fürchten. Hinzu kam, dass China ab 1950 die Viet Minh erheblich militärisch unterstützte, so dass Giap noch im selben Jahr mehrere Divisionen aufstellen konnte. Um dem Krieg eine günstige Wendung zu geben, wollte die französische Militärführung eine offene Entscheidungsschlacht herbeiführen. Und entscheidend war diese dann in der Tat. Im Nordwesten des Landes, 30 Kilometer von der Grenze zu Laos und 300 Kilometer Luftlinie von Hanoi entfernt, befand sich ein kleiner, in einem Tal gelegener Militärstützpunkt der Viet Minh, die auch die umliegenden Berge besetzten. Die Franzosen erhofften sich, mit der Übernahme des 15 Kilometer langen Tals sowie des Hochlands auch die Kontrolle über die Opium- und Reisernte in der Gegend übernehmen zu können. Tatsächlich gelang es im November 1953 gut 2.000 französischen Fallschirmjägern, den Stützpunkt samt Landeplatz einzunehmen und erste Befestigungen zu errichten.

Mit über 2.000 Tonnen Holz und Eisen bauten die Franzosen acht Stützpunkte zu kleinen Festungen aus, gaben ihnen wohlklingende Frauennamen wie Beatrice, Dominique oder Isabelle, und bestückten sie mit eingeflogenen Haubitzen, Mörsern, Luftabwehrgeschützen sowie kleinen Panzern. Minen, Stacheldraht und ausgeklügelte Schützengräben sicherten die Stellungen, ein kleiner Landeplatz die Versorgung aus der Luft. Erfahrene Fremdenlegionäre, darunter viele Deutsche, von denen wiederum ein Teil in der Waffen-SS gewirkt hatte, standen bereit. Jetzt konnten die Viet Minh kommen.

Und sie kamen. Noch Anfang 1953 war sich die Führung der Viet Minh einig, dass man an der Guerillataktik festhalten und eine verlustreiche offene Schlacht vermeiden müsse. Doch Ende des Jahres hatte Giap einen anderen Plan, von dem er die Kader nach und nach überzeugte. Was folgte, überstieg die Vorstellungskraft der Kolonialmacht: Die Viet Minh schafften es, schwere Geschütze, hunderte Tonnen Munition und über 17.000 Tonnen Nahrungsmittel durch unwegsames Gelände zu transportieren. Ich habe einmal einen alten Dokumentarfilm gesehen, in dem gezeigt wurde, wie die Dan Cong, so hießen die Trägereinheiten, Waffen in die eine und Verwundete in die entgegengesetzte Richtung schafften. Mit Seilen und bloßen Händen hievten sie auf schlammigen, engen Pfaden schwere Artillerie über steile Hügel. Und ich sah in dem Film viele Frauen: Zwei Drittel der Träger waren weiblich.

Als am 13. März 1954 die vietnamesische Artillerie das Feuer eröffnete, wurde den Franzosen im Tal schlagartig bewusst, dass es sehr ungemütlich wird. Am ersten Tag der Schlacht wurden der Hauptflugplatz zerstört und Beatrice überrannt. Am 15. März fiel Gabrielle und zwei Tage später Anne-Marie. Um eigene Verluste zu reduzieren, gruben die Viet Minh sich immer näher an die verbliebenen Festungen heran. Sie schossen Versorgungsflugzeuge ab. Die Fallschirme, an denen Munition und Nahrungsmittel hingen, warfen die französischen Flugzeuge zum Selbstschutz aus so großer Höhe ab, dass sie meistens ihr Ziel verfehlten. Der Monsunregen flutete das Grabensystem, das Schutz bieten sollte. Immer mehr verteidigende Soldaten desertierten, die Viet Minh nahmen eine Stellung nach der anderen ein und zogen den Belagerungsring enger und enger. In der Not baten die eingekesselten Franzosen die USA um Unterstützung durch die Air Force. Sogar der Einsatz von Atomwaffen wurde als Option in Erwägung gezogen. Aber die US-Regierung zierte sich, zumal die Briten unter Churchill erklärten, sich an keiner Militäraktion beteiligen zu wollen.

Kurz vor Zusammenbruch der Franzosen setzen die Viet Minh am 6. Mai gegen Eliane, Claudine und deren verbliebene Freundinnen das erste Mal „Katharinchen" ein. Michail Issakowski und Matwai Blanter komponierten 1938 das russische Liebeslied, in dem das Mädchen zwischen Nebelschwaden, blühenden Apfel- und Birnbäumen auf das hohe, steile Ufer läuft und jauchzend die erhoffte Heimkehr des Geliebten besingt. Im Zweiten Weltkrieg wurde „Katjuscha" zu einer Kriegshymne der Roten Armee und in der Folge die Namensgeberin für den sowjetischen Raketenwerfer, den die Deutschen – weniger zärtlich – „Stalinorgel" nannten. Als die verbliebenen Verteidiger der französischen Stellungen nun deren Pfeifen, vor allem aber die schnellen Einschläge hörten, war die Kampfmoral vollends gebrochen. Zwei Tage später kapitulierte als letztverbliebene Festung Isabelle, kurz darauf erklärte Frankreich bei der Indochinakonferenz in Genf, sich vollständig aus Südostasien zurückzuziehen. Von den Frauen, die hinter den Namen der Stellungen standen,

ist nichts mehr bekannt. Geblieben ist Dien Bien Phu als Begriff für die Vertreibung der europäischen Kolonialmacht.
Wir überfliegen den Schwarzen und kurz darauf den Roten Fluss. Ich sitze bequemer als der Auslandskorrespondent Thomas Fowler, den Graham Greene in seinem Roman „Der stille Amerikaner" während des Indochinakrieges in ein französisches Militärflugzeug setzt: „Ich wurde in einen kleinen Metallsitz hineingepfercht, der nicht größer war als ein Fahrradsattel, sodass meine Knie an den Rücken des Copiloten stießen. Erst flogen wir, langsam Höhe gewinnend den Roten Fluss aufwärts, und zu dieser Stunde des Tages war der Rote Fluss wirklich rot. Man fühlte sich weit in die Vergangenheit zurückversetzt und sah den Fluss mit den Augen jenes alten Geographen, der ihn erstmals so genannt hatte, zu ebensolch einer Stunde, als die sinkende Sonne den Wasserlauf von Ufer zu Ufer ausfüllte. In fast 3.000 Meter Höhe drehten wir dann zum Schwarzen Fluss ab, der tatsächlich schwarz war, voll tiefer Schatten, weil das Licht nicht mehr im richtigen Winkel einfiel, und die gewaltige, majestätische Szenerie von Schluchten, Felsabstürzen und Dschungel schwenkte herum und ragte unter uns senkrecht empor. Man hätte ein ganzes Geschwader in jene Felder von Grün und Grau werfen können, und es hätte nicht mehr Spuren hinterlassen als ein paar Münzen in einem Kornfeld." Wir fliegen wesentlich höher und ich kann in dem Dunst keinen der Flüsse erkennen. Auch fünf Minuten vor der angekündigten Landung sehe ich durch das Fenster nur milchiges Weiß. Dann kommen grüne Felder zum Vorschein und wir setzen auf.
Ich fühle mich auch noch bewölkt. Müde packe ich meine Sachen in den Rucksack. Dort finde ich nach kurzer Überprüfung nur einen schwarzen Geldbeutel. Um mich für den Fall eines Diebstahls oder sonstigen Verlusts abzusichern, habe ich zwei mitgenommen. In einem sind 400,- Euro Bargeld, in dem anderen eine EC- und eine Kreditkarte. Leider finde ich nur den ersten. Sofort erhöht mein Hirn die Aktivität: 400,- Euro für Unterkünfte, Transporte und Lebensmittel. Ich habe ein Ticket für den Rückflug, der

in über zwei Wochen von Ho-Chi-Minh-City aus geht. Bis dahin sind es 1.700 Kilometer und ich habe noch Tickets für zwei Teilabschnitte mit der Bahn. Das könnte sehr knapp werden. Ein weiteres Mal durchsuche ich Sitz, Jackentasche und Rucksack. Tatsächlich ist der zweite Geldbeutel in eine Seitentasche gerutscht. Ich bin wieder wach.

Sehr aufgeweckt ist auch die Dame, die mich nach der Passkontrolle in einer kleinen Wechselstube empfängt. Ich frage sie, ob sie weiß, wo ich eine vietnamesische SIM-Karte für mein Mobiltelefon erwerben kann. Diesen Rat erhielt ich von den beiden vietnamesischen Gastwirten aus Würzburg. In einem Bewegungsablauf nickt die Frau, springt lächelnd auf und zieht mich ohne Berührung, aber schnell redend aus der Halle in einen Seitengang. Sie ist sehr zierlich, eineinhalb Köpfe kleiner als ich. Ihrem Elan fühle ich mich nicht gewachsen. Und dasselbe gilt für die noch jüngere Frau, die nach kurzer Kontrolle meines Reisepasses mit flinken Fingern eine zweite SIM-Karte einlegt, alle Einstellungen an meinem Smartphone vornimmt und sie mir zeitgleich erklärt. Ihre Geschwindigkeit erinnert mich an „Speedcuber“, also die Meister, die einen Zauberwürfel in wenigen Sekunden so zurechtdrehen, dass wieder alle Farben geordnet sind. Nur zweimal unterbricht sie kurz, damit ich meine PIN eingebe – was ich in der gewohnten Geschwindigkeit tue. Sie sieht mir dabei aufmerksam zu und gibt mir dann so schnell drei Anweisungen, als müsste sie die verlorene Zeit wieder einholen.

Dafür bin ich es dann, der vor dem Eingang im schwülen Dunst wartet. Gestern reservierte ich für die ersten beiden Nächte in Hanoi ein Zimmer und gleich dazu einen Transfer vom Flughafen. Nach etwa zehn Minuten taucht der Fahrer auf und ich merke sogleich, anders als mit den beiden Frauen werde ich mit ihm kein lebhaftes Gespräch führen. Dass er mein „xin chao“ nicht erwidert, mag an der Aussprache liegen. Aber er antwortet auch nicht, als ich ihn auf Englisch frage. Seltsam, wir haben uns doch geschrieben, um meine Ankunftszeit abzustimmen. Genau genommen wüsste ich ganz gerne, ob *wir* uns geschrieben haben. Ich frage ihn, ob er den Weg zum Hotel kenne. Er hält mir sein Smartphone entgegen. Soll ich das Ziel eingeben? Ich habe gelesen, dass eine solche Eingabe durch den Fahrgast hier nicht unüblich ist. Doch er verwendet ein anderes Programm. Ich soll in das Smartphone sprechen und meine Sätze werden augenblicklich übersetzt. Dann lese ich seine Antwort: Ja, er kennt den Weg zum Hotel. Das soll genügen.

Ich sehe aus dem Fenster. Rechts steht mitten auf einer Wiese eine Kirche mit hohen Türmen. Abseits der Straße ist ein grünes Pflanzenmeer. Dann nehmen Straßenschilder und Fahrzeuge zu, vor uns erheben sich aus dem Dunst Hochhäuser, wir folgen einer Brücke über den Fluss. Danach sehe ich vor allem ein Meer aus Zweirädern. Die vietnamesische Schriftstellerin Duong Thu Huong schreibt in ihrem Buch „Bitterer Reis" über Hanoi, dass es mit seinen „ohrenbetäubenden, anarchischen Hupkonzerten permanent in epileptischen Zuckungen zu liegen scheint." In der Tat wird die Hupe hier gerne betätigt – möglicherweise haben sich die Hupkonzerte seit der Veröffentlichung des Buches bereits reduziert, denn es gibt mittlerweile eine weitere Beschäftigung, die viele Motorrad- und Rollerfahrer favorisieren. Gleich, ob sie einen mit Gemüse beladenen Anhänger hinter sich ziehen, von einem transportierten Müllberg überragt werden oder ein Kind auf dem Lenker sitzt: Der eine telefoniert, der nächste schaut auf sein Smartphone, der dritte tippt darauf. Auch die Beifahrer halten sich überwiegend an ihren Mobiltelefonen fest. Ob die Begeisterung damit zusammenhängt, dass sie hier durchgehend ein 5-G-Netz nutzen können, weiß ich nicht. Bei der Vielzahl an Zweirädern, die sich nebeneinander die Straße sehr dynamisch teilen, wirkt das einhändige Fahren bisweilen akrobatisch, vor allem an den Kreuzungen. An einer großen kommen uns – auf unserer Spur – fünf Roller entgegen, die nach links abbiegen wollen, zeitgleich fahren von rechts zwei Roller und ein Motorrad ein. Mein Fahrer geht kurz vom Gas, zieht entschlossen nach links und dann sanft nach rechts. Vor uns kreuzen sich die Wege. Wie in einer Zirkus-, oder besser noch Tanzvorstellung fließen die Beteiligten in- und wieder auseinander, ohne sich zu berühren. Als wären sie von einem unsichtbaren Film überzogen, gleiten sie durch das bewegliche Dickicht, ohne zu kollidieren. Barack Obama soll bei einem Staatsbesuch am Ende seiner Präsidentschaftszeit einmal gesagt haben, er würde gerne als Privatmann wiederkommen, nur wisse er nicht, wie er allein in diesem Land eine Straße überqueren solle. Ähnlich dynamisch wie der Verkehr wirkt auf mich auch die Bebauung mit einem sehr vielfältigen Mix in den Kategorien Höhe, Farbe und Abstand. Die langen Bauzäune auf beiden Seiten der Straßen deuten auf großflächige weitere Veränderungen hin.

All das lasse ich hinter mir, als ich in einer kleinen Seitengasse in der Altstadt das Hotel betrete und dort zur Begrüßung ein Glas Zitronensaft und auf einem Teller ein großes Stück der Drachenfrucht serviert bekomme. Es ist eine weiße Scheibe mit winzigen, schwarzen Kernen und schmeckt wie eine leichte Mischung aus Melone, Birne und Kiwi. Die Dame am Empfang sieht, dass es mir hier gut gefällt und fragt in tadellosem Englisch, was ich denn in den nächsten Tagen zu unternehmen gedenke.

„Heute und morgen möchte ich mir Hanoi ansehen."

„Brauchen Sie einen Stadtführer? Wir können hervorragende vermitteln."

„Nein, ich habe mich selbst informiert."

„Und was schauen Sie sich an?"

„Verschiedenes. Es würde zu weit führen, alles aufzuzählen."

Ein leichtes Zucken der Mundwinkel verrät ihre Enttäuschung.

„Und übermorgen?"

„Da würde ich gerne in die Halong-Bucht reisen. Können Sie mir eine Tour empfehlen?"

Ihre Mundwinkel gehen augenblicklich nach oben. Sie ist wieder im Spiel. Mit einem Handgriff zaubert sie eine Mappe mit ansprechenden Bildern hervor und benennt die denkbaren Varianten mit zugehörigen Preisen. Auch sie spricht sehr schnell. Ich frage mehrmals nach. Auch sie ist geduldig mit mir.

„Im Allgemeinen gilt: Man bekommt, was man bezahlt."

Das habe ich bereits mehrfach gelesen. Letztlich muss man sich bei den angebotenen Touren keine Sorgen machen, ein großes Schnäppchen zu versäumen oder über den Tisch gezogen zu werden. Die Preise werden von vornherein den Leistungen angepasst. Zudem stellt sie klar, dass es keinen Verhandlungsspielraum gibt. Das Hotel kassiert offenbar eine Vermittlungsprovision von dem Veranstalter und vermutlich bietet jede Unterkunft seinen Gästen Touren an. Jedenfalls steht mein Plan für die nächsten Tage.

Mein Zimmer ist sauber. Vom Balkon aus habe ich einen ansprechenden Blick auf verwinkelte Altstadtgassen. Es ist Vormittag und ich bin bereit für Hanoi, übersetzt die „Stadt zwischen den Flüssen" oder „in der Flussbiegung", die bereits verschiedene Namen hatte: Etwa im 15. Jahrhundert Dong Kinh, „östliche Hauptstadt". Durch niederländische Händler wurde im 17. Jahrhundert dieser Name als „Tonkin" nach Europa getragen, woraus in der französischen Kolonialzeit die Bezeichnung für den nördlichsten Teil des Landes wurde.

Nur wenige Straßen vom Hotel entfernt ist der legendäre Hoan-Kiem-See, der früher mit dem Roten Fluss direkt verbunden war und auf dem noch im 18. Jahrhundert Flottenparaden stattfanden. Weniger ist rund um den See heute gewiss nicht los. Es ist eine Art Volksfeststimmung, zu der gewiss beiträgt, dass die mehrspurige Straße, die ihn umgibt, für Fahrzeuge gesperrt ist, wenngleich nicht für alle: Ganz kleine Kinder dürfen in elektrischen Autos ihre Fahrkünste testen, beobachtet, verfolgt oder manchmal auch mit einer Fernbedienung gesteuert von mindestens einem Elternteil. Ich sehe kleine Feuerwehr- oder Polizeiautos. Ein kleines Mädchen fährt einen pinken VW-Käfer, von dessen Tür ein großer Katzenkopf mit Schleife lächelt. Ein Junge steuert strahlend eine Panzerhaubitze. Ich bin mir nicht sicher, ob dieses Gefährt bei einem vergleichbaren Fest in Deutschland eine ähnlich starke Begeisterung bei Kind und vor allem Mutter auslösen würde. Am südlichen Ende des Sees schließt sich das „Französische Viertel" an. Als Alexandre Yersin die „grüne, dunstverhangene Stadt" Anfang des 20. Jahrhunderts besucht, staunt er über die Veränderung, wie Patrick Deville schreibt: „Die

Neustadt von Hanoi ist zwanzig Jahre jünger als die von Saigon. Die Tonkin-Franzosen haben sich beeilt. Innerhalb von zwanzig Jahren haben sie, um ihre Macht zu untermauern, als blieben sie für Jahrhunderte da, mit der Selbstsicherheit und Dreistigkeit und Verblendung der Römer, die sich nach Gallien verirrten, das Hotel Metropole und das Palais Puginier errichtet, eine Pferderennbahn und die Markthallen gebaut, die beiden Seen entwässert und trockengelegt."
Davon ist noch einiges zu sehen: Die weiße Fassade des Metropole, die alte Residenz des französischen Gouverneurs und das Opernhaus haben an Glanz nichts verloren. Auf die Vergangenheit wird vor der Oper zurückgeblickt: Gerade finden dort die Vorbereitungen für einen großen Festakt zum Gedenken der 50jährigen vietnamesisch-japanischen Freundschaft statt.
Unprätentiös wirken dagegen die Innenräume im Revolutionsmuseum, wo an verschiedenen Stellen die Farbe abblättert und die Zeit an den Fenstern deutliche Spuren hinterlassen hat. Auf einem Gemälde wird karikaturhaft die Knechtung des Volkes in einer Hierarchiepyramide dargestellt, an deren Spitze die „Imperialisten und Feudalisten" stehen. Auf einem anderen sieht man die wenigen weißen Kolonialherren, die einer großen Menge armer Einheimischer Befehle erteilen. Ein paar Schritte weiter spricht Lenin zu einer begeisterten Masse. Daneben beschreibt Ho Chi Minh, der anfangs als Patriot nur die Unabhängigkeit seines Landes wollte, „den Weg, der ihn zum Leninismus führte": „Die Thesen Lenins – welch Emotion, Enthusiasmus, Klarsicht und Vertrauen flößte mir das ein. Ich war vor Glück zu Tränen gerührt. Als ich allein in meinem Zimmer war, rief ich so laut, als würde ich mich an eine große Menge richten: Meine sich aufopfernden Landsleute! Das ist es, was wir brauchen. Dies ist der Weg zu unserer Befreiung!"
Es folgen Bilder, welche französische Truppen zeigen, die zu Fuß oder mit Panzern nach dem Zweiten Weltkrieg wieder in das Landesinnere vorstoßen. Auf anderen bereiten Partisanen entlang einer Eisenbahnstrecke einen Sabotageakt vor. Danach folgt der Triumph von Dien Bien Phu. Die Aufbereitung der Schlacht ist entsprechend

der Räumlichkeit sehr sachlich. Man kann militärische Auseinandersetzungen auch anders darstellen, wenn man sie beispielsweise für politische Botschaften verwendet. Oder wenn der Blick auf die einzelnen Soldaten oder gar Zivilisten gerichtet wird, die dem Kugelhagel nicht entrinnen können. Als Thomas Fowler einen kleinen Ort 100 Kilometer südlich von Hanoi besucht, sieht er, was passiert, wenn die Dorfbewohner zwischen die Fronten geraten und die Kriegsparteien, die das Feuer bereits eröffnet haben, sich denken, „was sie können, können wir auch." Das Ergebnis beschreibt Fowler so: „Der Kanal war voller Leichen: Heute fällt mir dazu ein Irish-Stew ein, das zu viel Fleisch enthält. Die Toten lagen übereinander, ein Kopf, grau wie ein Seehund, ragte gleich einer Boje aus dem Wasser heraus. Ich wandte ebenfalls den Blick ab, wir wollten nicht daran erinnert werden, wie wenig wir zählten, wie rasch, wie einfach und wie namenlos der Tod kam."

Wenige Fotos zeigen den „Amerikanischen Krieg" (wie der Vietnamkrieg hier genannt wird): Ein GI zündet das Dach einer Hütte in einem Dorf an, in dem er Unterstützer der Viet Cong vermutet. Die Schäden und Opfer der Bombardierungen sind auf kleinen Abbildungen zu sehen. Verglichen mit anderen Museen, die den Krieg zum Inhalt haben, etwa dem Unabhängigkeitsmuseum in Windhoek, ist auch diese Darstellung nüchtern. Vielleicht meinen die Verantwortlichen hier in Hanoi, keine Besucher überzeugen zu müssen. Dass es auch eine Zeit vor dem Krieg gegen die Franzosen beziehungsweise Amerikaner gab, zeigt das benachbarte Geschichtsmuseum. Jeder historisch Interessierte kommt dort auf seine Kosten. Wen die ältere Geschichte des Landes wenig anspricht, kann sich im hinteren Teil des Buches einen Kurzüberblick anhand der Zeittafel verschaffen und nach dem Museum wieder dazustoßen.

Geschichtsmuseum

Vor etwa 30.000 Jahren lebten Menschen südlich von Hanoi rund um die Höhle Dieu, die dieser Kultur den Namen gab. In derselben Gegend, der heutigen Provinz Hoa Binh, wurden vor 16.000 Jahren

abgeschuppte Steinhämmer mit scharfer Arbeitskante entwickelt, die im gesamten südostasiatischen Raum Verwendung fanden. Einige nachgebildete Stein- und Bronzegegenstände weiter werden die ersten vietnamesischen Reiche beschrieben: Van Lang, das „Reich der Tätowierten", und Au Lac, das im dritten Jahrhundert vor Christus entstand. Dieses konnte sich aber nur 50 Jahre halten, denn nun begann eine Zeit der Übergriffe und Besatzungen, die wesentlich länger dauerte als die spätere Kolonialzeit. 208 vor Christus eroberte ein General aus der chinesischen Qin-Dynastie Au Lac, ernannte sich selbst zum König und gliederte es später dem Reich Nam Viet („Südviet") ein. Knapp 100 Jahre später hatte Nam Viet einen minderjährigen König. Seine Mutter, eine Chinesin, erstrebte eine enge Anbindung an das chinesische Reich, in dem sich mittlerweile die Han-Dynastie etabliert hatte. Weil das nicht allen gefiel, wurde sie 112 v.Chr. ermordet. Das wiederum gefiel den Han nicht, und ein Jahr später wurde das Land Teil des chinesischen Reiches. Sicher fanden die Vietnamesen nicht alles schlecht, was die Chinesen im Gepäck hatten, etwa die technischen Innovationen in der Landwirtschaft oder in der Architektur. Aber das wog ihre Freiheitsliebe nicht auf. Es kam in der Folge zu zahlreichen Aufständen, einer der bekanntesten wurde von den „Trung-Schwestern" angeführt: Als ein vietnamesischer Fürst 39 n. Chr. gegen China aufbegehrte, wurde er kurzerhand hingerichtet. Seine Frau und deren Schwester konnten einige Fürsten zu einem Aufstand bewegen und tatsächlich die Besatzer vertreiben. Nach zwei Jahren schlug das Imperium zurück. Die beiden Schwestern töteten sich nach der Niederlage selbst, ihr Beispiel wurde in der Folge in Vietnam aber stets hochgehalten.
Es war nicht so, dass die Vietnamesen sich in ihr Schicksal fügen wollten, zumal die Chinesen die „Viet" verachteten. Viet war der Sammelbegriff chinesischer Chronisten für nichtchinesische Volksgruppen in Südchina beziehungsweise im Norden des heutigen Vietnams. Das waren für die kultivierten Chinesen Barbaren, die seltsame Angewohnheiten hatten: Sie trugen kurze Haare, schwärzten sich die Zähne, tätowierten sich oder lebten in Pfahlhäusern. Die

Besatzer wollten hier vor allem Bodenschätze abbauen, auf die Jagd gehen und – sie waren ja keine Unmenschen – den Konfuzianismus näherbringen. Aber bei allem Widerstandswillen: Die Besatzer schafften es immer wieder, die Aufstände niederzuschlagen oder, nach einer kurzen Schwächephase im sechsten Jahrhundert, in der sie die Herrschaft über die Provinz für drei Jahre verloren, diese zurückzuerobern. Ab dem siebten Jahrhundert wurde sie sogar noch enger geführt und in das Generalprotektorat An Nam („befriedeter Süden") umbenannt. Gebrochen war der Widerstand damit nicht. Im Gegenteil bewiesen die Vietnamesen einen extrem langen Atem: Gut 1.000 Jahre nach ihrer Eingliederung konnten sie sich unter Ngo Quyen, dem heute einige Straßen, Schulen oder in Hai Phong ein ganzer Stadtteil gewidmet sind, von der chinesischen Herrschaft im Jahre 938 befreien.
Ende Geschichtsmuseum

Unweit des Museums blickt von einem hohen Sockel entschlossen ein aufrecht stehender Herr, den man nach der Besatzung und den niedergeschlagenen Aufständen mit der nun folgenden Phase der Stabilität in Verbindung bringt: Ly Thai To regierte ab 1007 das von ihm als Dai Viet („Große Viet") bezeichnete Reich. Er verlegte den Regierungssitz hierher und nannte die Stadt „Thang Long", aufsteigender Drache. Und der Name hielt, was er versprach: Unter der Ly-Dynastie wurden das erste vietnamesische Gesetzbuch und ein funktionierendes Beamten- und Militärwesen geschaffen. Das Land konnte sich für gut 200 Jahre wirtschaftlich und kulturell entwickeln.

Dann wurde es wieder unruhig. 1257 fielen die Mongolen ein, die erst 30 Jahre später endgültig vertrieben werden konnten. 1377 besetzten die Cham die Hauptstadt des Reiches und 30 Jahre später kam wieder ein chinesisches Heer, um für 20 Jahre zu bleiben. Dass dieses verschwand, hängt mit dem See zusammen, auf den Ly Thai To von seinem Sockel aus blickt. Denn dort wollte – so die Legende – „der arme Fischer" Le Loi seinem Tagwerk nachgehen, als eine goldene Schildkröte aus dem Wasser auftauchte und ihm ein magisches Schwert aushändigte, mit dem er die chinesischen Truppen in die Flucht schlug. Daraufhin wurde er zum König gewählt. Als er eines Tages wieder zum See kam, tauchte die Schildkröte auf und verlangte das Schwert zurück. Von hier an gibt es einige Varianten der Legende. Die erste: Er gab es zurück. Eine andere: Er zögerte, das Schwert verwandelte sich in einen Drachen und stürzte in den See. Eine dritte: Die Schildkröte nahm es Le Loi wieder ab.

Ab einem Punkt sind sich die Versionen dann wieder einig: Le Loi bestellte die Schildkröte zum Wächter des Sees und ließ ihr einen dreistöckigen Schildkrötenturm bauen. Soweit die Legende. Ein Schildkrötenturm steht tatsächlich im See. Doch war Le Loi kein armer Fischer, sondern ein adeliger Großgrundbesitzer, der zum Mandarin ausgebildet wurde. Er kämpfte lieber mit Schießpulverwaffen als mit Schwertern. Er rebellierte erfolgreich gegen die chinesischen Herrscher, die ihn schließlich als Monarch von Vietnam anerkannten.

Riesige Schildkröten lebten hingegen wirklich im See. Eine davon wurde über zwei Meter lang, 250 Kilogramm schwer und 400 Jahre alt. Warum man das so genau weiß? Sie wurde in den 60er Jahren geborgen und präpariert. Davon kann sich jeder Besucher des Jadeberg-Tempels nach Überqueren der markanten roten „Brücke der aufgehenden Sonne" überzeugen. Geschützt durch einen Glaskasten blickt die Schildkröte aus winzigen Augen in staunende Gesichter. Bemerkenswert ist auch, was alles nebenan im Tempel geopfert wird. Ich habe gelesen, dass in jedem Haus ein Ahnenaltar steht, an dem den Verstorbenen Diverses angeboten wird: Räucherstäbchen, Geldscheine, die verbrannt werden, Kleider oder Lebensmittel. Bei diesen liegt hier der Schwerpunkt: Ich sehe verpackten Tee, jede Menge Süßigkeiten und einige Dosen „Bia Saigon Limited Edition". Ganz ohne Bier, aber gleichwohl sehr unbeschwert spielen vor dem Tempel etwa 15 Kinder Fangen. Ich setze mich auf eine Bank und schaue auf den Hoan-Kiem-See. Die Schüler (geschätzt Viert- oder Fünftklässler) springen wild von den Stufen des Pavillons, erschrecken sich mit lautem Ausrufen oder kämpfen mit Laserschwertimitaten. Sollte das ein Kindergeburtstag sein, haben sie dafür einen exklusiven Ort ausgewählt. Irgendwann nimmt ihr Elan ab. Ein Mädchen nimmt ihren grünen Drachenrucksack und holt Kekse hervor, die anderen aus ihren Taschen ihre Trinkflaschen. Ich mache mir Notizen zu dem Tempel und den Opfergaben. Von links sehe ich, wie sich zwei kleine Köpfe nähern, die auf meine schreibende Hand blicken. Ich setze ab und schaue in zwei interessierte Augenpaare. Eines gehört der Trägerin des Drachenrucksacks.

„Hello! How are you? Where are you from?", fragt sie.

Ich bin beeindruckt. Das sind zwar Standardfragen, aber sie hat sie blitzsauber ausgesprochen. Ich gebe Antwort, sie nickt und lächelt.

„Are you married?" fragt ihre Freundin. Sie verlässt schnell den Standardbereich der Gesprächsfloskeln. Wir haben mittlerweile die Aufmerksamkeit der anderen auf uns gezogen. Und die lassen sich nicht lange bitten. Binnen einer Minute umringt mich die ganze Schar. Je schneller ich antworte, desto mehr Fragen schallen mir – teils gleichzeitig – entgegen. Ich versuche, auf alle einzugehen und die Fragen zu sortieren, aber die Freude mich zu beschäftigen, scheint das Interesse an den Antworten zu überwiegen. Also drehe ich den Spieß um, und frage, was sie hier machen. Sie haben Schulunterricht, sagt die, die zuerst gefragt hat.

„School? And where is your teacher?"

„Over there!", sie zeigt mit dem Finger auf die nächste Bank. Eine Frau nickt mir zu.

Dann erklärt mir die Rucksackträgerin, dass sie hier sind, um ihr Englisch zu trainieren. Und das gehe am besten mit Ausländern.

Das ist ein kreatives Konzept. Ich frage, ob ich alle Fragen beantwortet habe.

Ja, sagt die kleine Wortführerin, jetzt müssten wir aber noch Fotos machen.

Wenn sie das sagt. Es ist unmöglich, alle Klassenkameraden vollständig auf ein Selfie zu bekommen, von den meisten ist aber ein lachendes Gesicht oder zumindest eine kleine Hand mit V-Zeichen zu erkennen. Zur Verabschiedung winken mir 15 Hände. Ich bin versucht zu sagen: Allein schon wegen dieser Begegnung hat sich die Reise gelohnt.

Auf einer anderen Bank am See habe ich eine weitere. Diesmal spricht mich eine attraktive Frau an, die ich auf Ende 20 schätze. Sie fragt mich direkt, was ich da aufschreibe. Die Situation ist so ungewöhnlich, dass die Spekulationen in meinem Kopf binnen weniger Sekunden in verschiedene Richtungen schießen. Ich packe meine Sachen langsam zusammen und antworte ausweichend. Meine Hand liegt auf dem Rucksack, während ich sie frage, woher sie komme. Sie erzählt, dass sie 80 Kilometer entfernt lebe und arbeite. Heute habe sie frei. Sie sei nach Hanoi gefahren, um ihr Englisch zu verbessern.

Will man mit Einheimischen verschiedener Altersstufen in Kontakt kommen, sollte man sich nur auf eine Bank am Hoam-Kiem-See setzen, am besten mit einem schwarzen Notizbuch, in das man etwas schreibt oder auch nur so tut. Am nördlichen Ende des Sees wollen einige Frauen und Mädchen heute noch etwas anderes verbessern: Ich sehe einige Gruppen im gleichen Outfit Schritte trainieren. Kurz darauf erklingt von einer Bühne Musik. Auf einer Leinwand lese ich den Anlass: Es finden die „Recsports Championship Dance“ statt. Die Performance erweckt bei den Einheimischen ein großes Interesse und das vollkommen zu Recht. Mich irritiert indessen das Lied, zu dem sie tanzen. Wenn man etwas längst Verschüttetes wahrnimmt, jedoch an einem ganz anderen Ort und zu einer anderen Zeit, sagen wir einmal 10.000 Kilometer südöstlich und fast 40 Jahre später, kann es dauern, bis die Synapsen das richtig einordnen.

„I‘ve been lonely too long
Oh, I can‘t be so strong
Take the chance for romance
Take my heart
I need you so
There‘s no time I‘ll ever go.“

Vielleicht lenkt mich die Tanzgruppe zunächst zu sehr ab, doch dann bestehen keine Zweifel mehr:
„Cheri, cheri lady
Goin' through a motion
Love is where you find it
Listen to your heart."
Ich weiß nicht, wie die Trung Schwestern, Ly Thai To oder Ho Chi Minh reagiert hätten, wenn sie zu ihrer jeweiligen Zeit einen Blick in die Zukunft geworfen und dabei gesehen hätten, dass ihre Nachfahren sich zur Musik von Thomas Anders und Dieter Bohlen bewegen. Aber was soll ich sagen – alle haben Spaß und lächeln. Oder wie der in Vietnam nach wie vor verehrte Konfuzius sagt: „Die Freude ist überall. Es gilt nur, sie zu entdecken."
Manchmal lässt sich die Freude auch an besonders stillen Orten entdecken. Vor allem, wenn ich zuvor von lauter Musik beschallt und von unzähligen Roller- oder wenigen Cyclofahrern angesprochen wurde. Cyclos sind dreirädrige Fahrradtaxen, die sich ab 1936 in der französischen Kolonie etablierten. Bereits 50 Jahre vorher hatten die Kolonialherren die graue, neugotische Kathedrale mit ihren mächtigen, einschüchternden Türmen errichtet. Immerhin wird der Innenraum durch kunstvoll gestaltete Buntglasfenster aufgelockert. Nach einer Weile in der Stille trete ich wieder in die Gassen der Altstadt, die vor Energie bersten. Aus dem Strom von Fußgängern und hupenden Rollern biege ich in ein kleines Straßenlokal mit roten Plastikstühlen ab. Davon gibt es hier jede Menge. Und die meisten bieten Pho an: Würde ich jetzt sagen, das ist eine Nudelsuppe oder: das sind Bandnudeln mit Rindfleisch in einer mild gewürzten Brühe, wäre das viel zu kurz gesprungen. Es ist ein, wenn nicht *das* Nationalgericht. Und auch hier waren die Franzosen mitverantwortlich. Denn vor deren Ankunft kochten die Menschen rund um Hanoi in der Brühe Wasserbüffelfleisch. Auch als die Franzosen ihren Pot-au-feu, den Gemüseeintopf mit Rindfleisch, zubereiteten, bissen die Vietnamesen noch nicht an. Weil die Besatzer in der Folge aber massenweise Rinder importierten, die sie nicht vollständig verwerteten,

konnte das übrige Fleisch günstig erworben und von Straßenküchen zu Xa Bo, also Bandnudeln mit Rindfleisch, verarbeitet und angeboten werden. Jetzt steht eine weiter entwickelte Variante vor mir, gewürzt mit kleinen Lauchringen, Koriander, Minze sowie Limetten. Es schmeckt hervorragend: Frisch und leicht. Umgerechnet kostet eine Schüssel davon etwa zwei Euro.

Ein junger Mann kommt ins Lokal, tritt an meinen Tisch. Ich nicke. Er setzt sich und sagt der Bedienung mit französischem Akzent, er hätte gerne dasselbe wie ich. Ich esse – ohne ein Wort zu sprechen – weiter. Ich möchte ausschließlich genießen. Als ich fast fertig bin, erhält er seine Suppe. Ich wünsche ihm „bon appétit". Er bedankt sich und fragt nach meiner Herkunft. Lucas möchte sich unterhalten. Dabei erzählt er gerne. Er wohnt in Paris, seine Freundin arbeitet an einem Projekt in Vietnam. Zuvor haben sie je einen Monat in Kambodscha und in Laos verbracht.

Ich sage ihm, wo ich heute war und welchen Eindruck ich in den Museen gewonnen habe. Er fragt mich, ob ich schon das ehemalige Gefängnis Hao Lo gesehen habe, dort sei jetzt ein Museum.

Ich verneine. In Hao Lo hatten die Franzosen vor allem Aufständische untergebracht. Es soll, so schreiben einige, „das Schlimmste gewesen sein, was Frankreich Vietnam angetan hat." Ich merke, er will dazu noch etwas sagen. Er hat es heute besucht.

„Wie ging es dir, als du dort warst?"

„Obwohl das 70 Jahre zurückliegt und ich noch nicht auf der Welt war, als es das Gefängnis gab, fühle ich mich schuldig. Und ich weiß nicht, wie ich heute angeschaut worden wäre, wenn die Vietnamesen in dem Museum gewusst hätten, dass ich Franzose bin."

Nach wenigen Löffeln Nudelsuppe spricht er mehr, schneller und eine Spur lauter als vorher: „Ich weiß, die Franzosen haben dem Land auch Gutes gebracht. Aber das macht das andere nicht ungeschehen."

Ich nicke. „Hat es in deinen Augen etwas Versöhnliches, wenn hier ein differenzierter Blick auf „die Franzosen" geworfen wird? Dass Alexandre Yersin und Luis Pasteur noch heute verehrt werden?"

Lucas überlegt. Yersin kennt er nicht, Pasteur ist ihm ein Begriff. Er zieht mit den Stäbchen Nudeln aus dem Teller, schaut mich dann an: „Ja, schon. Aber es ist wichtig, dass man die Verbrechen im Bewusstsein behält. Damit sie sich nicht wiederholen. Und man muss die Folgen beseitigen. Das betrifft jetzt hier eher die USA. Sie haben allein über Laos über zwei Millionen Tonnen Bomben abgeworfen, um den Ho-Chi-Minh-Pfad zu zerstören. Viele sind noch im Boden. Alle zwei Wochen wird dadurch ein Laote getötet oder verletzt. Es ist wichtig, Druck zu machen, damit die USA endlich ihren Mist wegräumen."

Er isst die Suppe auf, wir wechseln auf private Themen, die mir so leicht erscheinen, dass unser Gespräch fließt. Nach dem Einstieg ist das auch bei einer Bekanntschaftsdauer von einem Teller Pho möglich. Nach unserer Verabschiedung gehe ich noch einmal an der Kathedrale vorbei. Sie ist jetzt beleuchtet und strahlt mir freundlich entgegen. Auch innen glänzen nun helle Wände. 50 Meter weiter wird die Ly-Quoc-Su-Pagode beleuchtet, die einem besonderen Mönch gewidmet ist, der 1066 zur Welt kam: Früh erkannte man, dass Nguyen Chi Thanh über die besondere Gabe verfügte, andere Menschen zu heilen. Und diese Fähigkeit war besonders gefragt, als König Ly Tanh Tong „unheilbar erkrankte". An anderer Stelle lese ich, der Herrscher sei nicht von der Vorstellung abzubringen gewesen, er sei ein Tiger. Der Mönch heilte den König und dieser dankte es ihm später mit dem Bau des Tempels.

Etwa genauso alt wie dieser und mit starkem Bezug zu Tieren ist das Wasserpuppentheater, das in einem beeindruckenden Haus am Hoan-Kiem-See aufgeführt wird. Nach einem langen Tag versinke ich in einem weichen Sessel in der ersten Reihe. Vor mir ist ein großes Wasserbecken. Im Wasser steht eine Trennwand, hinter der ich die Puppenspieler vermute. Zuerst treten die Musiker auf, die sich an den Seiten mit ihren Instrumenten positionieren. Mit dem Klang der Trommeln, der Querflöte und der vietnamesischen Zither Dan Bau kann ich mich schnell anfreunden, für den Gesang, insbesondere die hohen Passagen mit zahlreichen Tonvariationen, brauche ich länger. Aber, das ist ja nur die Begleitmusik. Als erste Puppe tritt

Teu, der Zeremonienmeister, im Wasser auf, gesteuert von langen Stäben unter der Oberfläche. Er moderiert und sorgt dafür, dass das Publikum in Stimmung kommt. Er wie die weiteren Figuren werden auf einer Anzeigetafel in englischer Sprache erläutert. Weil ich im Übrigen von dem, was er spricht, wenig verstehe, kann ich noch etwas zum Hintergrund erzählen: Die Reisbauern im Delta des Roten Flusses sollen diese Theaterform praktiziert haben, um die für eine reiche Ernte zuständigen Götter gut zu stimmen. Zur Zeit der Ly-Dynastie wurden die Herrscher mit Geschichten aus dem Reisfeld oder vom Fischfang unterhalten. Jetzt ist ein klassisches Thema dran, der Drachentanz. Zwei Exemplare peitschen durch das Wasser, spucken Feuer (später Wasser), um den Menschen – so der Zweck des Tanzes – Gesundheit und Frieden zu schenken. Später wird die Legende von der Schildkröte im Hoan-Kiem-See, dem König und dem Schwert nachgespielt. Die Musik ist kraftvoll, was mir gerade sehr entgegenkommt, weil ich zunehmend den Schlafmangel spüre. Der bequeme Sitz macht es hingegen nicht leichter, die Augen offenzuhalten. Anders wäre es vermutlich, wenn ich mit den Puppenspielern tauschen müsste, die die ganze Zeit bis zur Hüfte im Wasser stehen.

Als ich nach der Aufführung auf die belebte Straße trete, fühle ich mich wieder wach. Zurück im Hotel gehe ich auf den Balkon vor meinem Zimmer. Auf der gegenüberliegenden Seite lese ich den Namen eines Geschäfts: „Phuong" – so heißt eine der Hauptfiguren aus Greenes „stillen Amerikaner". Sie ist der Grund, weshalb der britische Korrespondent Fowler eine Grundüberzeugung aufgibt, die er sich als Rüstung für den Indochinakrieg angelegt hat: „Mit den Menschen, wie sie nun mal waren, mochten sie kämpfen, mochten sie lieben, mochten sie morden: ich wollte nichts damit zu tun haben. Ich unternahm nichts – selbst eine Meinung zu haben, ist schon eine Art von Tat." Fowler sehnt sich anfangs nach der Heimat und zählt die Tage bis zu seiner erhofften Rückkehr, doch allmählich zieht ihn das Land in seinen Bann, „das Gold der Reisfelder unter den schrägen Strahlen der sinkenden Sonne, die zierlichen Kräne mit Fischer-

netzen, die wie Moskitos über den Feldern schwebten, die flachen, muschelförmigen Hüte der jungen Mädchen, die die Straße ausbesserten; das Gold, das junge Grün und die bunten Kleider im Süden, und im Norden die tiefbraunen Farbtöne und die schwarzen Gewänder. Zu Beginn meines Aufenthalts in diesem Land hatte ich die Tage gezählt, an denen mein Auftrag mich hier festhalten würde. (...) Meine Heimat hatte sich 8.000 Meilen nach Osten verschoben."
Ein maßgeblicher Grund dafür, dass sich seine Heimat verschoben hat, ist seine jüngere Geliebte Phuong, mit der er sich die Zeit vertreibt. Als der ebenfalls jüngere Amerikaner Alden Pyle erscheint, der sich als Mitarbeiter des Handelsattachés ausgibt, hat Fowler zunächst das Verlangen, Pyle vor der „wilden Umgebung" zu schützen. Pyle wirkt auf ihn wie ein naiver Idealist. Das ändert sich, als Pyle sich in Phuong verliebt und erfolgreich um sie wirbt. Und seine distanzierte Sicht auf den Krieg wird erschüttert, als er erfährt, dass Pyle als Agent eines US-Geheimdienstes Plastiksprengstoff an lokale Kriegsherren liefert, die damit Terroranschläge gegen die Zivilbevölkerung verüben. Der Amerikaner wird dabei von der Überzeugung getrieben, dass man den Südvietnamesen die Freiheit bringen, sie vor den Kommunisten, die sie unterjochen wollen, schützen muss. Fowler gibt seine distanzierte Neutralität auf und beteiligt sich an einem Mordkomplott gegen Pyle. Einige Rezensenten sehen in Fowler die alten Kolonialmächte, die an Bedeutung verloren haben, in Pyle die USA, die in Überschätzung ihrer militärischen Möglichkeiten dem Land einen noch schlimmeren Krieg bescheren (was Greene bereits 1955 prognostizierte), und in Phuong die Anmut und Widerstandskraft des vietnamesischen Volkes.
Ich trinke den Rest aus der Büchse „Bia Ha Noi" und schaue auf einen kleinen Teil der Altstadt. In der Gasse unter mir wird es ruhig.

Drei

Hanoi

Ich weiß, dass wir gewinnen werden.

Nach knapp fünf Stunden Schlaf stehe ich um halb Vier auf. Müde fühle ich mich nicht. Ich denke an einen Satz aus dem Thomas D-Song „Killesberg Baby“: „Die Energie hält uns wach.“ Und nicht nur mich: Vor dem gegenüberliegenden Hotel sehe ich eine Stunde später ein junges Paar auf der Treppe sitzen. Sie spricht mit amerikanischem Akzent und raucht eine Zigarette. Er wirkt hoffnungsvoll, beide haben glasige Augen und sehen so aus, als wären sie bis jetzt unterwegs gewesen. In der Hai Gai, der „Hanfgasse“, werden die ersten Straßenstände von den Verkäufern aufgebaut. Rund um den Hoan-Kiem-See hält eine besondere Energie wach. Im Morgengrauen laufen hier so viele, dass man meinen könnte, gerade wird ein Stadtmarathon für verschiedene Altersklassen ausgetragen. Drei Frauen praktizieren direkt am Ufer Tai-Chi, zwei weitere spielen in der windgeschützten Ecke eines Bankgebäudes Federball, ein junger Mann boxt gegen einen imaginären Gegner, ein etwas älterer lässt die Arme wie Windmühlenflügel kreisen, ein Greis hackt pantomimisch Holz. Wenige Schritte weiter unterhalten sich zwei Rentner auf einer Bank sitzend, unter deren Armlehne ein Sportler seine Beine eingeklemmt hat, um Sit-ups zu machen. Alle scheinen sich ausgesprochen gerne zu bewegen. Vielleicht habe ich hier deshalb noch keine Menschen mit Übergewicht wahrgenommen. Und jeder scheint sich darauf zu konzentrieren, was er gerade tut. Mir fällt auf, dass auch meine Arme bereits leicht kreisen. Kurz darauf mache ich direkt am See auf einer einladenden Bank Liegestütze und Sit-ups mit Blick auf den Schildkröten-Pavillon. Als ich den See mit meinem Sportzirkel umrundet habe, tauchen die ersten Schüler auf. Jetzt sind fast alle Altersklassen vertreten.

So diszipliniert hier Sport getrieben wird, so entspannt ist der Umgang mit Verkehrsregeln. Auch am Morgen enthalten die Lichter der Ampeln für die Fahrer offenbar nur Empfehlungen. Ganz gewissenhaft wird dagegen wieder auf die Verstorbenen geachtet, die 100 Tage nach ihrer Beerdigung in das Familienhaus, genauer ge-

sagt zu dem dort für sie eingerichteten Altar, zurückkehren. In allen vietnamesischen Büchern, die ich las, spielte die Pflege dieses Altars eine große Rolle. Hat ein Mensch keine Nachfahren, sorgt er zu Lebzeiten dafür, dass seine Seele später in einen Tempel einziehen darf, wie zum Beispiel in die Quan-Su-Pagode. Neben dieser durften im 15. Jahrhundert sogar lebende, wenngleich sehr ausgewählte Personen wohnen, wie die Botschafter des Champa- oder des laotischen Reiches. Weil diese Buddhisten waren, entschlossen sie sich, ein Haus zu bauen, in dem sie beten und sich versammeln konnten. Die Wohngebäude der Botschafter verschwanden, der Tempel blieb und aus diesem höre ich gerade einen tiefen, wohlklingenden Gesang. Innen leuchtet auf einem Altar ein goldener Buddha. Davor leuchten die Opfergaben, hier mehrere Flaschen goldenes Speiseöl, gelbe Chipspackungen und Blumen. Gibt man etwas weg, das man selbst verbrauchen würde, ist das echter Verzicht.
Auf was ich seit gestern nicht verzichten möchte, ist der vietnamesische Kaffee. Ich sitze auf dem Balkon eines französischen Cafés im ersten Stock. Hinauf kam ich über eine schmale, ungesicherte Betontreppe. Vor mir hängen bunte Blumen über das gusseiserne Geländer und auf der gefliesten Ablage füllt sich mein Glas langsam. Vor über 100 Jahren brachten die Franzosen den Kaffee hierher, die Vietnamesen haben die Zubereitung um einige Varianten erweitert, etwa durch Zugabe von süßer Kondensmilch oder Eiswürfel. Ich habe all das weggelassen und einfach nur „black and hot“ bestellt. Auf dem Glas balanciert eine Siebplatte, auf der wiederum das Metallsieb steht, welches das Pulver und das heiße Wasser enthält. Ich habe Zeit, abwechselnd den Menschen unten auf der Straße und dem tropfenden Kaffee vor mir zuzuschauen.
Diese Phase der Ruhe, der dankbaren Betrachtung, ist eine gute Vorbereitung auf das, was folgt. Es hat auch mit Frankreich zu tun, ist aber weniger schön. Wobei der Name „Maison Centrale“ auch ein bisschen nach französischem Café klingt. Die Glasscherben, die oben aus der Mauer ragen und die darüber gezogenen Stromdrähte zeigen jedem Passanten, dass das Wohlbefinden in dem großen

Komplex aber nicht an oberster Stelle stand. Er liegt so zentral, dass von der ursprünglichen Fläche von 13.000 qm der weitaus größte Teil inzwischen mit Büro- und Wohntürmen wie den Hanoi Towers überbaut wurde. Aber ein Teil des Hoa-Lo-Gefängnisses – wie es offiziell hieß – blieb erhalten. Kurz nach Gründung der „Union Indochinoise" war den Kolonialherren klar, dass sie zur Erhaltung ihrer Macht ein sehr großes Gefängnis brauchten. Bei der Suche nach dem geeigneten Ort fiel ihre Wahl auf das nahe Hanoi gelegene Dorf Phu Khanh, wo Handwerker neben verschiedenen Töpferwaren transportable Öfen zum Kochen herstellten und verkauften. Hoa Lo bedeutet Feuerofen. Der erste Raum im jetzt eingerichteten Museum zeigt einen solchen Ofen in einer ländlichen Idylle.

Das gesamte Dorf wurde sodann umgesiedelt. Ab 1896 wurde das größte und am stärksten gesicherte Gefängnis in ganz Südostasien errichtet. Wegen des dringenden Bedarfs erfolgte die Aufnahme seines Betriebs noch vor der Fertigstellung. Ich werde in Zelle D geleitet. Früher hatte diese keine Decke, lediglich ein Ziegeldach. Die Mauern waren mit schwarzem Teer gestrichen. Laut Planung sollten hier 40 Gefangene untergebracht werden, tatsächlich waren es phasenweise 100. In diese Zelle kamen Aufständische. In einem weiteren Raum sind Teile der Memoiren „Unforgetable time" von Häftlingen abgedruckt. Eine Gefangene beschreibt, wie das Essen in der Gefängnisküche zubereitet wurde, damit möglichst viele Häftlinge erkrankten oder starben: Guter Reis wurde mit solchem voller Parasiten gemischt, verdorbener Fisch oder vergammeltes Fleisch zugefügt. Es gab eine Zeit, schreibt sie, in der 40 Häftlinge pro Monat starben.

In Zelle E waren besondere politische Häftlinge untergebracht, die nun zwecks besserer Vorstellung als Puppen dargestellt sind. Sie sitzen alle in einer Reihe in einem abgedunkelten Raum. Ihre Beine stecken in Fußfesseln, die sich in langen Stangen bis an die gegenüberliegende Wand erstrecken. Muss ein Häftling auf Toilette, wird er von den Fesseln befreit, hat allerdings keinen Moment für sich. Zur Verrichtung muss er auf eine kleine Bühne steigen, unter der große, unverschlossene Tonnen stehen. Gestank und Anwesenheit zahlreicher kleiner Lebewesen kann ich mir ohne weiteres vorstellen. Was ich mir allerdings auch vorstellen kann, ist das, was daneben auf einem Schild beschrieben wird: Die Anwesenden bestärkten sich gegenseitig, bis zum letzten Atemzug zu kämpfen. Sie halfen sich, täglich zu überleben, verbreiteten aber auch die Revolutionspropaganda. In diesen Zellen wurde eine Sektion der Kommunistischen Partei gegründet, Schreibmaterial in freigekratzten Mauerritzen versteckt, verpackte Botschaften über die Exkrementetonnen weitergegeben. Hoa Lo entwickelte sich zu einer Kaderschule. Wurde jemand bei solchen Aktivitäten erwischt, hielt die Verwaltung für ihn einen eigenen Raum bereit: Den Kerker. Gefangene wurden in einem dunklen Loch festgeschnallt und bekamen nach kurzer Zeit Ödeme und die Krätze. Aber auch solche Maßnahmen konnten den Widerstand nicht brechen. Bevor einer der kommunistischen Anführer zum Tode verurteilt wurde, sagte er im Prozess als letzten Satz: „Ich weiß, dass wir gewinnen werden."

1.666 kommunistische und nationalistische Kämpfer für die Unabhängigkeit waren in Hao Lo inhaftiert, steht auf einem weiteren Schild, die meisten in der Zeit von 1946 bis 1954. Allerdings wurde das Gefängnis danach noch einmal genutzt. Ab August 1964 saßen hier amerikanische Piloten ein, deren Flugzeuge von den Nordvietnamesen abgeschossen worden waren. Die Amerikaner nannten ihre Unterkunft ironisch „Hanoi Hilton". Und die Ausstellung ist bemüht, es als solches darzustellen. Gezeigt werden Aufnahmen von lachenden US-Soldaten, die Tischtennis oder Schach spielen. Keine Erwähnung finden die Berichte amerikanischer Soldaten, die sehr detailliert erlittene Folter beschrieben. Die Situation der Gefangenen soll sich aber auch diesen Berichten zufolge ab 1969 gebessert haben.

Am Ende des Rundgangs zeigt eine Plakatwand in Lebensgröße die Freude junger nordvietnamesischer Soldaten und ihrer Kameraden nach einem Gefangenenaustausch an einem Fluss. „Als ich in dem Fluss stand, wurden meine Tränen und das blaue Wasser eins", wird ein Freigelassener zitiert.

Ich vermute, es ist kein Zufall, dass ein paar Schritte weiter eine breite Straße namens Dien Bien Phu beginnt, die zum Ba-Dinh-Platz führt, auf dem Ho Chi Minh die Unabhängigkeitserklärung verlas. Ich überquere eine Bahnstrecke, die mitten durch ein Wohngebiet führt. Zwischen den Gleisen spielen Kinder. Keine eineinhalb Meter daneben putzt eine Frau Gemüse, aus gleicher Entfernung lädt ein offener Friseursalon die Kunden ein. Die mit Pflanzen bewachsenen Balkone reichen nah an die Schienen heran. Sie fügen sich ungezwungen in das Bild einer geraden, belebten Gasse. Immerhin zeigt ein rotes Warnschild an, wann mit einem durchfahrenden Zug zu rechnen ist. Liegt hier alles sehr eng zusammen, so weitet sich der Raum entlang der Dien Bien Phu. Kurz vor dem Lenindenkmal präsentiert die Bundesrepublik an der Umgrenzung ihrer Botschaft großflächige Fotos aus Deutschland. Eines zeigt einen Testbus der Berliner Verkehrsbetriebe, der autonom fährt, das zweite Wald und Wiese und das dritte, wie stark die Deutschen auf erneuerbare Energien setzen. Das vierte dürfte die größte Aufmerksamkeit wecken, denn darauf sind spielende Kinder zu sehen. Kindern gewährt man gerne Raum, auch direkt vor dem fünf Meter hohen, bronzenen Lenin, der als Geschenk der Sowjetunion Anfang der 80er Jahre hier aufgestellt wurde. Mit wehendem Mantel, leicht nach vorne gebeugt wirkt er nach wie vor dynamisch, fast so, als wollte er von seinem Sockel heruntersteigen und dort unten ein wenig mitspielen. Die Stufen vor der Statue fordern die Skater zu Kunststücken heraus. Und selbst die müssen sich in Acht nehmen vor den noch Jüngeren, die mit eigenartigen Fahrzeugen über den ebenen Platz driften: Die Hinterachse erinnert mit ihren kleinen Rädern an einen Einkaufswagen im Supermarkt, vor dem darauf befestigten Sitz wurde ein Lenker mit einem Rollerrad montiert. Das Gefährt wird elektrisch angetrieben, und zwar so schnell, dass ich durchgehend Eltern in hastiger Bewegung sehe. Die Kleinen haben sichtlich Spaß, gleiten, beschleunigen und stützen sich mit beiden Füßen seitlich ab. Stark abbremsen sehe ich sie nicht.

Eine ganz andere Atmosphäre herrscht 600 Meter weiter, auch wenn Lenin, oder genauer gesagt seine letzte Ruhestätte, als Vorbild für die

Gestaltung diente: Im Ho-Chi-Minh-Mausoleum am Ba-Dinh-Platz kann man den einbalsamierten „Onkel Ho“ besuchen, was Tausende jedes Jahr auch tun. Fotografieren darf man ihn nicht und es gibt eine strenge Kleider- und Verhaltensordnung. Mit dieser Form der Präsentation setzten sich die Nachfolger über Ho-Chi-Minhs letzten Willen hinweg: Er wollte verbrannt werden. Stattdessen wird seine Konservierung einmal im Jahr in Russland überarbeitet, die übrige Zeit liegt er in einem gläsernen Sarg.

Man kann es sich nun einmal nicht immer aussuchen. Und anderen geht es nach ihrem Ende noch deutlich schlechter. Neben der nahegelegenen Einsäulenpagode finde ich in einem breiten Schaukasten derart vereinfachte und plastische „Illustrations for the Law of Karma“, dass keine der Botschaften missverstanden werden kann. Dabei wird die Kausalität zwischen Handlung und Erfolg so klar dargestellt, dass man meinen könnte, die Lehre des Aristoteles von der Wirkursache sei maßgeschneidert nach Südostasien transferiert worden. Manche Bebilderungen erinnern inhaltlich zudem an ältere christliche Vorstellungen. Aber der Reihe nach: Auf 40 Doppelbildern wird jeweils links ein Verhalten beschrieben, beispielsweise „Cause: Not keeping promises“. Oberhalb der Worte lacht ein feister Bauunternehmer die armen Bewohner einer Straße aus, die sich von seinen rasenden Lastwagen bedroht sehen. Sodann deutet ein Pfeil auf ein rechtes Foto. Dort ist eine eingestürzte Baustelle zu sehen, unter der steht: „Effect: Brings failures in plans.“

Der Unternehmer hat sein Schicksal gewiss verdient. Der unmittelbare Zusammenhang zwischen den beiden Fotos sticht hier aber nicht direkt ins Auge. Das ist auf anderen Bilderpaaren anders. Etwa bei: „Cause: Doing charity but showing off your name → Effect: Brings imperfect merit.“ Gut, könnte der unbeeindruckte Betrachter einwenden, mit so ein paar angehängten Orden könnte ich leben, meinetwegen auch mit einer eingestürzten Baustelle. Aber man darf die dunkleren Prophezeiungen nicht übersehen, wie bei „Cause: Being jealous of others achievements“. Ein Sportler schaut neidisch zu dem Kameraden auf dem Siegertreppchen, der auch noch trium-

phierend die nordvietnamesische Fahne über sich hält – da ist die Verstimmung in gewisser Weise menschlich. Auf dem rechten Bild sitzt nun der Missgünstige mit gebrochenem Bein isoliert, denn „Effect: Brings a useless, talentless, empty person." Das ist hart. Und dabei sind wir noch weit weg von den schlimmsten Konsequenzen. Denn nun kommen die Taten, die sich gegen Buddha oder die Glaubensgemeinschaft richten, etwa das Zerstören der harmonischen Beziehungen zwischen Mönchen und Nonnen, das Verhöhnen von Buddhas Lehren, das Verbreiten von Lügen über die Erleuchtung oder die Beschädigung der Liebe anderer für Buddha. Die beiden letzten Übeltäter werden als Wahnsinnige wiedergeboren. Der eine spielt auf einem Wischmopp Luftgitarre, der andere trägt eine Blume im Haar und tanzt mit einem Besen – immerhin lachen beide, wenngleich verzerrt. Wer aber die Harmonie zwischen Mönchen und Nonnen stört, landet in der Hölle. Ein gehörntes Wesen (eine Art Teufel: Der Körper ist der eines Athleten, der Kopf der eines Rinds) drückt den Unhold in einen auf Flammen brutzelnden Topf (Pho?), wobei unklar bleibt, ob dieser dort jemals wieder herauskommt. Der Buddha Verhöhnende wird ebenfalls in der Hölle wiedergeboren, wo ihm der Teufel die Zunge abschneidet.
Und dann gibt es noch ein perfides Verbrechen, auf dessen Begehung man erst einmal kommen muss: „Pretending to become monk/nun to destroy the buddhism." Das spricht dafür, dass es hier keinen Nachwuchsmangel in den Klöstern und darüber hinaus noch Menschen gibt, die dem Buddhismus als solches Böses wollen. Immerhin war die Ausübung dieser Religion in dem Land nicht immer gerne gesehen. Vielleicht steckt deshalb eine tiefere Botschaft dahinter. Interessant ist jedenfalls die Konsequenz: „Brings rebirth as poisonous snakes in next life", hier in Form einer furchteinflößenden Kobra, die sich auf ein kleines Mäuschen stürzt. Hätte man eine Wahl, würde der ein oder andere bei dem Anblick vermutlich lieber in die Haut der Schlange als die des Nagers schlüpfen. Es sei denn, die Schlange lebt im Dorf Vinh Son 60 Kilometer nördlich von Hanoi. Vor ein paar Wochen sah ich die Geo-Reportage mit dem Titel

„Vietnam, Kobra auf dem Teller". Über den Inhalt der Dokumentation braucht man angesichts des Titels nicht lange spekulieren. Das Ausmaß der dort verarbeiteten Schlangen wird man aber nicht sofort erahnen, nämlich über 80 Tonnen jährlich. Hauptgeschäftspartner – das ist nun wieder weniger überraschend – sind Chinesen. Die eingelegten Schlangen gelten als Medizin für und gegen alles Denkbare. Sehenswert ist indessen, wie es den Einwohnern von Vinh Son im Umgang mit den giftigen, ehemaligen Pseudomönchen und -nonnen gelingt, sich nicht beißen zu lassen.
Immerhin werden nicht alle Menschen zu Schlangen oder einer Zutat in einem brodelnden Kessel. Denn es gibt auch positive Beispiele: Erzählt jemand etwa oft anderen von Buddhas Lehren, wird er damit belohnt, dass er an einem Ort wiedergeboren wird, wo es ihm möglich ist, jederzeit Buddhismus zu praktizieren – das enthält ebenfalls eine Botschaft. Positiv verstärken sollen auch Zusammenhänge wie: „Cause: Respecting everyone" → „Effect: Brings other´s talents to yourself." Oder: „Cause: Being a loyal person" → „Effect: Brings love and happiness."
Es steckt gewiss viel Weisheit in den 40 Ratschlägen. Das Eigeninteresse des Ratgebers schimmert ebenfalls durch die kräftigen Farbzeichnungen, die mich an die Erbauungsheftchen erinnern, die die Zeugen Jehovas früher gerne an der Haustür meiner Großmutter in die Hand drückten. Und deren Reaktion („das ist ja ganz schön, aber jetzt muss ich das Mittagessen kochen!") fand ich schon damals weise.
Ich will den Blick auch wieder auf das richten, was jetzt vor mir steht, und das ist nicht weniger als ein Wahrzeichen der Stadt, zu dem es eine schöne Legende gibt. König Ly Thai Tong, der dem gestern erwähnten Begründer der Ly-Dynastie Ly Thai To folgte, litt lange darunter, kinderlos zu sein. Irgendwann erschien ihm im Traum eine auf einer Lotusblume sitzende Göttin, die ihm einen Sohn überreichte. Kurz darauf wurde Ly Thai Tong tatsächlich Vater. Als Dank ließ er 1049 die Einsäulenpagode bauen, deren Form an eine Lotusblume erinnert. In der Zwischenzeit wurde sie mehrere Male zer-

stört und wieder aufgebaut. Die „Blüte", ein etwa drei Meter langer Holztempel, in dem man auch heute noch der barmherzigen Göttin Quan Am opfern kann, ist für Besucher über eine Treppe erreichbar. Getragen wurde er früher von einem mächtigen Baumstamm, mittlerweile von einer – profanen, aber dafür nicht mehr faulenden – Betonsäule, die in einem kleinen See steht.

Zu einem Anlass, der ebenfalls große Freude auslöste, wurde die noch ältere Tran-Quoc-Pagode gebaut. Als es im Jahre 544 gelang, die Chinesen wieder einmal zu vertreiben, entstand am Roten Fluss dieser Tempel mit dem damaligen Namen „Gründung der Nation". Die Chinesen kamen drei Jahre später zurück. Vor den Launen des Flusses waren im 17. Jahrhundert auch sie nicht sicher, weshalb die Pagode am Westsee einen neuen Platz erhielt. Neben einem vergoldeten Buddha und einem Baum, der aus einem Ast des „Bodhi Tree" erwachsen sein soll, unter dem Siddhartha Gautama seine Erleuchtung hatte, gibt es dort einige weibliche Buddhas zu entdecken, die als „Mütter" bezeichnet werden. Und jede herrscht über ein anderes Kind: Die grüne über Berge und Wälder, die weiße über das Wasser, die rote über den Himmel. Tatsächlich wurden diese Götter in Vietnam verehrt, bevor der Buddhismus in das Land kam.

Vor der Pagode hat eine Herrscherin über ganz andere Lebewesen ihr kleines Reich aufgebaut. Neben einem Roller bietet die Frau ein Meer aus Blumen an, dazwischen türmen sich kleine Käfige mit unzähligen winzigen Vögeln, die wild zwitschern. Ich habe einmal gelesen, dass es Glück bringen soll, wenn man einen kauft und dann fliegen lässt. Dem Vogel, der auf engstem Raum mit anderen zusammengepfercht ist, würde das gewiss Glück bringen. Ich würde auch gerne mehreren diesen Ausflug verschaffen, nur würde die Befeuerung des Geschäftsmodells wiederum Unglück für viele andere bedeuten. Harmlos ist dagegen ein Hobby, das hier noch wesentlich verbreiteter zu sein scheint als der Brauch mit den kleinen Singvögeln. Gestern sah ich an großen Plätzen und vor teuren Hotels Frauen in schicken Kleidern, die vor Fotografen posierten. Teilweise stand um das Model eine ganze Crew, die Licht und Schatten genau ausrichtete. Gut, dachte ich, im Zentrum einer Hauptstadt an einem besonderen Tag – da können sich Fotoshootings verdichten. Sie sind aber weder auf die Altstadt noch auf einen Tag begrenzt. Der Westsee und die Parks an seinem etwa 15 Kilometer langen Ufer bieten eine ebenso ansprechende Kulisse. Und tatsächlich stoße ich auch heute in kurzen Abständen auf Personen, die gekonnt die Bekleidung und Posen variieren, wobei die Besetzung reduziert ist: Ein Model (ausschließlich weiblich) posiert oder läuft auf einem imaginären Laufsteg und eine andere Person (weniger schick gekleidet, fast ausschließlich männlich) fotografiert mit Smartphone oder (vereinzelt) Kamera mit großem Objektiv. Bei der Vielzahl an Fotosessions gehe ich mittlerweile davon aus, dass die meisten Ergebnisse nicht für eine Veröffentlichung in einem Modemagazin bestimmt sind.

Trotz der schönen Anblicke treibt es mich wieder zurück Richtung Innenstadt, denn wenn etwas stärker ist als jedwede Ästhetik, dann ist es die Aussicht auf einen Teller Pho nach sechs Stunden Marsch durch Hanoi. Jetzt muss man wissen: Die Straßen in der Altstadt Hanois waren seit jeher thematisch strukturiert: Die Hang Bo war die Straße der Bambuskörbe, die Hang Ga die Hühnergasse, in der Hang Chieu gab es Grasmatten und in der Hang Dau Öl. Hang bedeutet „Geschäft" und das folgende Wort stand für die jeweilige Ware, die man dort erwerben konnte und heute vielleicht noch kann. Leider lande ich auch nach längerem Suchen nicht in einer Straße für Pho-Lokale, sondern in der Hang Chao. Ich weiß nicht, was „Chao" bedeutet. Wenn es etwas mit Elektroartikeln oder Maschinen zu tun hat, würde es mich nicht wundern. Kleine Geschäfte mit geöffneten Rolltoren reihen sich aneinander. Ich sehe Berge von Stromkabeln, Schrauben, Motoren, Ölkannen und Dichtungen, aber nichts, in das ich jetzt hineinbeißen könnte. Über einem Geschäft hat ein Vetriebsparter von SKF, der „Svenska Kullagerfabriken", die in meiner Geburtsstadt Schweinfurt ein riesiges Werk betreiben, ein großes Schild angebracht. Ich sehe Kugellager in verschiedenen Varianten – wüsste ich es nicht besser, würde ich das auf eine Unterzuckerung zurückführen. Endlich finde ich aus der Eisen-, Öl- und

Maschinenwelt heraus und entdecke ein Lokal. Leider habe sie kein Pho, schüttelt die Besitzerin bedauernd den Kopf. Sie liest aus meinem Gesicht, dass ich einem kritischen Zustand nahe bin, und begleitet mich in die übernächste Seitengasse. Dort stehen in einem kleinen gefliesten Raum, der an eine Garage erinnert, vier Tische mit jeweils vier kleinen blauen Plastikhockern. Ein Topf ist mit Nudelsuppe gefüllt. Außer dem Koch ist niemand zu sehen. Ich vermute, dass sich nicht allzu oft Ausländer hierher verirren. Zumindest deute ich den Blick des Kochs so. Kurz darauf bin ich glücklich und bereit, mich genauer in dem Raum umzusehen. In einer Ecke läuft auf einem Flachbildschirm ein Film. Auch wenn ich kein Wort verstehe, wird der Inhalt schnell klar: In historischen Gewändern zetern Frauen und kämpfen Männer. Einer wird zu einem strengen Herrscher geführt, der ihn zu Unrecht einer Tat verdächtigt. Ob ihm gelingt, seine Unschuld beweisen, sehe ich nicht mehr, denn ich tauche gestärkt jetzt selbst in die Vergangenheit ein.

Die chinesischen Besatzer bauten die Zitadelle der Stadt auf. Im neunten Jahrhundert wurde sie durch eine acht Meter hohe Außenmauer und 55 Wachtürme geschützt. Unter Ly Thai To und seinen Nachfolgern wurde die Festung ab 1010 entlang einer neu gezogenen Nord-Süd-Achse umgestaltet. Auch wenn die Achse bestehen blieb: Von den Gebäuden des ursprünglich 140 ha großen Geländes ließen die Franzosen nur wenige stehen. Zur Freude der Schulabsolventen zählt das Haupttor der Zitadelle dazu. Denn selbst wenn wie heute eine Flotte von Bussen vorfährt, aus denen unzählige Zeugnisempfänger mit schwarzen Roben und Doktorhüten (auf Grund des Alters schließe ich aus, dass sie bereits promoviert haben, aber jeder trägt dieses Accessoire) aussteigen, vor diesem eindrucksvollen Tor finden alle ihren Platz. Jede Klasse wird mehrmals fotografiert, zunächst mit, dann ohne Robe. Darunter tragen alle Mädchen weiße Kleider und weiße Schuhe, die Jungen schwarze Anzüge, aber bei deren Schuhfarbe und -werk geht es dann schon wild durcheinander. Viel Zeit zur Durchsetzung seiner Anweisungen hat der Fotograf nicht, denn die nächsten zwei Klassen warten bereits.

Es gibt vermutlich nur einen Ort in Hanoi, der einen noch würdigeren Rahmen für einen Schulabschluss bildet, und der geht zurück auf Ly Thanh Tong. Das war derjenige, über dessen Geburt sich sein Vater derart freute, dass er die Einsäulenpagode aufstellen ließ. Ly Thanh Tong wiederum erfreute sich so an den Weisheiten des Konfuzius, dass er 1070 den Grundstein für den „Literaturtempel" legen ließ, der unter seinen Nachfolgern zur ersten Akademie des Landes ausgebaut wurde. 1076 nahm sie „im Gedenken an den weisen Konfuzius" ihren Betrieb auf. Bis ins Jahr 1915 wurden die Söhne – insbesondere die der Adeligen – hier unterrichtet. Vor dem ersten Tor wird der Besucher durch eine Inschrift aufgefordert „abzusteigen". Ab jetzt sollen alle gleich sein. Das ist auch wichtig für die Prüfungen, die im ersten Hof abgenommen wurden. Die heutigen Absolventen, die hier ebenfalls aus unzähligen Bussen steigen, haben das bereits hinter sich und drängen durch das „Tor der gewonnenen Tugend", das „Tor des erworbenen Talents" oder das „Große Mittlere Tor" in den zweiten Hof.
Der dritte Hof wird aufgelockert durch die „Quelle des himmlischen Lichts", einen großen, quadratischen Teich. Am Rand stehen Stein-Stelen, in die die Namen und Ergebnisse der Absolventen zwischen 1442 und 1779 eingemeißelt wurden. Das ist mit den Zeugnismappen der Gegenwart nicht zu vergleichen, dafür werden nun im vierten Hof (insbesondere vor dem „Tor des großen Erfolgs") viele Klassenfotos gemacht. Dort schließt sich der Konfuziustempel an, den nicht einmal der König betreten durfte. Jetzt bekommen der Weise und seine wichtigsten Schüler regen Besuch, wie man auch an den zahlreichen abgelegten Lebensmittelpaketen und Geldscheinen erkennen kann. Im Hof wird eine Zeremonie ausgerichtet. Die Schüler sind leise und andächtig. Umso mehr erschrecke ich, als neben mir ein Mann plötzlich mit einem Hammer auf eine große Glocke schlägt. Der durchdringende Ton zittert einige Sekunden nach. Als er verstummt, folgt der nächste Schlag.
Nach der Zeremonie ziehe ich mich in den Außensitzbereich eines Cafés auf der gegenüberliegenden Straßenseite zurück. Auch dort

wird neben dem Getränk einiges geboten. Vor meinen Augen strömen aus dem Seiteneingang des Literaturtempels die Absolventen in die Busse zurück, die in zweiter Reihe halten. Die Straße hat nur zwei Spuren, die in beide Richtungen befahren werden. Ich glaube, in Deutschland käme das einer indirekten Aufforderung zu einer Straftat gleich. Hier hupen gefühlt zwar alle, während Autos und Roller sich in Millimeterentfernung aneinander vorbeischieben. Trotzdem wirkt keiner aggressiv. Selbst die Lehrer, die ihre Schüler zwischen all den Fahrzeugen zu den Bussen begleiten, wirken stoisch. Als eine Frau inmitten des Knäuels beginnt, ihr Auto zu wenden, weicht ein Bus auf den Gehsteig aus und dreht im Vorbeifahren die Ecke des zu dem Café gehörenden Sonnenschirms. Mit schnellen Schritten hüpft die Bedienung herbei und schiebt ihn lachend zur Seite. Im nächsten Moment schlüpft – zwischen den beiden Bussen und um das wendende Auto – ein Roller hindurch. Dieser ist mit vier Personen (Reihenfolge: Vater, Kind, Mutter, Kind) besetzt und wird durch einen entgegenkommenden Roller gestoppt, der zwar keine Kinder chauffiert, aber zwei große, blaue Kunststofffässer in einem Anhänger zieht. Ihm folgt ein Roller mit einer dreiköpfigen Familie. Der etwa fünfjährige Sohn in der Mitte hält sich stehend an den Schultern des Vaters fest, um zu sehen, warum die Weiterfahrt stockt. Es erinnert mich ein bisschen an die asiatischen Martial-Arts-Filme, in denen die physikalischen Gesetze aufgehoben werden, nur dass den Beteiligten hier das Kunststück gelingt, sich nicht zu berühren.

Ist die Straße am Literaturtempel anspruchsvolle Kleinkunst, sind die Kreuzungen der mehrspurigen Straßen die große Bühne. Es ist nicht so, dass die vorhandenen Ampeln dort gänzlich bedeutungslos wären. Denn anhand eines gewaltigen Pulks an motorisierten Zweirädern, die einer Wand gleich starten, kann man durchaus ersehen, dass eine Ampel umgesprungen ist. Das heißt umgekehrt aber nicht, dass deshalb alle Fahrzeuge der querenden Straße stehen bleiben. Es ist, als würden hier ganz eigene Gesetzmäßigkeiten gelten, die wesentlich mehr Varianten als in Mitteleuropa („nur der, der Grün hat,

darf fahren!") zulassen. Ein Parameter in dem System könnte sein, dass einer meint, in besonderer Eile zu sein. Und auch hier wirkt niemand aufgeregt.
Ich glaube mittlerweile, es muss sehr viel passieren, damit ein Hanoier in Aufregung versetzt wird. Vielleicht, dass ein US-Präsident sich nach einem Arbeitstag in der Stadt spontan entschließt, mit einem Begleiter in eine Garküche zu gehen, um dort entspannt ein Menü für umgerechnet sechs Dollar (einschließlich Bier) zu genießen. Den Tisch, an dem Barack Obama damals saß, hat der Inhaber der Küche mittlerweile hinter Glas gestellt. Und das Lokal ist inzwischen auch unter dem Namen „Bun Cha Obama Restaurant" bekannt. Bun Cha bestelle ich jetzt ebenfalls in einer kleinen Straßenküche. Das gegrillte Schweinefleisch mit Reisnudeln und Kräutern schmeckt hervorragend. Die Betreiberin hat noch mehr im Angebot, was jeder Besucher ohne Blick in die Speisekarte schnell erkennen kann: Neben Fleischspießen hängen direkt am Eingang – wie an einem Galgen aufgereiht – gebratene Enten, den Kopf jeweils in eine Metallschlinge gefädelt. Am Rand der unmittelbar vorbeiführenden Straße hält ein Roller im mittlerweile einsetzenden Sprühregen an. Der Vater nimmt die Bestellung der hinter ihm sitzenden Frau und Kinder im Grundschulalter auf und gibt sie der Küchenbetreiberin von seinem Roller aus weiter. Der Verkehrsstrom gleitet im Abstand von (großzügig geschätzt) 30 cm weiter. Die Familie wartet stoisch auf dem Roller, bis die Speisen zubereitet sind.
Es gibt sie dann aber doch noch, die aufgeregten Vietnamesen. Um sie sehen zu können, muss ich allerdings den Fernseher in meinem Hotelzimmer einschalten. Dort weist ein wohlhabender Vater seine widerspenstige Teenagertochter zurecht. Offenbar gefällt ihm ihr Freund nicht, der in einem kleinen Laden arbeitet. Die Tochter – noch ganz romantisch – klammert sich an ihren Geliebten mit einem trotzigen „Entweder er oder keiner"-Ausdruck. Zugleich schimpft oder jammert sie aber durchweg und das sogar noch eine Tonlage höher als dessen Mutter, die von der Verbindung ebenfalls nicht angetan ist. Wäre das keine auf viele Folgen angelegte Serie – ich bin mir nicht si-

cher, ob der junge Mann nicht bald mit dem Gedanken spielen würde, sich freiwillig zur Armee in einem anderen Teil des Landes zu melden. Auf dem nächsten Sender streiten die gleichen Darsteller in einer anderen Szene. Die Serie ist offenbar beliebt. Das dritte Programm bietet Nachrichten oder Kultur, was ich auf Grund der schlechten Bildqualität nicht eindeutig erkennen kann. Auf dem vierten läuft wieder die Seifenoper. Und das war schon alles. Vietnam hat knapp 100 Millionen Einwohner. Sollten alle im Land dieselbe Auswahl an Sendern haben wie ich jetzt, dürften die Teenagerin, ihr Freund, deren Mutter und der Schwiegervater in spe sehr berühmt sein.
Später werde ich lesen, dass Vietnam Television eine staatliche Fernsehgesellschaft ist, die sechs Sender betreibt und von der Kommunistischen Partei Vietnams kontrolliert und zensiert wird. Das erklärt die Überschaubarkeit der Inhalte. Vielleicht soll das nervende Gezeter der ungehorsamen Tochter das Publikum daran erinnern, dass die Menschen für ihre Umgebung angenehmer sind, die sich (ganz im Sinne der konfuzianischen Tradition) dem Willen der Eltern (beziehungsweise der jeweiligen Autorität) unterordnen. Andererseits darf der Humor in der Serie nicht zu kurz kommen. Die lustigen Szenen werden – anders als in manchen westlichen Produktionen – nicht mit eingespieltem Lachen eines imaginären Publikums unterstrichen, sondern mit Lauten, wie sie in der Stummfilmreihe „Väter der Klamotte" verwendet wurden: Ein Pfeifen oder Quietschen stellt sicher, dass es dem Zuschauer nicht entgeht, wenn ein Darsteller ausrutscht oder mit einem anderen zusammenstößt.
Zumindest auf einem Sender pausiert nach einer Episode das Familiendrama zu Gunsten der Sportnachrichten: Zuerst wird von der vietnamesischen Volleyballmannschaft, dann über Badminton berichtet. Für den Fußball blicken die Reporter über die Landesgrenzen. Ich sehe die Zusammenfassungen der EM-Qualifikationsspiele, unter anderem von Norwegen und Wales. Die Fußballbegeisterung ist hier offenbar groß.
Noch einmal schalte ich auf den flimmernden Kanal und erkenne das Ho-Chi-Minh-Mausoleum sowie ein Lied, in dem das Wort

„Vietnam“ oft gesungen wird. In den folgenden Einstellungen erkenne ich viele zunächst ernst schauende, dann jubelnde Männer, wehende Fahnen und große Gebäude. Es handelt sich bei dem Lied nicht um die Nationalhymne, die ich mir anschließend auf YouTube ansehe: Bei dieser geht es laut Übersetzung um marschierende Truppen, den über den Tod der Feinde führenden Sieg, die in Blut getränkte Flagge und den Kampf um das gemeinsame Vorrücken. Geschrieben und komponiert wurde sie im Jahre 1944, also vor dem Indochinakrieg. Zu all den schweren Klängen fallen meine Augenlider zu. Noch halbgeöffnet sehe ich ein Lehr- und Werbevideo für Wachsoldaten, die am Mausoleum dienen.
Ich freue mich auf morgen.

Vier

Hanoi – Ha Long

„Mit einem Mal sah ich die Bucht von Ha Long in ihrer ganzen Pracht vor mir. Das seidenglatte, unbewegte Meer lag unter einem Dunstschleier. Nicht die kleinste Welle, nicht ein Segel, kein Blätterrascheln, kein noch so leises Ufergeplätscher.“

Duong Thu Huong

Es ist noch ruhig in der Hang Bac, in der einige Geschäfte Schmuck anbieten. Die „Silbergasse" war ein wichtiger Bezugspunkt für Dieu Lan, einer Protagonistin des Romans „Der Gesang der Berge" der vietnamesischen Schriftstellerin Nguyen Phan Que Mai. Hier wohnt Dieu Lans Lehrer, den sie zur Zeit der japanischen Besatzung besuchen will, und hier sucht sie mit ihren Kindern Zuflucht, als nordvietnamesische Kommunisten sie im Rahmen der „Landreform" hinrichten wollen. Dieu Lan, deren Familie sich einst ein Landgut aufgebaut hatte, erlebt die Gängelung durch die französische Kolonialmacht, sieht zu, wie ihr Vater von einem japanischen Soldaten grundlos geköpft wird, und überlebt die große Hungersnot 1945, die dadurch verursacht wird, dass die japanischen Besatzer fast alle Lebensmittelvorräte konfiszieren, was zum Tod von Millionen Vietnamesen führt. Sie entkommt der Landreform, bei deren Säuberungsaktionen selbst Kleinbauern ermordet werden, um die Hinrichtungsquoten in Bezug auf „Grundbesitzer" zu erfüllen, und den Flächenbombardierungen durch die USA, die dazu führen, dass ihre Enkelin keinen Schulkameraden mehr sieht. Und dennoch weigert sie sich, das Leid weiterzugeben. Sie will verstehen. Nach dem Tod ihres Vaters lernt sie Haiku und liest japanische Bücher, um die japanische Kultur kennenzulernen, und stellt fest: „Viele Japaner sind Buddhisten wie wir. Sie verehren ihre Vorfahren und lieben ihre Familie. Genau wie wir haben sie Freude daran, zu kochen und zu essen, zu tanzen und zu singen."

Während und nach den amerikanischen Bombardierungen lehnt sie es ab, als Lehrerin den Kindern die Propaganda der Kommunistischen Partei und den Hass gegen die USA einzupflanzen. Vielmehr schenkt sie ihrer Enkelin Huong das verbotene Buch „Unsere kleine Farm". Und Huong stellt erstaunt fest: „Ich hatte gehört, dass die Amerikaner gerne über andere Rassen herrschten und dass sie keine Gefühle hatten wie wir, aber jetzt wusste ich, dass sie ihre Familie liebten und auch hart arbeiten mussten, um sich ihren Lebensunterhalt zu verdienen. Und sie liebten Tanz, Musik und Geschichten, genau wie wir." Wiederholt wird Dieu Lans Haus zerstört und jedes Mal baut sie es wieder auf. Sie zieht Huong auf, deren Eltern im Amerikanischen Krieg kämpfen, und arbeitet als Straßenhändlerin, ein Beruf, der von der Gesellschaft als „kapitalistisch" verachtet wird. Und bei allem Leid und allen Mühen wirkt sie – wie der gesamte Ton des Buches – versöhnlich, lebensbejahend und nach vorne gerichtet.

Auch „Bitterer Reis" von Duong Thu Huong beschreibt eindrucksvoll die Folgen der Landreform, durch die die Erzählerin ihren Vater, der ebenfalls im Verdacht stand, wohlhabend zu sein, verliert. Und in beiden Romanen wird davon erzählt, wie die Staatsideologie verwendet wurde, um über andere zu bestimmen, „andere" Verhaltensweise zu unterdrücken, etwa das Tragen von Schlaghosen in den 70er Jahren:

„Es waren solche Leute wie er, wie Sie, die uns durch die Straße verfolgten, um uns die Hosenbeine aufzuschlitzen. Sie schnitten uns die Schlaghosen auf, als sie selbst noch keine trugen. Sie schnitten uns die engen Jeans auf, als sie selbst Schlaghosen trugen. Sie maßen die Menschenwürde an dem Umfang ihrer Hosenbeine. Tausende von jungen Leuten sollten sich nach ihrem Geschmack, ihrer Mode richten, auf den Zentimeter genau. Sonst warfen sie ihnen Verrat an der Partei vor, wenn nicht gar Verrat am Vaterland... Warum nur diese Versessenheit darauf, uns zu schikanieren, zur Strecke zu bringen? Mit welchem Recht? Letzten Endes sind sie alle nur raffinierte Taschenspieler, die den Leuten Sand in die Augen streuen. Sie haben Tausende von Regeln aufgestellt, zahllose Gesetze erlassen, eins immer strenger als das andere, während sie sich im Verborgenen alle erdenklichen Schweinereien erlaubten."

Allein der Umstand, dass diese Bücher so geschrieben und veröffentlicht werden, ist beachtlich. Allerdings wurde Duong Thu Huong aus der Partei ausgeschlossen und das Reiserecht entzogen. Zeitweise war sie sogar inhaftiert. Jetzt lebt sie in Frankreich. Nguy-

en Phan Que Mai wohnt in Jakarta, schreibt aber auch für vietnamesische Zeitungen und wurde mehrfach ausgezeichnet.
In „Bitterer Reis" schlendert die Erzählerin eines Tages durch die Gassen der Altstadt Hanois, bis sie das Ufer des Roten Flusses erreicht. „Die Luft roch süß und verheißungsvoll. Die Böschung war mit zartlila Blüten übersät, die in der frischen Brise zitterten. Kleine Margeriten lugten zwischen den hohen Gräsern hervor. Hie und da zeigte ein Passionsblumenstrauch seine lampionformigen Fruchtdolden. Ein paar Segel glitten lautlos über das Wasser. Steuermänner mit kupferbraunen Gesichtern hielten am Bug ihrer Boote das Ruder fest."
So romantisch ist der Weg für mich nicht. Ich überquere mit Hilfe einer Fußgängerbrücke eine Art Stadtautobahn, irre durch dunkle, verwinkelte kleine Gassen, bis ich am Ufer des Roten Flusses ankomme. Oder dort, wo er sein müsste. Erkennen kann ich nur eine grün überwucherte Ebene, und eine Umgebung, die alles andere als wohlhabend ist. Ich habe bislang keine Bettler gesehen. Und von den Straßenkindern (20.000 sollen es in Vietnam sein, davon 1.500 in Hanoi) habe ich lediglich gelesen. Doch hier, in den engen Gassen zwischen abblätternden Fassaden sehe ich Armut. Ein schmaler Weg führt an Behausungen unter einer stark befahrenen Brücke vorbei. Er verengt sich weiter. Obwohl gerade noch taghell, ist es auf einmal dunkel. Um ehrlich zu sein: Wäre ich jetzt nicht in diesem Land, würde meine Anspannung spürbar steigen. Wieder im Tageslicht folge ich dem Fluss bis zur Long-Bien-Brücke. Sie wurde 1902 von der französischen Kolonialregierung fertiggestellt und hatte eine erhebliche strategische Bedeutung, weil mit ihr die letzte Lücke der Bahnstrecke geschlossen werden konnte, die den Süden des Landes mit der Grenzregion zu China verband. Benannt wurde sie ursprünglich nach dem Initiator und ehemaligen Generalgouverneur Paul Doumer, an den man aber – anders als an dessen Freund Alexandre Yersin – nach Abzug der Franzosen nicht mehr erinnern wollte.
Ich erinnere mich nicht mehr genau an den Hinweg und komme in eine Straße, in der die Händler auf kleinen Plastikhockern sit-

zend jeweils eine breite Palette an verschiedenen Lebensmitteln um sich aufgebaut haben. In den am Boden stehenden Schüsseln bieten sie Salate, Paprika, Karotten, Tomaten, Zwiebeln, Auberginen, Kräuter und Fleisch an. Alles leuchtet in frischen Farben, abgesehen von dem, was noch lebt. In einer kleinen Wanne drehen Fische ihre wohl letzten Runden. Unter einem Drahtgeflecht sind sechs Hühner so eng zusammengepfercht, dass sie ihre Flügel nicht ansatzweise spreizen können. Neben ihnen teilt ein Mann mit einem Beil Rindfleisch in große Portionen. Die Waren werden dicht gedrängt von der Straße bis in die Eingangstore der Häuser hinein präsentiert. Rollerfahrer halten, kaufen, verstauen (ohne abzusteigen) ihre Einkäufe und fahren weiter. Ich folge ihnen und erbringe eine Leistung, die ich vor zwei Tagen nicht für möglich gehalten hätte: Die Überquerung der Pho Tran Quang Khai. Auf vier Spuren kommen die Fahrzeuge angeschossen und ich sehe keinen geschützten Übergang. Langsam trete ich auf die Fahrbahn, den Blick auf die herannahenden Windschutzscheiben gerichtet. Stetig bewege ich mich vorwärts und alle Beteiligten werden sich in Sekundenbruchteilen einig, wer verzögert und wer weiterfährt beziehungsweise -geht. Es ist ein Fühlen und Tasten ohne Worte und glücklicherweise ohne Berührung. Der wichtigste Faktor ist die Berechenbarkeit, weshalb nach meiner Einschätzung ein abruptes Abstoppen, Loslaufen oder gar Umkehren gefährlicher wäre als ein langsames und gleichmäßiges Queren mit geschlossenen Augen.

Wenige Gassen weiter sehe ich ein vertrautes Gewässer wieder. Nur gleicht der heute für den Verkehr freigegebene Ring um den Hoan-Kiem-See einem modernen Circus Maximus. Nach meiner soeben bestandenen Prüfung ist das Überqueren der abzweigenden Straßen aber keine allzu große Herausforderung mehr.

„Fly me to the moon. Let me play among the stars. Let me see what spring is like on A-Jupiter and Mars.“ So sicher wäre ich im Umgang mit den Transportmitteln noch nicht. Das Lied, das mich im Frühstücksraum des Hotels empfängt, trifft meine Stimmung. Mit Passions- und Drachenfrucht sowie Toast vor mir, trinke ich langsam

einatmend den warmen Tee und schaue durch die Glasfront in die kleine belebte Gasse. Zwei Meter von mir entfernt bewegt sich emsig, aber stumm eine andere Welt in ihrem Rhythmus zu Frank Sinatras Stimme.
In der Lobby höre ich dann wieder den Geschäftssinn. Die Dame am Empfang preist Neuankömmlingen verschiedene Touren an und ich verfolge aus einem Sessel den bekannten Ablauf. Wieder oszillieren ihre Gesichtszüge zwischen freundlichem Lächeln und ernster Miene. Ihre beiden jungen Mitarbeiter behalten durchgehend den freundlich-interessierten Ausdruck. Welche Touren sie am Ende verkauft, erfahre ich nicht mehr, denn zuvor werde ich zu meiner eigenen abgeholt. Der Tourguide, der sich als „Sunny" vorstellt, erzählt mir auf dem Weg zum Bus, dass neben einigen Europäern überwiegend Asiaten an Bord sind. Das entspricht auch der Größe der Sitze, zwischen denen ich meine Knie einklemme. Weil bei weiteren Stopps noch zwei Französinnen, zwei Engländerinnen und acht Vietnamesen einsteigen, wird der Bus zudem voll. Eng ist es aber nicht nur drinnen. In Zentimeterabständen passieren wir Straßenstände, Rollerfahrer, eine Frau, die mittels der hier typischen Tragestange zwei große Körbe knapp über den Boden schweben lässt. Es ist entspannter, dieses enge Vorbeigleiten aus der Perspektive des Businsassen zu verfolgen.
Wir verlassen die Altstadt und überqueren bald den Roten Fluss, den ich jetzt auch sehe. Rot erscheint er mir gerade nicht, aber sehr breit. Links davon erkenne ich Bebauung bis zum Horizont, rechts grünes Ödland, auf dem einzelne Zelte stehen.
„Gestern regnete es, heute wird es sonnig. Falls nicht, schaut mich an, dann seht ihr die Sonne." Und zur Erklärung schiebt er nach: „Ich wisst, mein Name: Sunny."
Die ersten wohlwollenden Schmunzler hat er sicher. Seine Stimme wie sein Körperbau wirken weich. Er spricht klares Englisch und präsentiert prägnant die Fakten: Dass Vietnam geformt sei wie ein „S", 54 verschiedene Ethnien auf dem Land oder in einer der über 60 Städte lebten und er selbst mit über acht Millionen anderen in Hanoi

wohne. Der Arbeitstag der meisten beginne um acht und ende um halb sechs, wobei viele auch am Wochenende arbeiteten.
Bei unserem ersten Toilettenhalt erfahre ich noch etwas anderes. Vor dem Bus fragt mich eine kleine, weißhaarige Mitfahrerin, die den Halt als Zigarettenpause nutzt, wo ich herkomme. Sie stammt aus Newcastle, lebt aber die Hälfte des Jahres in Mumbai. Von dort aus bereist sie Südostasien. Ihre dunklen Augen blitzen lebendig unter den lila Haarsträhnen. „Ich bin jetzt über 70. Mein Mann starb vor 5 Jahren. Als er in Rente ging, beschlossen wir, einen Teil des Jahres in Indien zu leben, weil wir dort viel mehr für unser Geld bekamen. Und ich setze unseren Plan um. Es gibt so viele tolle Orte. Ich will möglichst viele sehen. Es ist das Beste, was ich mit der Zeit, die ich noch habe, anfangen kann." Sie nimmt einen tiefen Zug. Dann hebt sie den Kopf und atmet lange den Rauch aus. „Ich heiße übrigens Stella." Jetzt wird sie begleitet von einer Freundin, die ebenfalls gerne reist, aber sonst durchweg in Newcastle lebt. So wie Stellas Kinder und Enkel.
Wir fahren weiter. Draußen ziehen Reisfelder mit langen Bewässerungskanälen vorbei. Auf einem großen Feld geht ein Bauer hinter einem Wasserbüffel her. Selbst in der kurzen Sequenz wirken ihre Bewegungen harmonisch. In einer Reportage sah ich, wie der Journalist Philipp Abresch einmal einen vietnamesischen Bauern auf dem Moped in ein entferntes Bergdorf zu einem Tiermarkt begleitete. Nach langer, kritischer Suche fand der Bauer unter unzähligen Wasserbüffeln den richtigen. Überwältigt vor Glück strahlte er in die Kamera: „Ich sage ihnen etwas," hob er lachend an. „Zu Hause ist der Wasserbüffel wichtiger als die Ehefrau. Denn ohne einen Wasserbüffel geht gar nichts."
Wichtig sind auch die Ahnen. Ihre Gräber sind zwischen den Feldern und Siedlungen von der Straße aus gut erkennbar. „Wenn die Menschen gestorben sind, kehren sie in ihr „familyland", auf ihre Grundstücke zurück. Auch wenn sie zwischenzeitlich einmal in der Stadt gewohnt haben. Für die Angehörigen ist es wichtig, sie bei sich zu haben und sich an sie zu erinnern", sagt Sunny. Lächelt er sonst

durchgehend, blickt er nun ernst und macht ohne weitere Worte deutlich: Hinter diesen Bräuchen, dem Ahnenaltar im Haus und den Gräbern steht mehr als ein bisschen Geisterglaube mit Räucherstäbchen. Es ist eine Ordnung, die den Lebenden hilft. In Herbert Rosendorfers „Briefe in die chinesische Vergangenheit" schreibt der Mandarin Kao-tai, der aus dem China des zehnten Jahrhunderts stammt, über den Zusammenhang von Wirklichkeit, Zeit, Ahnen und Ordnung: „Nur der Augenblick ist Wirklichkeit. Die Vergangenheit sinkt in die Unwirklichkeit zurück, aber sie verfestigt sich in der Erinnerung. Die Erinnerung ist nicht von dauernder Festigkeit. Sie wird fließend, dann Rauch, verfliegt endlich. Dennoch ist das Einzige, was von gewesener Wirklichkeit zurückbleiben kann, die Erinnerung: und Dinge, an die sich niemand erinnert, sind so gut wie nicht gewesen. Dies gilt auch für Menschen. Wenn wir uns unserer Ahnen nicht mehr erinnern, sind sie nicht gewesen. Dann sind wir vom Himmel abgeschnitten, und es entsteht Unordnung." Wahre Ordnung sei das vernünftige Einfügen in die Harmonie der Realität. Und dies sei wichtiger, als sein Handeln nur danach auszurichten, was gerade Spaß mache: „Ordnung in Trauer ist besser als Freude ohne Ordnung, sofern man nicht beides haben kann, was, wie wir wissen, in den seltensten Fällen möglich ist."

Zur Lebzeit Kao-tais wurden die Chinesen – wie ich vorgestern im Geschichtsmuseum erzählte – von General Ngo Quyen nach über 1.000 Jahren vertrieben. Er lockte die chinesische Flotte 938 nahe Haiphong in eine Flussmündung. Dort hatte er zuvor unter Wasser Holzpfähle anbringen lassen, deren Eisenspitzen knapp unterhalb der Oberfläche endeten. Die Schiffe setzten auf und waren leichte Beute für die wartenden vietnamesischen Truppen. Ab 1872 landeten französische Soldaten, die von hier aus Tonkin besetzten. 1888 gründeten die Franzosen offiziell Haiphong, das zum größten Industriezentrum Vietnams wuchs. 1955 verließen sie an diesem Ort das Land. Aber das Industriezentraum mit seinem gewaltigen Hafen blieb. Schon von weitem sehe ich die Lastenkräne und aufgetürmten Container entlang eines Mündungsarmes des Roten Flusses. Je nördlicher wir kommen, desto schroffer werden auf beiden Seiten die grün überzogenen Felsen und Hügel. Rechts ragen sie bereits steil aus dem Wasser.

Kurz vor Ha Long nehmen wir die Ausfahrt zu einer großen Halle, die auf einer Wiese steht. Der Halt dient nicht nur den Toilettengängern oder Rauchern. Uns wird die „Produktion und Verarbeitung von Zuchtperlen" gezeigt. Ich frage Sunny, ob man dafür nicht Meerwasser brauche. „Ja", lächelt er, „die Perlenfarm selbst ist im Meer in einer geschützten Bucht hinter hohen Felsen. Hier wird die Verarbeitung gezeigt."

„Und vermutlich der Verkauf."

„Ja", lächelt er.

„My dream is to adorn the necks of all women around the world with pearls", wird der Japaner Kokichi Mikimoto zitiert, der Ende des 19. Jahrhunderts das Verfahren zur künstlichen Zucht von Perlen entwickelte. Muscheln werden dabei mit einem Fremdkörper versehen und in Körben im Meerwasser versenkt. Um den fremden Kern bilden die Muscheln Schutzhüllen aus Perlmutt. Und nach zwei Jahren kann man dann mit etwas Glück Perlen ernten, die von Naturperlen nicht zu unterscheiden sind. Unter dem in einem großen Schriftzug verewigten Zitat Mikimotos, der mich in einer Aufnahme aus dem Jahr 1932 an einen alten, bescheidenen Wandermönch erinnert, sind Perlen in verschiedenen Farben und Größen nebst passendem Verwendungszweck dargestellt: Perlen mit einer Größe von 5,5 – 6 mm werden „traditionally" von Mädchen und jungen Frauen getragen. Eine Größe von 6 – 6,5 mm ist perfekt für eine Schulabschlusszeremonie oder den 16. Geburtstag. Frauen Mitte 20 wählen Perlen mit 6,5 – 7,0 mm, um einen „elegant look" für das Weihnachtsfest oder den Valentinstag zu erzeugen. 7,5 – 8,00 mm sind das Richtige für die Frau ab 30, die einen „luxury look" erhält. Ketten mit diesen Perlen sind ein Hochzeits- oder Jahrestagsgeschenk. Und dann kommt noch die Länge ins Spiel: 12 Zoll („Collar") genügen dem schmalen Hals. Die „Princess" braucht 18 Zoll. 30 Zoll sind für die „Opera" und ab 45 Zoll

spricht man dann doch eher handfest von einer „Rope“. Was soll ich sagen, ein Blick auf ein Preisschild verrät mir schnell: Als Mitbringsel sind alle zu teuer.
Und so habe ich Zeit, mir vom scharfen Ingwertee im Café den Hals auskratzen zu lassen. Stella entdeckt mich und steckt sich eine Zigarette an.
„Was hast du dir in Hanoi angeschaut?“, fragt sie. Kurz darauf hat sie ein Thema gefunden, das sie beschäftigt. „Im Hoa Lo-Gefängnis war ich auch“, sagt sie. „Es ging dort nur darum, den Willen der Menschen zu brechen! Die Franzosen – unglaublich.“
Das ist jetzt eine interessante Situation: Einerseits brachte der Ort mich zum Schlucken. Und ich fasse beim Erzählen der geschichtlichen Ereignisse ebenfalls nach Nation oder Staatsangehörigkeit zusammen. Andererseits bin ich ein schlechter Gesprächspartner, wenn es darum geht, Personengruppen („die Politiker!“, „die Ausländer!“, „die Arbeitslosen!“, „die Lehrer!“ oder auch „die weißen, alten Männer!“) mit Wertungen zu versehen. Mit Stella würde ich mich aber gerne noch länger unterhalten. Deshalb versuche ich es über einen Umweg: „Ich bin ja aus Deutschland.“ Den schlimmsten Abschnitt will ich nicht bemühen. Deshalb: „In Deutsch-Südwest, also heute Namibia, wurden von der Schutztruppe die Herero als Vergeltung für einen Aufstand in die Wüste getrieben. Der ganze Stamm sollte ausgerottet werden.“
„Ja“, fällt sie ein, „das stimmt. Und die Briten richteten in Indien auch einiges an. Oder die Türken am Ararat. Ich war dort.“
„Warst du?“ Auch wenn das Thema schwer ist, freue ich mich kurz. Ich traf bislang wenige Menschen, die in dieser Gegend waren, die mich faszinierte.
„Ja.“ Doch Stella scheint der Inhalt mehr zu interessieren als der Zufall, dass wir beide denselben Ort kennen: „Die Todesmärsche der Armenier.“
„Fast überall, wo ich war, gibt es tiefe Narben, die zeigen, wozu Menschen in der Lage sind, wenn sie sich bedroht fühlen oder wenn sie sich Vorteile verschaffen wollen. Oder Rache nehmen wollen.“ Na-

vid Kermani schreibt über die Unmenschlichkeit in einem Bürgerkrieg: „Immer rächen die Soldaten die eigenen Zivilisten, immer rechtfertigen sie es damit, dass zuerst die eigenen Kinder ermordet worden sind, die Frauen, die Alten. Das ist der Grund, jede Moral zu verlieren. Jeder Krieg beginnt damit, dass ab heute zurückgeschossen wird, könnte man paraphrasieren."

„Vor fünf Jahren war ich in Polen," sagt Stella. Jetzt sind wir doch im schlimmsten Abschnitt. „Auschwitz ist der schrecklichste Ort, den ich je sah. Es war eine Maschine. Und es ging nur noch darum, möglichst billig zu töten."

„Das ist wahr." Mehr kann ich dazu nicht sagen.

Ich denke, es gibt nur wenige Orte, die jetzt aus dem Schweigen holen können. Derjenige, der sich vor uns auftut, gehört dazu. „Mit einem Mal sah ich die Bucht von Ha Long in ihrer ganzen Pracht vor mir. Das seidenglatte, unbewegte Meer lag unter einem Dunstschleier. Nicht die kleinste Welle, nicht ein Segel, kein Blätterrascheln, kein noch so leises Ufergeplätscher. Eine unendliche Stille über dem unendlichen Grün des Wassers. Die Felsen sahen aus wie Tintenblöcke, die unter ihren schwarzen Spiegelbildern wunderbare Legenden, ungelöste Rätsel, verlorene Schätze hüteten. (…). Die Farbe von rauschüberwehten jungen Blättern, vom ersten Tageslicht durchschienen, dieses überirdische Grün gibt es sonst nirgends auf der Welt, nur an diesem einen Ort", findet Duong Thu Huong.

Auf einem Boot fahren wir durch das grüne Wasser auf die steilen Kalksteinfelsen zu, die hoch aus dem Wasser ragen. Soweit sie nicht senkrecht abfallen, sind sie dicht bewachsen. Der Name erzählt eine Geschichte: Vinh Ha Long – die Bucht des untertauchenden Drachen. Ein solcher ließ, als er ins Meer ging, die Bucht entstehen. Für die Felsen waren einige seiner Artgenossen verantwortlich: Als Vietnam (wieder einmal) angegriffen wurde, kam den Bewohnern eine Drachenmutter nebst -kindern zu Hilfe: Sie kämpften nicht mit Feuer, sondern mit Juwelen, die sie ins Wasser spuckten (eine Affinität zu Schmuck gab es hier also schon vor den Zuchtperlen). Aus diesen entstanden die Felsformationen, an denen die feindlichen Schif-

fe zerschellten. Weil ihnen Land und Leute gefielen, blieben die fliegenden Kämpfer, um fortan die Viet zu beschützen.
Nach einer anderen Erklärung formten vor 20.000 Jahren Flüsse die Kalkfelsen. Der Meeresspiegel lag niedriger, weil während der herrschenden Eiszeit mehr Wasser gebunden wurde. 2.000 Jahre später lebten Menschen in den durch die Flüsse geschaffenen Höhlen. Als zum Ende der Eiszeit der Meeresspiegel um bis zu 120 Meter stieg, wurde aus der Ebene Meeresboden, aus Bergen und Hügeln knapp 2.000 Inseln beziehungsweise Felsen. Die Flachland- und Flussbewohner, die nicht ins Landesinnere zogen, lebten fortan vom Meer. Und es gibt immer noch Fischer, die sogar auf dem Wasser in schwimmenden Dörfern leben, inmitten einer zum UNESCO-Weltkulturerbe erklärten Traumkulisse.
Wie sich das denn anfühle, wurde ein Familienvater einmal von einem Reporter gefragt.
„Die Touristen sagen, wie schön das ist", antwortete der Mann. „Ich lebe und arbeite schon immer hier. Ich kenne es nicht anders. Für uns ist es manchmal sehr kalt. Vor allem im Winter. Eine harte, feuchte Kälte."
Alle aus unserer Reisegruppe sind beeindruckt von der Schönheit. Alle sind mit Staunen oder Fotografieren beschäftigt. Und als das Boot uns zu dem Schiff gebracht hat, das laut Reisevermittlerin aus dem Hotel „mittlerer Standard" sei, ist augenblicklich klar: Wir werden weder frieren noch wird es uns an irgendetwas fehlen.
Nach dem Begrüßungsingwertee im rundumverglasten Speisesaal beziehe ich mein mit Möbeln aus dunklem Holz eingerichtetes Zimmer. Auch dieses hat eine breite Fensterfront, an die sich ein breites Bett anschließt. Im Liegen betrachte ich die ruhige, grüne Wasseroberfläche und die das offene Meer abschirmenden Felsen.
Kurz darauf wird im Speisesaal Lunch serviert. Die vornehm gekleideten Kellner bringen in mehreren Gängen Suppe, Sushi, Seebarsch, gedünsteten Brokkoli, Karotten und Reis. Zum Kaffee hören wir dezente Klaviermusik, während das Schiff an den ehemaligen Juwelen vorbeigleitet. Wieder staunen alle andächtig. Auf dem Schiff sind

neben dem Personal etwa 20 Gäste und Sunny. Er bietet uns an, mit einem kleinen Boot schwimmende Häuser zu besuchen. Dort könnten wir schwimmen oder Kanu fahren. Am Blick einiger kann ich schnell ablesen, dass sie bei der Vorstellung frösteln: Es ist bewölkt und der leichte Wind lädt sie ebenfalls nicht dazu ein.

Auf dem Boot sitze ich eine halbe Stunde später mit den beiden Französinnen Justine und Eli, einem Kanadier, einem US-Amerikaner und den zwei irischen Paaren. Von den asiatischen Passagieren ist keiner dabei. Von einer kleinen Holzinsel aus paddle ich mit dem Kajak zwischen die Kalksteinformationen. Es ist so still, dass das vom Paddel tropfende Wasser den Raum füllt. Als ich an einem schwimmenden Haus vorbeigleite, erkenne ich einen älteren und einen jüngeren Mann vertieft an einem Netz arbeiten. Ich frage mich, wie es für sie ist, täglich Touristen zu sehen. Sind sie es gewohnt, dass man sich gegenseitig ignoriert? Vor allem, weil man keine Übung im Umgang miteinander hat?

„Xin chao," rufe ich ihnen zu und hebe grüßend eine Hand.

Beide blicken suchend auf. Nach einem Moment lachen sie und winken. Durch die Stille paddle ich zurück. An der Holzinsel ist es nicht still. Ein paar Übermütige springen ins Wasser. Sunny antwortet auf meine Frage, wir hätten noch Zeit.

Das Wasser ist wärmer, als ich es erwartete. Ich schwimme, lege mich auf den Rücken und betrachte die Bucht. Wenn es mir zu kalt wird, mache ich ein paar Züge.

Als ich wieder bei der Holzinsel bin, ruft mir Sunny zu, wir hätten immer noch Zeit. Die Iren versuchten, auf die Trampolininsel zu gelangen.

Die Trampolininsel?

Er deutet auf einen etwa 30 Meter entfernt schwimmenden, einen Meter hohen, gelben Ring mit etwa 10 Metern Durchmesser, neben dem ein Boot ankert. Das Ganze ist so gedacht, dass man über eine Leiter auf das Boot und von dort auf den Ring gelangen kann. Doch die Leiter ist teilweise abgerissen. Die vier versuchen es – vergnügt wie vergeblich – auf einem anderen Weg. Ich klettere an dem Rest der Leiter hoch. Sie folgen meinem Beispiel. Und dann, ohne weitere Abrede, springen beziehungsweise fallen alle gleichzeitig. Einer legt sich in die Mitte des Trampolins und zieht die Beine an, die anderen lassen ihn durch ihr Hüpfen abheben. In kurzen Pausen holen wir kollektiv Luft, bevor es weitergeht. Justine filmt uns von der Holzinsel aus. Auf dem Film, sagt sie, sehen wir aus wie eine Horde übermütiger Kinder.

Bei dem Abendessen geht es gediegener zu. Zwei australische Freundinnen und ein Ehepaar aus Ecuador sind zwischenzeitlich auf das Schiff gekommen. Ich unterhalte mich mit dem Ecuadorianer über Quito, den Regenwald und den Cayambe. Seine Augen strahlen. Den Ausdruck sehe ich später auch auf dem Deck bei Neil, dem US-Amerikaner mit indischen Wurzeln, Justine und Eli, als sie sich über ihnen bekannte Orte in Italien und Frankreich austauschen.

„Es ist einfach," sagt Neil später zu mir, „alle wollen dasselbe und freuen sich, dass man so leicht zueinander findet."

Ich unterhalte mich mit Stella und ihrer Freundin über den größten Moment mit ihrem Lieblingsverein Manchester United (es ist leider das Champions-League-Finale 1999), mit Neil über seine Heimatstadt New York, in der ich ein Jahr vor dem genannten Finale war, und mit den beiden französischen Freundinnen über ihre Berufe, die von Anfang an international ausgerichtet waren. Ich denke wieder an Navid Kermani, der einmal schrieb, dass uns, wenn wir ehrlich sind, so wenig mit anderen Menschen verbindet, dass die einzelnen Stellen, an denen wir uns berühren, wie wertvolles Glück erscheinen. Diese Stellen können winzig sein, wie die Begeisterung für denselben Fußballverein oder für Neil Young, sie müssen nur *wirklich* sein. Und ich merke, dass die Atmosphäre auf dem Deck gerade wirklich ist und eine stärkere Verbindung erzeugt als jeder gut gemeinte Rat, wie man mit seinen Mitmenschen umzugehen habe.

Eine halbe Stunde später singen wir Karaoke und tanzen dazu. Die Lichter des nächsten Schiffs sind in der Dunkelheit erkennbar. Neil begeistert uns mit „Old Town Road", Justine und Eli mit einem leidenschaftlich gesungenen „Les Champs-Elysées" und die

Iren klatschen und schmettern – mit einige Bia Ha Noi im Rücken – „Rattlin′ Bog“, einen Irish folk song, bei dem der Text der jeweils vorangegangenen Strophe wiederholt und um ein paar Zeilen erweitert wird, was alle dazu bringt, einzustimmen. Dazwischen singen die Mitglieder der vietnamesischen Crew, die darin viel Übung haben. Ich schaue in die Gesichter und bin mir sicher: Keiner der Anwesenden würde eines der hier vertretenen Länder jetzt abwerten. Wir haben einen wunderbaren Tag zusammen erlebt. Ich weiß: Wir müssen gerade nicht die Herausforderungen des Alltags meistern, sondern sind in einer privilegierten Situation, im Leichten. Gleichwohl fühlt es sich so an, als ob die Erinnerung an diese Momente nicht schnell verfliegen wird.

Fünf

Ha Long – Hanoi

Wenn du so lebst, wie du es dir wirklich wünschst, musst du keine Angst vor dem Tod haben.

Ich ziehe den Vorhang ein Stück zur Seite. Durch den Spalt sehe ich mit halbgeöffneten Augen das grüne Wasser und darüber die Felsen im Dunst. Es ist still. Ich beginne den Tag in einer Traumwelt. Auch im Frühstücksraum ist es ruhig. Die Erinnerungen an gestern werden mit breitem Lächeln, aber gedämpften Stimmen ausgetauscht.
„Wir werden heute Höhlen besuchen, in denen früher die Menschen lebten. Sie stehen jetzt teilweise unter Wasser, aber es ist so flach, dass wir nur mit Ruderbooten dorthin kommen. Rudern werden Bewohner der Fischerdörfer. Sie können das am besten", sagt Sunny.
Die Technik habe ich noch nie zuvor gesehen. Die zierliche Frau drückt im Stehen die dünnen, langen Ruder in einer kurzen schnellen Bewegung nach vorne, zieht sie aus dem Wasser und dann wieder langsam zurück. Das breite Boot mit acht Passagieren gleitet schnell in einen kleinen Seitenarm, der von hohen Felsen eng umfasst wird. Am Ende erkenne ich einen dunklen Punkt in der Steinwand. Es ist eine Höhle. Unsere Ruderin zieht den Kopf ein. Von der Decke hängen Stalaktiten. Es wird wieder heller. Wie durch ein Tor fahren wir auf einen grünen See, der ringsum von Bergen mit scharfen Zacken eingesäumt wird. Unsere Ruderin ruft ein kurzes „Ah", das die Felswände zurückwerfen. Sie fordert die Australierin, die in ihrer Sportleggins sehr athletisch wirkt, auf, die Ruder zu übernehmen. Diese zieht die Ruder instinktiv unter Wasser nach hinten. Nein, gibt die Vietnamesin zu verstehen, die Ruder müssen unter Wasser gedrückt werden.
Ihre Schülerin atmet gut hörbar aus und bringt ihre Körperkraft zum Einsatz. Nach wenigen Minuten sagt die Frau aus Down Under, dass sie schwitzt und erschöpft sei.
Einer der Iren meint, wir hätten dafür einen guten 360-Grad-Blick erhalten.
In der Tat haben wir uns lediglich auf der Stelle gedreht. Auch die Australierin lacht. Die Vietnamesin übernimmt wieder. Lautlos glei-

ten wir zurück. Bei dem Blick auf die Gesteinsformationen, das ruhige Wasser und ein vorbeiziehendes schwimmendes Dorf denke ich an das, was Stella darüber gesagt hat, wie sie ihre Zeit nutzen will: Das, was sie hier aufnehme, die Begegnungen, die Umgebung füllten ihr Herz.
Bei der Verabschiedung von unserem Schiff winkt die Crew, zwei vollführen ein kleines Tänzchen. Es wirkt, als hätten sie Spaß. Auf dem Rückweg erzählt mir Stella, dass sie bereits zwei Monate nach dem Tod ihres Mannes nach Indien zurückkehrte. Er lebte mit ihr sein letztes halbes Jahr dort und er war dankbar für die Zeit. Ihren Kindern gefiel nicht, dass sie England so bald wieder verließ. Sie fragten: „Was ist, wenn du dann auch dort stirbst?"
Stella antwortete: „Das habe ich nicht vor. Aber wo wäre der Unterschied, ob ich hier oder dort sterbe?" Sie blickt kurz aus dem Fenster, wieder zu mir und sagt: „Ich glaube, wenn du so lebst, wie du es dir wirklich wünschst, musst du keine Angst vor dem Tod haben."
Wir werfen die letzten Blicke auf die Felsen im Wasser, beseelt von Zufriedenheit.
Zurück in Hanoi gehe ich noch einmal durch die Altstadt. In der Hang Ngang sehe ich ein Haus, das von etwas ganz anderem beseelt ist, nämlich dem Geist „Onkel Hos". In dem nach ihm benannten Haus werden Reliquien ausgestellt: Der Tisch, auf dem er die Unabhängigkeitserklärung verfasst hat; ein Hemd, das er getragen hat; ein Stuhl, auf dem er gesessen hat; seine Schlafstätte. Und wenn man das kleine Feldbett und die Fotos von dem verehrten Landesvater betrachtet, wird der Unterschied zu dem von den USA nach dem Französischen Krieg als Präsident Südvietnams eingesetzten Ngo Dinh Diem doch sehr deutlich. Hier der asketische, uneitle Ho Chi Minh, der etwas ungelenk neben stramm aufgerichteten Parteikadern steht. Dort der gescheitelte Diem im teuren Anzug, der – zumindest auf den Fotos, die ich hier gesehen habe – feist lächelt und keine Kost zu verachten scheint. Man muss nicht lange spekulieren, wem sich die verarmte Landbevölkerung näher fühlte.

Von der Hang Ngang gehe ich in die Gasse Ma May und blicke dort noch ein gutes Stück weiter in die Vergangenheit. In der Nummer 87 blieb ein Röhrenhaus aus dem 19. Jahrhundert erhalten. Röhrenhäuser sind in der Altstadt nach wie vor nichts Untypisches: Weil die Häuser eine bestimmte Höhe nicht überschreiten durften (und – so eine unsichere Quelle – die Besteuerung der Grundstücke sich angeblich nach der Fassadenfläche richtete), wurden sehr schmale (3 bis 4 Meter breite), dafür aber auch bis zu 60 Meter lange Häuser gebaut. Am Eingang war die Verkaufsfläche, an die sich die Werkstatt und dann die Wohnräume anschlossen. Besonders ist, wie detailreich das alte Haus restauriert wurde: Das dunkle, aufwendig geschnitzte Holz, die Möbel, der verzierte Hausaltar – es wird schnell deutlich, dass in dem Anwesen nicht die ärmsten Bewohner der Altstadt residierten. Einen Nachteil hat die Anordnung allerdings: Als hier phasenweise mehrere Familien gleichzeitig lebten, mussten die im hinteren Teil wohnenden durch die Schlafräume der anderen gehen. Dass dies nicht immer für gute Stimmung sorgte, liegt nahe. Doch es gibt einen Ort, an dem alle daran erinnert werden, sich zu beherrschen: Es ist die auch für damalige Verhältnisse große Küche. Sie ist, wie auf einer Tafel beschrieben wird, in jeder vietnamesischen Familie nicht nur ein Ort zum Kochen. Sie ist ein spiritueller Ort, was mit dem dort lebenden Küchengott zu tun hat, dem man vor der Durchführung von Ritualen berichten sollte, was man vorhat. Er sorgt dafür, dass das Schicksal einer Familie gewogen bleibt. Und er hat selbst erlebt, wie es Menschen ergehen kann, die unter einem Dach zusammenleben: Nach der in ganz Vietnam bekannten Legende heiratet Trong Cao die Frau Thi Nhi. Weil die Ehe lange kinderlos bleibt, macht sich Frust breit und er schlägt seine Gattin, die ihn daraufhin verlässt. Sie trifft Pham Lang, mit dem sie fortan zusammenlebt. Trong Cao ist bald von Reue erfüllt. Er sucht das Land nach seiner Frau ab und erbettelt sich auf seinem Weg Essen wie Unterkunft. Eines Tages klopft er an eine Tür, die Thi Nhi öffnet. Sie erkennen sich, sprechen miteinander, bedauern und wollen wieder zusammenkommen. Weil Thi Nhi aber noch überlegen will, wie sie das Pham Lang möglichst schonend erklärt, versteckt sie Trong Cao in einem Strohhaufen im Garten, wo dieser sofort einschläft. Manche Menschen schwören auf das Aussitzen von Problemen, richten unbedachte Schnellschüsse doch oft den größeren Schaden an. Hier hätte die schnelle Klärung allerdings den größeren Schaden vermieden. Denn der nach Hause kommende Pham Lang, der Asche für sein Reisfeld braucht, steckt den Strohhaufen nichtsahnend in Brand. Und jetzt Kettenreaktion: Trong Cao verbrennt, Thi Nhi will zu ihm, verbrennt auch und Pham Lang folgt ihr ins Feuer. Als der Jadekaiser – der Hauptgott im Daoismus – von dem Schicksal erfährt, schafft er, um „die Loyalität und Liebe" der drei Unglücksraben zu würdigen, aus ihnen den Küchengott, der alle Paare und Familien daran erinnert, wohin der Zank führen kann. Die Legende habe ich in verschiedenen Varianten gelesen. Aber eines ist allen gemein: Unter den Augen des Küchengottes darf nicht gestritten werden, weswegen die Küche manchmal ein guter Rückzugsort sein kann.

Nach dem Ausflug in die Vergangenheit und in die Altstadt Hanois schaue ich spät auf die Uhr. Zu spät, um zu Fuß die beiden Rucksäkke im Hotel zu holen und damit rechtzeitig zum Bahnhof zu gelangen. Von dort will ich mit dem Nachtzug bis Hue fahren. Das Ticket habe ich bereits gebucht. Ich hatte zwar vor, mich ausschließlich zu Fuß in der Stadt zu bewegen, aber ohne schnelles Rollertaxi erreiche ich den Zug nicht mehr. Ich habe bisher einige wilde Taxifahrten erlebt, etwa in Kasachstan oder Ostanatolien. Und Superlative soll man nicht inflationär verwenden. Aber ich bin überzeugt, was jetzt folgt, wird in meinem Leben einzigartig bleiben. Und das, obwohl ich selbst seit fast 30 Jahren Motorrad fahre. Es ist Feierabendverkehr in Hanoi. Nachdem wir mit Hilfe des Smartphones des Fahrers meine Ziele geklärt haben, werde ich das erste Mal spürbar Teil dieses Stroms, eng umgeben von unzähligen Rollern und einigen Autos und Bussen, die von verschiedenen Seiten auf unsere Spur einbiegen oder von uns überholt werden. Kurz darauf steuern wir auf eine große Kreuzung zu. 30 Meter vor uns schaltet die Ampel auf Gelb,

10 Meter entfernt auf Rot. Mein Fahrer bremst nicht ab. Rechts von uns setzt sich eine Wand aus geschätzt 30 bis 40 Fahrzeugen in Bewegung. Er gibt Gas, hupt, hält sich links. Vor uns kurven drei Roller vorbei, er weicht zwei anderen um wenige Zentimeter aus. Ich merke (und auch das ist eine neue Erfahrung): Es ist besser, wenn ich die Augen jetzt schließe und mich festhalte. Er muss von mir ungestört seine ganze Kunst ausüben. Ich zähle langsam bis drei und öffne die Augen. Er hat es geschafft. Ich hole wieder Luft. Unglaublich. Ich versuche, tief zu atmen. Prinzipiell gelingt mir das gut. Aber er will meine Grenzen offenbar erweitern. Wir steuern auf eine Kreuzung zu. Diesmal hält unsere Rotphase schon einige Sekunden länger an. Die Spitze des von rechts kommenden Stroms können wir nicht mehr umfahren. Er zieht links an den Wartenden auf der Gegenfahrbahn vorbei, weicht dabei Zweirädern, die uns entgegenkommen, aus und taucht in den Fluss ein. Ich habe ihm nicht gesagt, wann mein Zug fährt. Er spürt es oder sucht aus Leidenschaft immer tollkühnere Herausforderungen. Gerne würde ich alles mit der Kamera aufzeichnen, um zu beweisen, dass ich bei meiner Schilderung nicht einen Hauch übertreibe, aber meine beiden Hände umklammern fest den Haltegriff. Wie von einem Schutzfilm umgeben gleiten wir durch den Schwarm.

Um auf kürzesten Weg in eine Seitenstraße zu gelangen, biegt er nach der Kreuzung in eine zweispurige Einbahnstraße ab – gegen die Fahrtrichtung, versteht sich. Wo ich denn herkomme, fragt er dabei. Ich versuche, „Germany“ möglichst gelassen zu sagen. Das ist nicht leicht. Zu Beginn der Fahrt habe ich überlegt, ob ich den Preis vorab fest vereinbaren soll. Das wird in Reiseführern teilweise empfohlen. In der Seitenstraße angekommen denke ich mir: Vollkommen überflüssig, er ist jeden Preis wert.

Vor dem Hotel springe ich ab und hole mein Gepäck. In Deutschland hätte ich Bedenken gehabt, ob der Fahrer einverstanden ist, wenn außer uns noch ein großer Travelrucksack und ein mittelgroßer Rucksack verstaut werden sollen. Hier habe ich zu viele Bilder im Kopf, die eine solche Sorge absurd wirken lassen: Vierköpfige Familien, kleine Hunde, die ihre dünnen Pfoten auf dem Lenker abstützen, hohe, kunstvoll verstaute Fracht (Pflanzen, Müll, Baumaterial), die den Fahrer weit überragt. Als mein Fahrer die Rucksäcke sieht, zuckt er nicht einmal mit den Augenbrauen. Und auch ich werde ruhiger und schaue mich um. Neben mir hantieren Beifahrer wie Fahrer am Smartphone. Auf einer vierspurigen Straße schert ein kleiner Junge mit einem Fahrrad in den Feierabendverkehr ein. Die Gelassenheit aller Beteiligten ist mit Worten kaum vermittelbar. 20 Minuten vor Abfahrt des Nachtzuges, das ist die von der dortigen Bahn empfohlene Zeit, lässt mich der Meister des motorisierten Zweirads vor dem Bahnhof absteigen. Ich bin so glücklich, rechtzeitig und vor allem unversehrt hier zu sein, dass ich auch bei Nennung eines Wucherpreises nicht böse wäre. Er möchte umgerechnet drei Euro. Ich gebe ihm vier. Er strahlt und bedankt sich verbeugend.

Vor jeder Tür des Zuges steht ein Uniformierter mit sauberem Hemd. Einer geleitet mich zu meinem Schlafabteil. „Soft sleeper" ist die komfortabelste Art, auf der Schiene von Hanoi in das 670 Kilometer entfernte Hue zu reisen: Für knapp 40 Euro habe ich ein Bett in einem Vierpersonenabteil gebucht. Das Verkehrsmittel hat eine lange Tradition: Denn auch der Eisenbahnbau wurde von der französischen Kolonialmacht vorangetrieben. Bereits 1899 wurde die Strecke Hanoi – Saigon in Angriff genommen. Der Erste Weltkrieg und die Weltwirtschaftskrise brachten das Vorhaben zeitweilig zum Erliegen. Erst 1936 wurde die Strecke fertiggestellt. Die Freude der Erbauer an ihrem Werk währte nicht allzu lange. Im Indochinakrieg sprengten die Viet Minh die Brücken, um den Waffennachschub der Franzosen zu unterbinden. Nach dem Krieg reparierten die beiden vietnamesischen Staaten fast so schnell die zerstörten Gleise, wie die jeweilige Gegenseite versuchte, die Verbindung wieder zu sabotieren. Die US-Luftwaffe bombardierte die Eisenbahnanlagen in Nordvietnam, die Viet Cong verübten nach eigenen Angaben allein zwischen 1961 und 1964 knapp 800 Angriffe auf die Bahn im Süden. Nach Kriegsende arbeitete die Führung des vereinigten Landes mit Hochdruck an der Wiederherstel-

lung der Zugverbindung. Andere Bahnstrecken wurden stillgelegt, um von diesen das für die Reparatur notwendige Material ausbauen zu können. Silvester 1976 wurde der Betrieb der Nord-Süd-Strecke erneut aufgenommen, auf bestimmten Abschnitten aber nur mit Geschwindigkeiten von 30 km/h oder weniger, weshalb die Fahrt von Hanoi bis Ho-Chi-Minh-City zweieinhalb Tage dauerte. Jetzt braucht der Zug für die 1.700 Kilometer etwa die Hälfte der Zeit. Es ist nach wie vor keine Hochgeschwindigkeitstrasse und die Einrichtung verströmt den Geist der 70er Jahre. Ein Schaffner verkauft Reissuppe in Styroporschüsseln, die nächste Mitarbeiterin zieht einen Wagen mit Wasser, Bier, Nüssen und Früchten hinter sich her. Ich richte mich in meinem Abteil, das ich noch für mich habe, gut ein. Bei dem nächsten Halt kommt ein älterer Vietnamese in mein Reich. Nach Rücksprache mit dem Schaffner und kurzer Unterhaltung mit seinem Sohn beschließt er, das in dessen Abteil unerwartet frei gebliebene Bett zu beziehen.
Auch draußen wird es ruhig. Dörfer ziehen in der Dunkelheit vorbei und ich denke an eine Beschreibung aus „Bitterer Reis“: „Die Nacht senkte sich über die Wege. Das Dorf kam allmählich zur Ruhe. Der Lärm verebbte, setzte sich zu einem murmelnden Bodensatz ab, wie der Schlamm am Grund der Seen. Es war die unzerstörbare Reinheit der ländlichen Umgebung, einer Welt für sich, wie die großen Seen, wo die Stürme immer nur für kurze Zeit das Wasser trübten, ein wenig Morast aufwirbelten. Danach kehrte die urzeitliche Stille der Sümpfe wieder ein, hie und da unterstrichen vom abendlichen Quaken der Kröten, vom nächtlichen Sirren der Insekten, von den Schritten der Büffel und Menschen, die im Morgengrauen zu den Reisfeldern zogen.“
In Ninh Binh höre ich Schritte von Menschen auf dem Gang. Ein junges Paar öffnet die Tür. Sie begrüßen mich auf Englisch, sprechen dann aber deutsch miteinander. Nach vier Tagen höre ich das erste Mal die Sprache wieder. Sie haben das Stockbett auf der anderen Seite. Ihr wäre es lieber, wenn sie auch oben schlafen könnte. Sie fragt mich, ob das Bett frei sei.

„Davon gehe ich aus. Ein älterer Vietnamese hatte es reserviert. Er hat es dann aber vorgezogen, in ein anderes Abteil zu ziehen."
Sie: „Sicher? Es wäre ja blöd, wenn dann doch einer das Bett will."
Ich: „Ich gehe davon aus, weil sie das Bett pro Nacht vermutlich nicht mehrmals vergeben. Falls doch einer kommt, wirst du dich nicht mit Erfolg auf mich berufen können, mit Erklärungen wie: „but he told us…", vor allem, wenn er kein Englisch spricht."
Beide lachen. Ja, das ist wohl wahr.
Wir unterhalten uns über unsere Touren in Vietnam und über Länder, durch die wir reisten. Schnell fließt das Gespräch. Linda erzählt von einem Studienprojekt in Kamerun, an dem sie mitgearbeitet hat. Martin legt sich in eines der oberen Betten und schläft. Ich kurz darauf auch.

Sechs

Hue

Do it!

Leise stehe ich auf. Durch die Fenster am Gang sehe ich draußen im Nebel Felder und Dörfer vorbeiziehen. Der Platz am Waschbecken ist frei. Zurück im Abteil unterhalte ich mich mit Martin, während Linda schläft. Er ist Informatiker. Bis kurz vor Hue sprechen wir über den Einsatz Künstlicher Intelligenz und mögliche Folgen. Dann steht der Schaffner in der Tür, um mir mitzuteilen, dass ich beim nächsten Bahnhof am Ziel sei. Sunny hatte mir in der Halong-Bucht erzählt, dass regelmäßig Touristen entweder den richtigen Ausstieg verpassen oder es versäumen, bei einem Halt, den sie als Zigarettenpause nutzen, wieder rechtzeitig einzusteigen. Ich steige plangemäß in der alten Kaiserstadt aus, die bis 1306 zum Reich der Cham gehörte. In jenem Jahr tauschte deren König Jaya Sinhavarman III. seine nördlichste Provinz samt der Stadt gegen die Hand einer vietnamesischen Prinzessin ein. Für den Cham war es ein kurzes Vergnügen, ein Jahr später starb er. Hue blieb vietnamesisch. Im 17. Jahrhundert wuchs seine Bedeutung erheblich, als sich der Clan der Nguyen dort niederließ, um von dem neuen Zentrum aus den Süden Vietnams zu beherrschen. 1802 wurde es sogar Kaiserstadt: Nguyen Phuc Anh übernahm mit französischer Unterstützung die Macht im Land und nannte sich fortan Kaiser Gia Long – eine Zusammensetzung aus den Namen der bis dahin wichtigsten Städte Gia Dinh (wie Ho-Chi-Minh-City damals hieß) und Thang Long.

Eine spezielle Zusammensetzung erlebt der Neuankömmling am Bahnhof in Gestalt der Verkäufer und Taxifahrer, wobei letztere klar dominieren. Ich löse mich aus dem Pulk. Am Bahnhofsvorplatz passt mich ein gut einen Kopf kleinerer Mann ab und fragt, was ich in Hue mache und ob ich schon eine Unterkunft habe.

Ich will hier bis morgen Abend bleiben und dann mit einem Bus über Nacht bis Hoi An fahren. Das sage ich aber nicht, sondern nur: „Ich will zum Moonlight Hotel."

Laut Plan sind es über zwei Kilometer bis zu dem Hotel. Den Fahrer für eine Taxifahrt will ich mir in Ruhe aussuchen. Das Hotel habe ich noch nicht gebucht. Wenn ich das sage, bietet er mir vermutlich irgendeines an, von dem ich keine Referenz habe.

„Ich kann dich dorthin fahren."

„Für 10.000?"

„Okay."

Das war einfach. 10.000 Dong sind nicht einmal 50 Cent.

„Ich könnte dir auch etwas Besonderes anbieten."

Das war zu erwarten. Er lotst mich zu einer kleinen Teestube.

„Ich lade dich ein." Mit seinem Lächeln über der perfekt sitzenden Armeejacke wirkt er weder lästig noch bedrohlich. Wir unterhalten uns kurz über Hue und Deutschland. Er stellt sich als „Hai" vor.

„Ich könnte eine Vier-Tagestour mit dir machen." Er faltet eine Karte auf. „Bis in die DMZ, die Demilitarisierte Zone." Er merkt, dass ich ihm nicht sofort mit den Augen folge und redet schneller. Die DMZ ist ein interessanter Ort, keine Frage. Nach dem Indochinakrieg sollte beiderseits der provisorisch gezogenen Grenze entlang des 17. Breitengrades eine etwa zehn Kilometer breite Pufferzone geschaffen werden. Gerade dort wurden in der Folge besonders viele Bomben abgeworfen, Tunnel seitens der Viet Cong gegraben und Anschläge verübt.

„Sorry, aber ich habe nicht so viel Zeit."

„Dann habe ich einen Zwei-Tagestrip bis nach Hoi An. Wir besuchen Bergdörfer, fahren durch den Dschungel und über den Wolkenpass nach Da Nang."

Das klingt reizvoll. Und nach Hoi An muss ich ohnehin.

„Und womit?"

„Damit". Er deutet auf einen 125er Honda Chopper. Damit hat er meinem Schwachpunkt erwischt. Und die Verkehrsverhältnisse sind hier besser als in Hanoi. In den Bergen und im Dschungel begegnen einem – soweit habe ich mich informiert – nur wenige Fahrzeuge. Die Frage ist, ob ich ihm vertrauen kann. Ohne dass ich das ausspreche, holt er ein Heft mit laminierten Seiten hervor.

„Deutsch sagtest du?“, fragt er.
Ich nicke. Er schlägt eine Seite auf. „Lies!“
Ich lese: „Man steigt aus dem Bus aus, morgens um 7 Uhr und wird direkt angelabert. Erste Reaktion: Nein, danke. Brauche ich nicht. So ging es uns (3 Mädels aus Deutschland) auch. Mit 3 fremden Männern auf dem Motorrad durch den Dschungel? Auf den ersten Blick nicht die beste Idee. ABER: Wir haben es getan & es war definitiv unser Highlight der Reise! War ein unvergessliches Abenteuer! Wir haben uns zu einer 2-Tages-Tour (Hue nach Hoi An) entschieden und es keine Sekunde bereut! Wunderschöne Landschaft. Unser Rat: Just do it!!!“
Es finden sich weitere Referenzen, die er nicht gefälscht haben kann. Er versteht es gut, Bedenken zu antizipieren und zu zerstreuen.
„Und wie viel soll es kosten?“, frage ich.
„Vier Millionen und du müsstest sie vorab zahlen. Wir starten morgen früh um acht.“
Das sind über 160,- Euro. Mehr als die Höhe des Preises überrascht mich die Vorauszahlungspflicht.
„Warum soll ich jetzt schon zahlen?“
„Weil ich das Zimmer buchen muss. Im Preis ist alles enthalten. Eintrittskosten, Verpflegung, Unterkunft.“
„Was, wenn du morgen nicht kommst? Vier Millionen sind viel Geld.“
Hai überlegt. „Ich gebe dir meinen Ausweis als Sicherheit.“
Er greift in seine Jackentasche und gibt ihn mir. Ich betrachte ihn.
„Laut Ausweis liegen zwischen uns nur vier Jahre. Du siehst jünger aus.“ Allerdings muss ich zugeben, dass ich Menschen aus Ostasien meistens jünger schätze als sie sind. Er lacht kurz. Dann: „Also, willst du mitkommen?“
„Hai“, sage ich.
Er blickt irritiert.
„Auf Japanisch heißt das ja.“
Er lächelt. „Auf Deutsch hat es auch eine Bedeutung, oder?“
Das ist wahr, aber die geht in eine andere Richtung.

„Ich mache dir einen Vorschlag zur Bezahlung, bei dem ich mich wohler fühle: Ich gebe dir heute eine Million. Damit kannst du das Zimmer bezahlen und du weißt, dass ich mich von keinem anderen überzeugen lasse, mit ihm zu fahren und dich zu versetzen."
„Das ist okay."
Er fährt mich den Parfümfluss entlang zum Hotel. Diese Fahrt ist in unserem Deal eingeschlossen. Ich gebe ihm die Million, er mir seinen Ausweis, wir tauschen Telefonnummern. Um 8.30 Uhr betrete ich das Hotel. Sie haben noch ein freies Zimmer mit Blick auf den Fluss. Und ich kann es mir bereits jetzt ansehen. Grundsätzlich ist es erst am Nachmittag möglich, ein Zimmer zu beziehen. Vor mir geht ein braungebrannter Mann mit sportlichem Kurzhaarschnitt in den Aufzug. Ich frage, ob ich mitfahren darf. Er dreht sich um. Lebendige Augen strahlen mich an. Den folgenden Dialog übersetze ich ausnahmsweise nicht.
„How are you?" fragt er.
„I´m fine. And you?"
„Fine. Where are you from?"
„Germany. And you?"
„Los Angeles."
„Great."
„Yes, but I sold everything I had and travel around the world. And I love this country."
„How old are you?"
„69."
„Really? You don´t look like 69."
„Thank you. I feel good. You know, I worked very hard in my life and earned a lot of money. But now I love my life."
Ding. Wir sind im sechsten Stock. Während ich weiterspreche, tritt er in die Tür, um den Aufzug anzuhalten.
„I met some people here, who spend their life this way," sage ich.
„It´s the best you can do." Er lacht und zeigt mir eine Faust. „Do it!"
Er steigt wieder ein. Bevor die Tür schließt, ruft er noch einmal: „Do it!"

Und ich tue etwas. Hue ist für seine Küche bekannt. Über 2.000 verschiedene Speisen sollen hier früher dem Kaiser aufgetischt worden sein. Ich würde gerne eine kennenlernen. Nur gibt es in dem kleinen Lokal keine Karte mit Fotos. Und die Bedienung spricht auch nicht englisch. Ich sage „bun bo hue“ – das habe ich aus dem Reiseführer. Sie nickt und kurz darauf steht die Suppe vor mir. Sie hat mehr Zutaten als Pho und enthält Schweine- statt Rindfleisch. Am Nebentisch isst eine vietnamesische Familie Reis, vielleicht das einzige Nahrungsmittel, das eine noch größere Rolle einnimmt als die Nudelsuppe. „Guten Appetit“ heißt auf Vietnamesisch „an com“, wörtlich übersetzt: „Reis essen“. Die kleinere Tochter – ich schätze sie auf drei Jahre – hat genug Reis gegessen. Sie rutscht von ihrem Stuhl, läuft direkt auf mich zu, bleibt stehen und lächelt mich an. Ich erwidere das Lächeln. Mehr Kommunikation ist nicht möglich. Dann tritt sie an die Straße und winkt einem Cyclofahrer zu. In Hanoi habe ich nur wenige Cyclos gesehen: breit und langsam stellen sie in dem engen, optimierten Miteinander für die übrigen Teilnehmer oft eine zu große Herausforderung dar. In Hue ist deutlich mehr Platz auf den Straßen. Die Kleine wendet sich wieder mir zu und jetzt kommt auch ihre Schwester, um mir beim Auslöffeln meine Suppe zuzusehen. Wären sie ein paar Jahre älter, würden sie jetzt vermutlich ihr Englisch mit mir trainieren, so schenken sie mir ein Lächeln, wenn ich jeweils nach zwei oder drei Löffeln zu ihnen hochblicke.

„Sightseeing?“ Geübt spricht die ältere Frau das Wort aus, als ich kurz darauf am Parfümfluss entlanggehe. Nein, ich winke ab, ich will zur Zitadelle.

„Across the river by boat?“

Über den Fluss muss ich. Es gibt eine Brücke. Aber über das Wasser zu fahren, hätte natürlich auch etwas. Und schon stehe ich an der Spitze eines Drachenbootes, das ausschließlich mich Richtung Zitadelle fährt, während mir ein leichter Wind um die Nase weht. Es fühlt sich ein bisschen kaiserlich an – und das für vier Euro. Als Kaiser Gia Long die Festung ab 1804 ausbaute, bewegte er sich preislich in einer anderen Kategorie. Die Nugyen hatten bereits im 17. Jahr-

hundert eine Zitadelle errichten lassen. Doch Gia Long holte französische Festungsbaumeister, die mit 80.000 Arbeitern in knapp 30 Jahren eine gewaltige Anlage auf über 36 Hektar schufen. Durch die 20 Meter dicke und über sechs Meter hohe Festungsmauer führen Tore mit wohlklingenden Namen wie „Tor der Tugend", „Friedenstor" oder „Tor der Menschlichkeit." Das Areal ist streng untergliedert in verschiedene Bereiche wie die „verbotene purpurne Stadt", den Tempel, den königlichen Garten oder die Gebäude für Administration und Zeremonien. Dort werden in einer Ausstellung gerade die königlichen Stempel der Nugyen präsentiert.
Stempel – das klingt eher nach Amtsstube als nach Spektakel, aber sie sind mit etwa 10 x 10 Zentimeter ungewöhnlich groß. Das ist für sich gesehen zugegebenermaßen noch keine Sensation, doch jetzt kommt der Griff: Es sind individuell gefertigte Drachen, die – wie alles außer der Stempelfläche – aus Gold bestehen. Und wen selbst das nicht beeindruckt: Viele dieser Stempel (es waren insgesamt über 100 – hier sind etwa 30 aufgereiht) wurden nur ein einziges Mal verwendet, zum Beispiel für die Bestellung des Prinzen Nguyen Puc Dam zum Kronprinzen. Aufwand wurde auch bei der Errichtung des königlichen Gartens betrieben, der mit Wasserkanälen durchzogen und mit kleinen Holzpavillons bestückt ist. Ich lasse mich in einem nieder und schaue auf die Palmen, Bonsaibäume, Büsche und Bäume, die – teils in prachtvollen großen Kübeln – in bestimmten Abständen angeordnet sind. Es ist vollkommen ruhig. Nach vielen gedrängten Eindrücken bleibt die Zeit für einige Atemzüge stehen.
Ich kann mir vorstellen, dass dies einer der Lieblingsorte des Kaisers und seines nahen Gefolges war. Ein anderer war das prachtvolle Theater, das etwa 70 Zuschauern auf kunstvoll gestalteten roten Holzstühlen Platz bot. Die Schauspieler traten durch ein vergoldetes Holztor auf und schritten eine aufwendig verzierte Treppe hinab. Sie hatten dabei sicher gewaltiges Lampenfieber. Andererseits hatte es der Kaiser auch nicht leicht. In einem Raum zeigt eine Fotoausstellung den Alltag der Herrscher. Auf einem Bild wird ein Kind gekrönt. Dass es dabei zu unbeschwert in die Kamera blickt, kann man

ihm gewiss nicht vorwerfen. Auf einem anderen sieht man einen älteren Herrscher bei der Jagd. Während er die Flinte anlegt, schauen ihm vier Gefolgsleute hochkonzentriert zu. Auf keinem Foto wirkt einer der Kaiser angesichts seiner Position erquickt.

Das Leben findet auch jetzt außerhalb der Herrschaftsräume statt, bei mir auf dem Weg zum „Tor der Menschlichkeit“, wo die Grillen in den Bäumen einen ohrenbetäubenden Lärm erzeugen. Oder zurück in der Stadt, in einem Café gegenüber der Universität. Sie ist eine der größten des Landes und einige der dort Studierenden genießen gerade ihren Eiskaffee, während One Republic durch die Boxen schallt: „No more counting dollars, we´ll be counting stars.“ Diese Zeile hätte vermutlich Nugyen Sinh Cung gefallen, der hier unter dem Namen Nguyen Tat Tanh in die Quoc-Hue-Schule ging, die auf Dekret des Kaisers und Beschluss des französischen Gouverneurs gebaut wurde. Hier schrieb Nguyen Tat Tanh von der Tafel die französischen Ideale „Liberté – Égalité – Fraternité“ ab und begeisterte sich für diese wie für die Bücher von Montesquieu und Voltaire mehr, als der Kolonialmacht recht sein konnte. Als 1908 die Bauern in neun Provinzen gegen die Höhe der Steuern protestierten, war er dabei. Er sah, wie nach der Niederschlagung Aufständische mit dreisprossigen Leitern als Halskrausen abgeführt wurden und flog selbst wegen seiner Beteiligung von der Schule. 1911 reiste er unter dem Namen Van Ba als 21jähriger nach Frankreich, um die Kultur kennenzulernen und zu sehen, wie dort die drei Schlagworte gelebt werden. 56 Länder bereiste er, einige – wie Deutschland – mehrmals. Er war, wie man auf der Tafel in dem eigens zu seinem Gedenken eingerichteten Museum lesen kann, zunächst nur Patriot. Erst später wendete er sich dem Marxismus-Leninismus zu. 1941 kehrte er nach Vietnam zurück, versteckte sich zunächst in einer Höhle und bekämpfte die japanischen Truppen. Was in dem Museum nicht erwähnt wird: Er war Mitglied des US-Geheimdienstes OSS und als er nach dem Zweiten Weltkrieg die Unabhängigkeitserklärung verfasste, orientierte er sich an der US-Verfassung. Oft wird hingegen der Name erwähnt, den er ab 1942 annahm. Und umfassend wird beschrieben, wie Ho Chi Minh in der großen Hungersnot dazu aufrief, zu Gunsten der Hungernden auf Essen zu verzichten. Obwohl er gesundheitlich angeschlagen war, fastete er selbst jeden zehnten Tag. Aus dem Foto schließe ich, dass er pro Tag ohnehin nur eine Mahlzeit zu sich nahm. Seine höchsten Ziele für das Land seien dessen Unabhängigkeit sowie Bildung und genug Essen für seine Einwohner, sagte er.

Keine Erwähnung finden die Landreform und sein Eingeständnis, dass bei ihrer Umsetzung „große Fehler" gemacht worden seien. Auch der Umerziehungsprozess für die mit den USA kämpfenden und zusammenarbeitenden Südvietnamesen wird nicht behandelt. Der Schwerpunkt der Darstellung liegt vielmehr darauf, dass die USA gemeinsam mit Diem eine landesweite Wahl vereitelten und den Amerikanischen Krieg herbeiführten.

In diesem rückte Hue mehrmals in den Blickpunkt, etwa als die US-Army im Januar 1968 elf Kilometer südöstlich der Stadt eine große Base aufbauten, und dabei mit Bulldozern den Friedhof des Dorfes Thuy Phuong umgruben. Ende des Monats nahmen nordvietnamesische Truppen und Viet Cong die Stadt im Rahmen der Tet-Offensive ein und hielten sie für knapp einen Monat. Die „Schlacht um Hue" ist Militärhistorikern vermutlich ebenso ein Begriff wie die Notre Dame Kathedrale von Hue den Anhängern des Synkretismus. Die hier dargebotene Form der Vereinigung christlicher und buddhistischer Elemente ist in meinen Augen eine eigenwillige, wenngleich gewaltige Mischung aus Pagode und Kirche unter großzügiger Verwendung von Stahlbeton.

Ungewöhnlich ist auch die Einrichtung eines Lokals in der Nähe meines Hotels. An der grün gestrichenen Decke der DMZ-Bar ist die gesamte Demilitarisierte Zone abgebildet. Bekannte, blutige Schlachtfelder wie der „Hamburger Hill" sind ebenso eingezeichnet wie der Ho-Chi-Minh-Pfad. Die Stühle sind aus Blechtonnen im Tarnlook gebaut, die Bedienung trägt eine Hose der US-Army. Die Stimmung ist ausgelassen. Auf den Tischen der einheimischen Gäste und Touristen stehen Burger und Cocktails. Aus den Boxen schallen nacheinander „Surfin' USA", „Take me home", „Sweet child o' mine", „American Pie" und „Take it easy". Ich bin mir noch unschlüssig: Mit den Bildern aus Filmen und Büchern im Kopf und der in Deutschland erworbenen Prägung, wie man Pietät angesichts von Kriegsgeschehnissen zu zeigen hat, wirkt die Szenerie vorsichtig ausgedrückt ein wenig schräg. Anderseits betreiben offenbar Vietnamesen das Lokal, das – so der Reiseführer – „seit der Eröffnung 1994 ein Klassiker" sei. Wenn es die hiesige Art ist, mit der Geschichte umzugehen, und sich alle dabei wohl fühlen, liegt es mir fern, den Zeigefinger zu heben. Und sie fühlen sich sichtlich wohl. An einem Nebentisch sitzen dichtgedrängt junge Vietnamesinnen in kurzen Abendkleidern. Die Musik wird lauter. „Happy Birthday" dröhnt über die Terrasse. Zwei Kellner bauen eine Cocktailpyramide auf. Hochprozentiges rinnt an den Gläsern nach unten und wird entzündet. Das Geburtstagskind pustet die Flamme aus. An den umliegenden Tischen stehen die westlichen Touristen auf und applaudieren. Die junge Frau strahlt.

Wohl fühlen sich offenbar auch die Gäste, die allein hier sind. Außer mir sind das vier Männer und eine Frau. Keiner blickt sich fahrig um oder lenkt sich mit dem Smartphone ab. Die Männer schauen entspannt auf die belebte Straße, die Frau zieht genüsslich an ihrer Zigarette oder trinkt Bier. Sie scheinen das Treiben um sich herum und die sommerliche Wärme zu genießen. Zurück im Hotel fahre ich mit dem Lift in den 14. Stock. Einsam schaue ich von der dunklen Dachterrasse auf den Parfümfluss und die abwechselnd in verschiedenen Farben beleuchtete Brücke, über die ich heute auf dem Rückweg von der Zitadelle gegangen bin. Die Lichter der Stadt reichen bis zum Horizont. Die Musik von der Straße dringt nach oben. Ich überlege, wie das zusammengeht: Der Krieg ist nach wie vor präsent. Wo ein heftiger Häuserkampf tobte, pulsiert jetzt Leben, das den Krieg nicht ausklammert.

Mir fällt dazu ein Text Navid Kermanis ein, eine wunderbare Interpretation des Neil Young-Songs „Down by the river". Kermani schreibt, die Gitarre Youngs lässt mit den ersten Akkorden den Hörer entspannt eine lange Gerade dahingleiten, etwa einen amerikanischen Highway. Der Weg führt ohne Wiederkehr durch die Wüste und verschiedene Länder. Plötzlich passiert das denkbar Schlimmste – der Tod einer geliebten Person, für den man auch noch verantwortlich ist. Nach dem erschaudernd gejaulten „Dead“ herrscht für einen Moment vollkommene Stille. Dann setzt unbarmherzig der alte Gitarrenschlag ein und die Fahrt geht weiter.

Das Leben will weitergelebt werden und fragt uns nicht nach unserer Zustimmung. Es überlässt uns nur, wie wir das anpacken.

Sieben

Hue – Ho-Chi-Minh-Pfad – Prao

He came dancing cross the water.

Neil Young

YAMAHA

Es sind keine 2.000, aber doch einige Spezialitäten aus Hue, die neben englischem und kontinentalem Frühstück im 13. Stock des Hotels angeboten werden, wie etwa der Reismehlpudding oder das in Betelblätter gewickelte Fleisch. Und der Ausblick bietet ebenfalls Vielfalt: Auf der einen Seite der Parfümfluss und die Zitadelle, auf der anderen großzügige Anwesen, die an Häuser grenzen, deren Dächer und Freiflächen Sperrmüllhalden gleichen. Dieses enge Nebeneinander ist – so viel verrät der Blick von oben – so verbreitet, dass es niemanden erheblich zu stören scheint. Auch für mich gibt es wichtigeres: Hai steht mit seinem Motorrad vor dem Hotel.
Auf dem Rücksitz seiner Honda kann ich mich beruhigt umschauen und filmen, zumal der Raum auf der Straße wesentlich aufgelockerter ist als in Hanoi. Beengt sind nur die 20 Hühner, die aus dem Drahtgestell auf dem Roller neben uns ihre Köpfe recken. Hai hupt der Fahrerin zu, als er sie überholt. Er macht so in der Folge auch gegenüber anderen auf sich aufmerksam. Aggressiv wirkt das Hupen nie. Zudem fahren alle langsamer als in Deutschland, was es erleichtert, zu reagieren. Das ist wichtig, denn den Verkehrsteilnehmern in Hue kann man ebenfalls nicht vorwerfen, sich zu starr an die Vorschriften zu klammern.
Wir cruisen aus der Stadt, ich summe den Gitarrenbeat von „Down by the river“. Hai zeigt mir eine Kautschukplantage und ein Dorf der Pacoh, der „Bergmenschen“, so eine Übersetzung. Es ist eine der zahlreichen Minderheiten Vietnams, die in den Kriegen umworben wurden, sagt Hai. Manche unterstützten die Franzosen und später die Amerikaner, manche die Viet Minh beziehungsweise Viet Cong, andere kämpften ausschließlich auf eigene Faust. Dabei wollten sie stets so viel Freiheit und Unabhängigkeit für sich bewahren wie möglich. Das kann im Rahmen einer sich ändernden Gesellschaft große Herausforderungen mit sich bringen, vor allem wenn das Geld fehlt. Hai erzählt mir, dass einige Pacoh viele Kinder

bekamen, diese aber nicht ernähren konnten. Die Regierung wollte sie mit einem Verhütungsprogramm unterstützen. Dessen Umsetzung war nicht einfach, weil die Aufzuklärenden zwar wussten, wie Sex funktioniert, doch zu schüchtern waren, darüber zu sprechen. Also demonstrierte der Beauftragte der Regierung die Verwendung eines Kondoms, indem er es über den Finger rollte. Als Jahre später die Geburtenrate nicht abnahm, besuchte er wieder das Dorf und wurde wütend empfangen. Sie hätten den Gummi genau wie er über die Finger gerollt, schwanger seien die Frauen trotzdem geworden.

Hai erzählt eine weitere Geschichte, die zeigt, wie im Umgang miteinander erst durch negative Erfahrung gelernt wurde. Nachdem der kommunistische Norden den Krieg gewonnen hatte, partizipierten auch die Minderheiten an dem System. Sie hatten damit noch weniger Anreiz, sich zu integrieren. „Wenn jeder Geld bekommt, egal, wie viel er arbeitet, kann das nicht funktionieren," sagt er. Er spricht so überzeugt, als sei es ihm unverständlich, dass es in seinem Land überhaupt einmal ein kommunistisches System gab. In „Bitterer Reis" wird das vietnamesische Sprichwort zitiert: „Der Reiche arbeitet gerne, der Arme isst gerne." Das Leistungsprinzip scheint in diesem Land tiefer und länger verankert zu sein als die Prägung nach dem Indochinakrieg.

„Zum Glück kam Doi Moi, Erneuerung", sagt Hai. „Seit der Wirtschaftsreform gibt es eine marktorientierte Geldpolitik und eine Stärkung des Privatsektors. Alles andere führt zur Armut."

Wir fahren weiter zu einem überdachten Lokal. Er begrüßt die Inhaberin herzlich. Wir nehmen auf roten Plastikhockern Platz. Hunde streunen um unsere Beine und zeigen mit ihren Augen, dass sie sich über einen Snack von unserem Tisch freuen würden. Diesen Blick beherrschen sie weltweit. Nahtlos setzt Hai unser Gespräch fort: „Und es ist gut, dass das Land sich geöffnet hat. Der Tourismus ist wichtig." Er zählt die Länder auf, aus denen die meisten kommen. „Europäer und Australier wollen oft Kultur und Natur sehen. Asiaten wollen sich im Urlaub eher ausruhen. Sie schauen sich ein bis zwei Tage etwas an, dann fragen sie nach dem Strand. Meistens schlage ich ihnen nur kurze Touren vor."

„Und US-Amerikaner?"

Er zögert kurz. „Sie hatten früher Angst, allein zu kommen. Zuerst reisten sie nur in Gruppen an. Es wurde besser, als Bill Clinton Präsident wurde. Als Obama unser Land besuchte, änderte sich die Stimmung komplett. Die Amerikaner, die ich kennengelernt habe, lieben unser Land. Ich habe einen Veteranen gefahren, der im Krieg verwundet wurde. Eine Vietnamesin hatte ihn gefunden, ihn geheilt. Sie hatte ihn verbunden, ihn gestützt und zu seiner Einheit zurückgebracht. Er kam hierher, wir haben sie gesucht und erfahren, dass sie inzwischen gestorben war. Er hat vor mir angefangen zu weinen."

Wir bekommen Nudelsuppe serviert, Hai wischt mit der Serviette die Stäbchen ab, reicht mir ein Paar und würzt seine Suppe.

„Wir lernen viel von anderen Ländern. Und einiges entwickelt sich gut. Die Polizei, die Sicherheit, das ist okay. Es wäre besser, wenn wir verschiedene Parteien wählen könnten. Wir wählen alle fünf Jahre, aber es ist keine Wahl. Es gibt nur eine Partei und in der ändert sich nichts. Viele junge Leute, die studiert haben, finden keinen angemessenen Job. Bei meiner Arbeit verdiene ich direkt. Seit 22 Jahren arbeite ich im Tourismus. Seit 13 Jahren bin ich selbstständig. Und das ist gut so. So kann ich für meine drei Kinder sorgen."

„Wie alt sind sie?"

„13, 9 und 4." Er lacht kurz. „Ich muss noch viel Geld verdienen."

Wir fahren weiter. Der Wind streicht über die Haut. Neben und auf der Straße gehen, liegen, schnuppern oder kauen in der Nähe der Siedlungen Katzen, Hunde und Rinder. Gerade die jungen sind unberechenbar. Ich wünschte, sie würden mehr auf den stummen Rat der Eltern hören und nicht unvermittelt losspringen. Hai ist fokussiert und hat die Hände immer an der Bremse beziehungsweise Hupe. Wir verlassen die Siedlungen, die Straße steigt steil an. Neben ihr wuchert in mehreren Etagen das Grün. Kurz darauf umgibt uns dichter Dschungel, über dem der Nebel liegt. Hai hält die Maschine an. Er imitiert den Schrei eines Vogels, der prompt antwortet. Eine Affenfamilie springt durch das Geäst eines hohen Baumes. Kein menschengemachter Laut ist zu hören. Die Straße führt wieder bergab, der Wald lichtet sich. In einer Ebene wachsen dürre Bäume und Sträucher nur menschenhoch und mit großem Abstand voneinander. Die Ebene ist von unzähligen Kratern durchzogen. In einem hat sich Wasser gesammelt, das ein Büffel trinkt.

„ASO Airport", sagt Hai. Er sieht, dass ich nicht verstehe.

„Hier richteten die Amerikaner einen Flughafen ein." Ich verstehe immer noch nicht.

„Wir sind an der Grenze zu Laos. Sie verläuft hinter dieser Hügelkette. Dort war der Ho-Chi-Minh-Pfad. Du hast gesehen, wie dicht der Dschungel ist. Aus der Luft siehst du nicht, was am Boden passiert, also haben sie hier einen Flughafen und ein Lager für Agent Orange eingerichtet. Der Boden ist jetzt noch so verseucht, dass fast nichts wächst."

„Und die Krater?"

„Bevor sie das Lager einrichteten, vertrieben sie mit vielen Bomben die Viet Cong. Komm ich zeige dir etwas."

Wir fahren zu einem Gebäude, vor dem erhöht fröhlich-bunte Metallbuchstaben („A S O   A I R P O R T") stehen. In dem verlassenen Bau ist eine Ausstellung untergebracht. Zu sehen sind die Reste von abgeworfenen Bomben. An den Wänden hängen Bilder von Menschen mit Missbildungen: Knochige Gliedmaßen, die in bizarren Winkeln vom Körper abstehen, deformierte Köpfe ohne Augen, absonderliche Proportionen von Beinen, Hälsen und Armen. Es schnürt mir die Kehle zu. Über 45 Millionen Liter von dem Herbizid wurden versprüht, bis 1971 ein Viertel der Fläche Vietnams entlaubt.

„Die Kinder werden schon im Bauch der Mutter geschädigt. Es kommen heute noch Babys mit Missbildungen zur Welt. Und immer noch werden Menschen von Blindgängern verletzt oder getötet", sagt Hai.

Auch US-Soldaten kamen mit dem Stoff in Berührung, auch ihre Babys wurden geschädigt. An die amerikanischen Veteranen und ihre Hinterbliebenen wurden bis 1994 200 Millionen US-Dollar Entschädigungszahlungen geleistet. Die Klagen vietnamesischer Opfer gegen den Hersteller wiesen US-Gerichte ab, weil der Einsatz von Agent Orange keine chemische Kriegsführung sei und deshalb nicht gegen internationales Kriegsrecht verstoße. Ob eine juristische Entscheidung „richtig" ist oder nicht – damit tun sich Nichtjuristen (so meine Erfahrung) leichter als Juristen, insbesondere wenn sie von Letzterem überzeugt sind und schlimme Schäden verursacht wurden, für die jemand verantwortlich sein muss. Wenn ich die Krater, die verkrüppelte Natur und die Fotos von den betroffenen Menschen sehe, erscheint es für mich vollkommen klar, dass über 50 Jahre nach der Lagerung des Agent Orange hier etwas getan werden muss – ohne dass ich die wesentlich schwierigeren Fragen beantworte, was und von wem. Es sind die kleinen Schritte und Gesten, die etwas in Bewegung bringen können, einen Prozess starten, in dessen Verlauf Lösungen entstehen, die vor dem ersten Schritt noch undenkbar erscheinen. Oder um es mit dem von Navid Kermani zitierten Mystiker Abu Sa'id zu sagen: „Jeder soll von da, wo er ist, einen Schritt näherkommen."

Ein gewaltiges Areal wird gerade entseucht. Über zwei Meter tief wird die Erde abgetragen und durch neuen Boden ersetzt. An dem umzäunten Gelände sind riesige Plakate angebracht, auf denen vietnamesische und ausländische Forscher abgebildet sind, die das Projekt begleiten. Zuversichtlich lächeln sie in die Kamera. Und: Die USA beteiligen sich an der Sanierung. „Das ist gut", sagt Hai.

Plötzlich nähert sich ein Motorrad. Ein junger Soldat hält an. Er begrüßt mich freundlich, wechselt einige Worte mit meinem Begleiter, fährt wieder davon. „Wenn ich nicht dabei wäre," sagt Hai, „hätte er dich nicht so freundlich begrüßt. Das ist ein sensibles Thema. Man ist misstrauisch und weiß nicht, welche Interessen jemand verfolgt, der hier auftaucht."

Das nächste Dorf besteht fast ausschließlich aus ärmlichen Holzhütten. Die Bewohner, denen wir begegnen, winken ebenfalls sehr

freundlich. Kurz darauf biegt Hai von der Straße ab und hält am Tor eines großen umzäunten Geländes. Wachhunde stürzen auf der anderen Seite des Zauns herbei.
„Das ist ein Sanatorium der Armee“, lächelt Hai. Das mag sein, aber was machen wir hier? Er öffnet von außen das Tor, die Hunde weichen zurück. Was hat er vor? Er zeigt mir, dass ich ihm folgen soll. Es gibt in diesem Land – auch außerhalb der Straße – Gepflogenheiten, die mir unbekannt sind und auf die ich mich einlassen muss. Am Zaun einer Militäreinrichtung habe ich allerdings eine gewisse Hemmung. Aber sage ich nicht selbst, dass es sich (meistens) lohnt, zu vertrauen? Ich folge ihm unsicher. Kein Mensch ist zu sehen. Er hält an einem großen Wasserbecken an.
„Du kannst schwimmen.“
„Was?“ Normalerweise sage ich nicht „was?“, sondern „wie bitte?“. Aber in der Situation ist mein Höflichkeitsfilter durchlässiger.
„Du kannst schwimmen. Es ist gesund. Das Wasser ist aus einer heißen Quelle.“ Er meint es offenbar ernst.
„Ja, aber, ich habe kein Handtuch dabei und meine Badehose ist im Rucksack.“
„Dann holen wir sie heraus. Wenn du danach trocken werden willst, kannst du springen. So“. Er hüpft zweimal auf der Stelle und ruft dabei „Jump! Jump!“. Und dann: „So wirst du trocken.“ Es ist ihm wichtig.
„Aber, das ist eine Militäreinrichtung! Und, ich weiß gar nicht, wo ich mich umziehen soll.“
Er lächelt: „Kein Problem.“
Worauf bezieht er das jetzt?
„Hinter der Mauer kannst du dich umziehen.“
Ich vertraue ihm. Ein paar Minuten später tauche ich in das Quellwasser ein. Es ist sehr heiß. Ich halte die Luft an. Hai setzt sich an den Rand und filmt mich mit seinem Smartphone.
„Und du?“, frage ich.
„Ich war da schon oft baden. Glaub mir, es ist gut für die Haut und deinen Körper.“

Es riecht nach Schwefel. Ich schwimme auf dem Rücken und betrachte den dichten Wald. Gerade an die ungewöhnlichen Schwimmorte habe ich lebendige Erinnerungen. Dieser wird ab jetzt dazugehören. Nachdem ich aus dem Becken geklettert bin, springe ich auf der Stelle. Die Methode ist neu. Zumindest hier funktioniert sie, wenngleich es sicher seltsam aussieht.
Auf dem Rückweg zum Tor begegnen uns drei Männer in weißen Kitteln. Hai begrüßt sie wie alte Bekannte. Sie nicken und schreiten langsam weiter. Patienten erkenne ich nicht.
„Die Ärzte haben viel Zeit, oder?"
Hai lacht. „Ja, sie machen lange Pausen."

Die Straße steigt an. Wir tauchen in das leuchtende Grün des Regenwaldes und kurz darauf in dichten Nebel ein. Das Visier meines Helmes wird nass. Liegt es an der gleichbleibenden Geschwindigkeit, dem verkürzten Schlaf in der letzten Nacht oder dem Bad in der heißen Quelle – immer wieder fallen meine Augen zu und ich fahre hoch, wenn mein Helm gegen den meines Vordermanns stößt. Als Hai am Straßenrand hält, hat sich der Nebel gelichtet. Neben uns rauscht Wasser in kleineren und größeren Wasserfällen herab, sammelt sich in Becken, spritzt über abgeschliffene Felsen. Schweigend verfolgen wir seinen Lauf durch den Dschungel. Ich dehne und strecke mich an der Leitplanke. Jenseits dieser Grenze sind keine Spuren menschlichen Lebens zu sehen.
„Ein Frage", sage ich nach einigen Minuten, „was würdest du sagen: Gibt es einen greifbaren Unterschied zwischen den Menschen im Süden und im Norden Vietnams?"
Hai antwortet sofort: „Die Leute aus Ho-Chi-Minh-City sind freundlicher als die aus Hanoi. In Hanoi arbeiten viele für die Regierung. Und die Vietnamesen aus dem Norden fühlen sich als Gewinner des Krieges."
Einen wichtigen Faktor für den Ausgang des Krieges zeigt er mir bei unserem nächsten Stopp. Wieder sind es große Buchstaben, die den Standort kennzeichnen: „DUONG HO CHI MINH". Rostbraun er-

heben sie sich über einer gemauerten Schräge. „Der Ho-Chi-Minh-Pfad war sehr schmal", Hai deutet mir einen etwa drei Meter breiten Streifen an. „Er durfte aus der Luft nicht gesehen werden. Genau genommen war es ein 16.000 Kilometer langes Wegenetz. Die Soldaten aus dem Norden legten über 2.000 Kilometer zu Fuß zurück. Viele schoben auf Fahrrädern über 300 Kilogramm an Waffen und Munition und auf dem Rücken trugen sie noch einmal 10 bis 15 Kilogramm Gepäck, Männer und Frauen. Sie marschierten fünf Tage, oft im Regen auf schlammigen Wegen, dann hatten sie einen Tag Pause. Viele wurden krank, bekamen Malaria oder andere Krankheiten. Einige starben an Fieber oder Erschöpfung, bevor sie einen Schuss abgegeben haben."

In dem nach ihm benannten Museum habe ich ein Zitat von Ho Chi Minh gelesen: „Der Patriotismus des vietnamesischen Volkes ist eine wertvolle Tradition aus alten Tagen. Wann immer es Invasionen gab, hat es sehr stark reagiert und allen Gefahren getrotzt." Und in „Der Gesang der Berge" eine Verhaltensregel der Armee: „Lauft ohne Spur, kocht ohne Rauch, sprecht ohne Ton." Die Erzählerin fragt sich angesichts der abverlangten Entbehrungen, warum immer wieder fremde Armeen in ihr Land einmarschierten: „Erst die Chinesen, dann die Mongolen, die Franzosen, die Japaner und nun die amerikanischen Imperialisten." Eine tröstende Antwort erhält sie nicht. Doch sie erfährt, dass ihre Landsleute gegenüber allen Eindringlingen eine ausgeprägte Bereitschaft bewiesen, sich auch unter schwierigen Bedingungen die Unabhängigkeit zu erkämpfen.

Als wir durch die unbefestigte Straße des nächsten Dorfes fahren, winken uns Kinder in Schuluniformen zu. Sie rufen, lachen, manche laufen ein Stück hinter uns her.

Gehen wir einmal davon aus, dass die Dörfer zur Zeit des Amerikanischen Krieges in etwa so aussahen wie jetzt. Wie müssen den Bewohnern die B 52-Bomber erschienen sein, die ganze Landschaften mit ihren Ladungen umpflügten? „He came dancing cross the water, with his galleons und guns", singt Neil Young über den spanischen Eroberer Cortez, der das Aztekenreich zerstörte. Auch die Franzosen und Amerikaner kamen mit Schiffen über das Meer getanzt, und die Air Force wie „angry gods“ durch die Luft. Den anfangs vielleicht schwer zuordenbaren Geräuschen folgten Einschläge mit unvorstellbarer Zerstörungskraft.

Umgekehrt kämpften die GIs in der „grünen Hölle“ oft gegen einen unsichtbaren Feind, stets in Angst, aus einem Hinterhalt und/oder nachts angegriffen zu werden. „Der Raum unter der Erde gehörte ihnen, die Luft uns. Uns gehörten die Tage und ihnen die Nächte“, sagte der Kriegsreporter Michael Herr im Rückblick. „Wir starben nicht zu Hunderten im offenen Feld, sondern einer nach dem anderen, in einem geradezu gemächlichen Rhythmus“, der US-Oberleutnant Tobias Wolff. Und der Leutnant Philip Caputo: „Rasch brach die Nacht herein. Zwischen neun und zehn Uhr eröffneten Heckenschützen das Feuer auf unsere Stellungen. Der Beschuss, weder massiv noch zielsicher, bestand aus ein paar Kugeln, alle halbe Stunde, rief aber Nervosität hervor, weil niemand feststellen konnte, woher sie kamen. Anscheinend aus dem Nichts. Die Landschaft, im Tageslicht so bukolisch, nahm unheimliche Züge an.“

Kurz bevor es dunkel wird, erreichen wir Prao. Hai biegt direkt von der Hauptstraße in eine große Garage ein und hält neben einem Roller. „Wir sind da“, sagt er. Erst jetzt entdecke ich, dass am hinteren Ende ein Tisch steht, eine Art Rezeption, und von dort eine Treppe nach oben führt. In der benachbarten „Garage“ ist der Speisesaal. Es erinnert mich an einen Saloon aus einem Wild-West-Film, nur dass die Motorräder anders als die Pferde nicht vor dem Saloon abgestellt, sondern hineingebracht werden dürfen. Ansonsten kommt ihnen wohl eine ähnlich große Bedeutung zu. Mein Zimmer im Obergeschoss ist mit Klimaanlage und Fernseher ausgestattet. Und dieser enthält eine deutlich größere Auswahl an Sendern und Inhalten als das Gerät in Hanoi. Sie reichen so weit, dass ich nacheinander die Zusammenfassungen der Trainingseinheiten von Arsenal London und Bayern München sehen kann.

Im offenen Speiseraum wartet Hai bereits auf mich. Die freundliche Hausherrin tischt Suppe und, in vielen kleinen Schalen, Hirsch-

fleisch mit Minze, Hähnchen, Gewürze, Gemüse, Omelett, Tofu und Reis auf. Hai lässt die Suppe stehen und wendet sich den Schalen zu. Ich finde, sie schmeckt hervorragend, aber gut, er wird seine Gründe haben. Als ich Reis auf meinen Teller löffle, greift er zur Suppe. Er bemerkt meinen Blick und erklärt: „Das ist hier so üblich. Zuerst isst du den trockenen Reis, dann nimmst du die Flüssigkeit zu dir."
Wir gehen die Route des morgigen Tages durch, sprechen über seine Kinder und seine Frau, dann über seine Eltern. „Mein Vater kämpfte für die südvietnamesische Armee. Nach dem Krieg kam er in ein Umerziehungslager. Als er nach zwei Jahren zurückkehrte, war er gebrochen. Lange konnte er nicht arbeiten. Wir waren fünf Kinder. Meine Schwester war eine sehr gute Schülerin, aber sie durfte auf keine höhere Schule, weil kein Geld da war. Für meine Geschwister und mich entwickelte sich im Lauf der Zeit alles positiv. Nur Covid war hart. Zwei Jahre konnte ich fast kein Geld verdienen. Mit drei Kindern! Aber jetzt geht es wieder und die ganze Familie konnte sich zu Tet treffen. Das ist das wichtigste Fest in Vietnam." Das Neujahrsfest findet offiziell vom ersten bis zum siebten Tag des ersten Mondmonats eines Jahres statt, meistens im Zeitraum Ende Januar bis Anfang Februar. „Wir nehmen uns immer zehn Tage zum Feiern und alle fahren nach Hause. Alles wird vorher gereinigt, geschmückt und es wird viel zu viel gegessen."
„Dazu habe ich noch eine Frage, also zum Essen: ich habe gehört, dass in Vietnam Enteneier gegessen werden."
Er nickt.
„Aber in den Eiern sind schon Embryos", sage ich.
Er nickt. „Sie schmecken gut."
Damit hat sich schon meine nächste Frage erledigt. Er schließt die kurze Gesprächspause: „Sie werden 18 bis 19 Tage gebrütet und haben schon Schnabel und Beine. Dann werden sie gekocht." Diese Fragen hat er offenbar schon einige Male beantwortet.
„Und du isst sie mit allem?" Als Nachspeise gab es vorhin eine Orange und er spuckte die Kerne aus.

„Ja, die Beine und den Schnabel musst du kauen, aber vorher schlürfst du das Ei aus. Das schwarze Fleisch schmeckt ein wenig salzig." Er lässt keine Zweifel aufkommen, dass er diese Speise sehr genießt. Und auf Details scheint er bewusst nicht verzichten zu wollen. „Das ist gut, wenn du dich müde fühlst. Es gibt dir," er ballt kurz die rechte Hand zur Faust, „Energie!".
Das lasse ich so stehen. Dafür wende ich mich einem anderen Nahrungsmittel zu: „Umgekehrt habe ich gehört, dass es hier unüblich ist, Milch von Kühen zu trinken."
„Ja, vor allem früher. Jetzt geben einige Eltern ihren Kindern Kuhmilch zu trinken und Essen mit viel Protein, weil sie wollen, dass sie so groß werden wie du. Die Durchschnittsgröße vietnamesischer Frauen ist 1,55 m, bei Männern 1,65 m. Früher fanden sie es seltsam, Milch von Kühen zu trinken, doch es ist ihnen wichtiger, dass ihre Kinder nicht klein und schmächtig bleiben."
„Dafür muss man Opfer bringen. Ich weiß nicht, ob Europäer im umgekehrten Fall auch Enteneier mit Embryos darin essen würden." Er lacht. „Sie schmecken aber wirklich gut."

Acht

Wolkenpass – Da Nang – Hoi An

Jeder wusste: Es geht nicht nur um mich selbst, um meine eigene Familie, die ich ernähren muss. Es geht um alle.

Pho wird hier mit Hühnerfleisch zum Frühstück serviert. Wie Hai mische ich Minze und Sprossen hinein. Die Suppe als erste Mahlzeit des Tages zu essen, ist ungewohnt, aber nicht schlecht. Zurück in meinem Zimmer sehe ich auf dem Flachbildschirm eine weitere, ungewohnte Mischung: Sie enthält alle Zutaten für das Musikvideo eines amerikanischen Rocksongs (Kleidung der jungen Bandmitglieder, Sonnenbrille, Sound, Schnitt), nur der Liedtext ist vietnamesisch. Es erinnert mich an einen Streit zwischen Fowler und dem „stillen Amerikaner" darüber, was „die Vietnamesen" wollen. Pyle fürchtet den Dominoeffekt in Südostasien: Dass alle Nachbarländer sich von der westlichen Welt ab- und dem Kommunismus zuwenden, wenn die Kommunisten sich in Vietnam durchsetzen.

„Sie wollen keinen Kommunismus", sagt er.

„Sie wollen genug Reis. Sie wollen nicht erschossen werden. Sie wollen nicht, dass wir Weißen hier sind und ihnen sagen, was sie wollen", entgegnet Fowler.

„Wenn Indochina geht…"

„Diese Walze kenne ich zur Genüge. Dann geht auch Siam, geht Malaia, geht Indonesien. Was heißt „geht"? Wenn ich an einen Gott glaubte, würde ich meine künftige Harfe gegen Ihre goldene Krone wetten, dass es in 500 Jahren kein New York und kein London geben mag, doch auf diesen Feldern werden die Bauern immer noch ihren Reis pflanzen, sie werden ihre Erzeugnisse an langen Stangen zum Markt bringen und dabei ihre spitzen Hüte tragen und die kleinen Jungen werden auf den Büffeln reiten."

„Die Leute werden gezwungen werden, das zu glauben, was man ihnen vorredet; sie werden nicht selbstständig denken dürfen."

„Denken ist Luxus. Glauben Sie, der Bauer sitzt da und denkt an Gott und an die Demokratie, wenn er abends in seiner Lehmhütte zurückgekehrt ist? Wer kümmerte sich um die Individualität eines einzelnen Mannes im Reisfeld? Hören Sie auf, im Osten gedanken-

los das Schlagwort von der Bedrohung der Seele des Individuums nachzuplappern."
Im Nachhinein betrachtet lagen beide daneben: Bis auf Thailand wurden die angrenzenden Staaten zwar kommunistisch. Doch mit Doi Moi wurde die Planwirtschaft wieder beendet. Die heutigen Musikvideos und der darin anklingende Lifestyle legen nahe, dass „sie" nicht nur Reis wollen. Die Befürchtung, dass sie nicht selbstständig denken können, hat sich ebenfalls nicht bestätigt. In einer Umfrage des unabhängigen PEW Research Center im Jahre 2015 gaben knapp 80 Prozent der befragten Vietnamesen an, eine vorteilhafte Meinung von den USA zu haben. Im Hinblick auf China, das Vietnam im Amerikanischen Krieg tatkräftig unterstützte, bejahten diese Frage nur 19 Prozent. Zwei Jahre zuvor lernten bereits 16.000 vietnamesische Studenten in den USA. Die Jugendlichen orientieren sich am Westen. Und ihre Eltern, die große Kinder wollen, auch.
Möglicherweise ist im Dorf BHong, deren Bewohner zu den gut 20.000 Angehörigen der CaTu gehören, die Orientierung noch weniger stark ausgeprägt. Um zu ihnen zu kommen, überqueren wir mit dem Motorrad einen Fluss auf einer schmalen Fußgängerbrücke. Wäre Hai kein so sicherer Fahrer, wäre der (bereits jetzt spürbare) Nervenkitzel enorm. Am Eingang des Dorfes steht ein traditionelles Pfahlhaus, das seine Besitzer insbesondere vor Tieren schützte. Inzwischen dient es als Versammlungsort. Am erhöhten Boden hängt eine Glocke, mit der zu einer Zusammenkunft eingeladen wird. Früher gab es für eine solche auch archaische Anlässe: Ein geschnitztes Bild an der Außenfassade zeigt eine Zeremonie, bei der ein angebundener Ochse von mehreren Männern geschlachtet wird, während andere dazu Trommeln schlagen. Jetzt leben noch etwa 300 Menschen hier. Ein paar der jüngeren Generation umringen uns in ihren weißen Schulhemden, lachen und (ein paar ganz mutige) sprechen mich an. Wir passieren eine Baustelle. Drei Männer schaufeln Erde und Kies. Ein paar Meter weiter läuft eine Mischmaschine. „Der Stamm hat früher viele Bäume für die Errichtung der Pfahlhäuser gefällt. Sie haben Wälder

angezündet, um auf dem gewonnen Land Ackerbau zu betreiben. Damit wurde der Boden und der Lebensraum der Tiere zerstört. Jetzt unterstützt die Regierung den Häuserbau mit Steinen." Hai unterbricht seine Ausführungen, spricht mit einem Arbeiter. Dann wendet er sich wieder mir zu. „200 Millionen Dong bekommen sie für dieses Haus von der Regierung. Dafür verbietet sie ihnen die Brandrodung." Er zeigt auf ein Schild, das eine durchgestrichene Flamme zeigt. „Ihre Situation bessert sich, aber viele leben unter der Armutsgrenze."

Unweit sucht eine Goldwäscherin in einem Fluss ihr Glück. Von der Brücke aus betrachtet ein idyllischer Platz zwischen sanften, grünen Hügeln, über denen einzelne dünne Wolken schweben.

„Ich vermute, sie steht hier viele Stunden und findet nur wenig, oder?"

„Ja. Aber vor ein paar Jahren hat ein Mann fünf Kilogramm in den Bergen gefunden. Er kündigte seinen Job, kaufte das Land und baute ein Hotel."

Das sind die Geschichten, die auch diejenigen antreiben, die auf der anderen Seite der Brücke den ganzen Tag im Wasser stehen, schaufeln, tauchen und sieben.

Wir folgen der Straße bergauf, zu einem Ort, wo der Ertrag weniger vom Glück abhängt: Eine große Teeplantage, die die Hügel bedeckt. Etwa einen Meter hoch sind die Pflanzen. „Sie schneiden alle auf dieser Höhe ab, weil sie die jungen Triebe wollen", erklärt Hai. „Wenn sie gut wachsen, kann man nach zwei oder drei Monaten wieder ernten. Vor der ersten Ernte müssen sie aber fünf Jahre lang wachsen und geschnitten werden."

Für den Reisenden, der hier nicht stundenlang schuftet, ist auch dieser Arbeitsplatz zumindest landschaftlich sehr ansprechend. Und es gibt tatsächlich eine Ablenkung, wenngleich ich nicht weiß, wer in den Genuss kommt. Aus einem nahegelegenen Bau ertönt Musik. Ich blicke Hai fragend an.

„Das ist Karaoke!", sagt er ungerührt.

„Karaoke? Morgens um halb 10?"

„Ja, sie lieben es. Auch zwischendurch."
Wir folgen unserem eigenen Beat. Die Honda müht sich auf einen Pass, der uns über eine Anhöhe bringt. Wie ein schmales Band schmiegt sich die Straße von dort an die teils schroffen, grünen Hügel und schlängelt sich ins Tal. In einem größeren Ort hält mein Fahrer neben einer älteren Frau an, die Kokosnüsse am Boden zerhackt. Hai setzt seinen Helm ab und übernimmt ihre Arbeit, während Hühner zwischen uns und den Kokosnüssen umherstaksen, um etwas Fruchtfleisch zu ergattern. Die Frau gibt mir zu verstehen, dass ich mich auf einen Plastikhocker setzen soll. Sie stellt eine Kanne mit Kokosnusssaft, -stücken und Eiswürfeln auf den Tisch. Hai ergreift sie und schenkt uns ein.
„Was meinst du, vertrage ich die Eiswürfel?", frage ich ihn, die Warnungen der Reiseführer im Hinterkopf.
Er nickt: „Das Wasser ist aus dem Fluss."
Ich richte mich auf.
Er grinst: „...aber es wird in einer großen Anlage gereinigt." Er muss es wissen.
Die Besitzerin der kleinen Erfrischungsbar gesellt sich zu uns. Sie ist deutlich kleiner als die von Hai erwähnte Durchschnittsgröße, ihre Arme sind ständig in Bewegung. Hai bezahlt, sie holt ein Bündel Geldscheine hervor, das ihre Hände kaum umfassen können. Sie sieht mich an und sagt etwas.
Mein Fahrer übersetzt: „Sie fragt, ob du ein Haus kaufen möchtest. Es steht auf einem 700 Meter mal 700 Meter großem Grundstück. Für drei Milliarden Dong kannst du es haben." Das sind 120.000 Euro. Hier geht es um die größeren Geschäfte. „Sie ist sehr reich und meine Freundin."
„Sollte ich in vier Jahren zurückkommen, überlege ich es mir."
Ich grinse. Er übersetzt. Sie lacht und spricht weiter. „Christiano Ronaldo hat in Da Nang auch ein großes Stück Land mit Haus gekauft. Cocobay", übersetzt Hai.
„Hast du ein Haus in seiner Nachbarschaft?", frage ich unter Einbeziehung unseres Dolmetschers.

„Leider nein." Sie wirft den Kopf lachend zurück. Ungeachtet ihres Vermögens scheint sie an ihrem Stand, den Kokosnüssen und den Hühnern sehr zu hängen. Eine gut gekleidete Nachbarin mit gepflegten, weißen Haaren kommt hinzu. Die beiden Frauen begrüßen sich herzlich.

Hai sagt: „Auch sie bietet ein Haus zum Verkauf und will sich für den Erlös eine Wohnung in Da Nang kaufen. Die Regierung hat es vor 15 Jahren erlaubt, dass Ausländer Häuser kaufen. Wenn du willst, greif zu."

„Da muss ich mir erst die Umgebung anschauen. Nicht alles, was Ronaldo gefällt, gefällt auch mir", sage ich. Hai übersetzt. Die Dame klatscht und lacht. Offenbar versteht sie die Ironie. Selten habe ich mit so wenigen Sätzen solche Reaktionen hervorgerufen.

Wir steigen wieder auf die Maschine, die sich den Wolkenpass hinaufkämpft. Es ist kühl und nebelig. Plötzlich reißt der Himmel auf. Wir sind auf der Wetterscheide, 550 Meter über dem Meeresspiegel. Dass das ein strategisch günstiger Ort ist, dachten nicht nur die Amerikaner, als sie hier einen Bunker errichteten. Eine weitere Befestigung stammt aus der Kaiserzeit. Diese wird gerade restauriert. Und es ist ein strategisch guter Ort für Erfrischungsgetränke, Snacks und Souvenirstände.

„Wo kommst du her? Wie alt bist du?", fragt mich eine ältere Verkäuferin.

Ich antworte wahrheitsgemäß.

„Nein! Du siehst aus wie 35!"

„Nein!" spiele ich das Spiel mit, „dann wären wir ja gleich alt!"

„Nein! Ich bin schon 65 und Großmutter. Komm, wir machen da vorne auf der Plattform ein Foto zusammen."

„Pass auf!", ruft Hai. „Sie ist meine Freundin." Er klopft auf ihr Knie. „Und sie ist noch gut in Form." Beide lachen laut.

„Du hast so viele – in jedem Dorf eine!", rufe ich. Er übersetzt. Sie lacht. Dann fragt sie freundlich lächelnd, ob ich etwas kaufen möchte. Ich gehe zu ihrem Stand und finde einen Armreif für meine Tochter. Ich habe gelesen, die Betreiber von Ständen handeln gerne.

„Wie viel?“, frage ich.
„300.“ Das heißt 300.000 Dong.
„Oh – so viel? Er ist schön, aber ich würde sagen 150 bis 180.“
Sie verzieht das Gesicht säuerlich. „250.“
„Also sagen wir 200“, entgegne ich.
Sie strahlt und ist einen Augenblick später bei einem Touristen, der sich die Auslage ansieht. Und was ist jetzt mit dem Foto? Sie hat keine Augen mehr für mich. Hai grinst: „So schnell geht das.“
Durch sanfte Kurven gleiten wir den Pass hinab. War ich im Nebel bislang über meine schwarze Regenjacke und die lange Hose froh, spüre ich darin jetzt eine drückende Hitze. Innerhalb weniger hundert Meter verändern sich Temperatur wie Ausblick enorm. Rechts leuchten die grünen Hügel in der Sonne, links öffnet sich das türkisblaue Meer. Hai hält an einer kleinen Aussichtsterrasse. Dicht wachsen die Pflanzen bis zu einem breiten Sandstrand, an dem die Wellen auslaufen. Er erstreckt sich bis zum Horizont. Leicht streicht der Wind über die Haut. Das ist der ideale Ort, um sich zu erholen. Und dafür wurde er auch genutzt, etwa von den US-Soldaten zwischen den Kampfeinein-sätzen. Für Verwundete gab es zudem medizinische Versorgung und diese Gemengelage bot den Stoff für die in den ausgehenden 80ern erfolgreiche US-Kriegsserie „China Beach“ um das Personal einer Militärklinik. Aus diesem Titel wurde eine gängige Bezeichnung des über 30 Kilometer langen My Khe Beach, erzählt Hai. Vor der Serie war der Strand bereits am 8. März 1965 in den meisten amerikanischen Fernsehgeräten zu sehen, als die ersten offiziellen US-Bodentruppen Vietnam betraten. Zahlreiche Kameras filmten, wie 3.500 Marines mit Panzern und schweren Geschützen hier landeten, zunächst nur mit dem Auftrag, die Militäreinrichtungen in Da Nang zu schützen.
„Und dort hinten“, Hai zeigt auf einen nördlich gelegenen Strandabschnitt, „ist die Leprabucht. Zur Kaiserzeit brachte man die Erkrankten zum Sterben dorthin, an einen der schönsten Orte.“ Ich nicke.
Die Stadt Da Nang halten viele Touristen ebenfalls für einen attraktiven Ort. An breiten Straßen reihen sich großzügige Hotelanlagen.

In einem Resort ist ein kleiner Berg Fuji nachgebaut. Am Tor werden Gäste von einem Mann in japanischer Tracht begrüßt. Wir fahren an der Strandpromenade entlang, passieren Hochhäuser in der Innenstadt und halten schließlich vor einem kleinen Lokal, in dem uns Reis, Hähnchenschlegel und gekühlte Dosen Cola serviert werden.

„Du hast gesagt, Covid brachte große Probleme für alle, die vom Tourismus lebten", sage ich, nachdem wir gegessen haben.

„Ja."

„Durch die Beschränkungen waren viele betroffen. In Deutschland verbreiteten sich wegen der staatlichen Eingriffe in die Freiheiten Verschwörungstheorien. Gab es in Vietnam Proteste?"

„Nein. Wenn jemand etwas Falsches verbreitet hätte, wäre er ins Gefängnis gekommen."

„Und kam es zu Demonstrationen?"

„Nein. Jeder wusste: Es geht nicht nur um mich selbst, um meine eigene Familie, die ich ernähren muss. Es geht um alle."

Als nächstes geht es Hai um sein Motorrad. Er will die Bremse einstellen lassen. Außerdem gibt es ein Problem mit der Tachonadel. In einer winzigen Gasse hockt ein kleiner Mann vor einem Motorrad. Auf engem Raum stehen weitere Zweiräder, an denen Reparaturen zumindest schon begonnen wurden. Es ist eine Schrauberwerkstatt, in der nur der Chef selbst eine Art Überblick hat. Arbeit hat er genug, aber er versteht Hais Problem und wendet sich augenblicklich der Honda zu.

Kurz darauf fahren wir über die Drachenbrücke. Der Kopf des Namensgebers ragt etwa 70 Meter weit über die Fahrbahn. „An den Abenden am Wochenende spuckt er minutenlang Feuer", sagt Hai. Die Brücken, vor allem wenn sie nachts aufwendig beleuchtet werden, zählen zu den neueren Sehenswürdigkeiten der Stadt. Eine deutlich ältere liegt im Süden Da Nangs. Aus der Ebene ragen die Nu Hanh Son, die „fünf Elemente Berge", empor. Weil die Kalksteinfelsen Marmor enthalten, nannten die Franzosen sie „Les Montagnes de Marbre". In den Grotten der Marmorberge wohn-

ten und beteten bereits in früher Zeit Menschen. Auf und in den 100 Meter hohen Felsen wurden Pagoden und Buddhastatuen zwischen steilen Wänden gebaut, an denen sich Schlingpflanzen winden. Es ist sehr schwül und mein erster Lieblingsplatz ist eine schmale Scharte, durch die der Wind zieht. Der zweite gleicht einer von der Natur geschaffenen Kathedrale. In der Huyen-Khong-Höhle sitzt auf einem Vorsprung ein etwa vier Meter großer Buddha. Durch Löcher in der Decke fallen Sonnenstrahlen und hüllen ihn friedlich ein.
Von der Van-Thong-Höhle folge ich einem schmalen Pfad nach oben. An dessen Ende erwartet mich eine kleine Kletterpartie und ein den verströmten Schweiß entlohnender Ausblick auf das Meer und die Ebene, aus der die benachbarten Hügel stoßen. Dass es die Menschen seit langer Zeit auf diesen Berg zieht, kann ich verstehen. Unter ihnen waren in den 60er und 70er Jahren auch einige Guerillakämpfer, die sich hier versteckten – mit Blick auf die US-Soldaten, die sich am Strand entspannten. Entspannt sitzt nun Hai mit Smartphone in der Hand am Fuß des Wasserbergs in einem kleinen Café. Die Tour auf den Berg hat er mir überlassen.
„Anstrengend?", grinst er.
„Das ist keine Übertreibung."
„Dann habe ich das Richtige für dich." Er winkt der Bedienung zu und bestellt etwas.
Kurz darauf steht ein vietnamesischer Eiskaffee vor mir – mit Eiswürfeln.
„Soll ich sie rausnehmen?", frage ich Hai.
„Nein, jeder lässt die Eiswürfel im Glas."
„Aber es sind alles Einheimische. Die vertragen das."
„Ach", sein Grinsen wird noch breiter, „heute Nachmittag fahre ich weiter. Ich werde winken und rufen: Hab eine gute Zeit!"
„…auf der Toilette", ergänze ich in seiner höheren Stimmlage.
Er trinkt einen Schluck von seinem Eiskaffee. „Siehst du, kein Problem. Aber ich muss noch etwas beenden." Er blickt auf sein Smartphone.

„Was spielst du da?"
„Co Tuong." Er schaut so konzentriert, dass ich zunächst nur zusehe. Dann taste ich mich mit Fragen vor, wenn er kurz aufblickt. Die Figuren der beiden Spieler stehen auf zehn waagrechten und neun senkrechten Linien. Es gibt ein Nord- und ein Südreich, das durch einen Fluss getrennt ist. „Es ist eine Art Schach", sagt Hai, bevor er den nächsten Zug macht, „chinesisch heißt es Xiangqi." Statt eines Königs gibt es einen Feldherrn beziehungsweise General, außerdem wird mit Streitwagen, Soldaten, Kanonen, Leibwächtern, Reitern, Pferden, Ministern und Elefanten gespielt. Verloren hat derjenige, der seinen General/Feldherrn nicht mehr aus dem Schach retten kann und das ist gerade Hai.
„Ja, man braucht Zeit zum Nachdenken", sagt er leicht angesäuert.
„Schmeckt übrigens gut", antworte ich und hebe mein Glas an.
„Das freut mich", er lächelt wieder, „den Geschmack jetzt kann dir keiner nehmen."
Er beugt sich nach vorne und zieht aus seiner über den Stuhl hängenden Motorradjacke das laminierte Heft. „Eine Bitte habe ich: Kannst du aufschreiben, wie die Tour für dich war?"
„Klar, wenn du auch in mein Notizbuch schreibst."
Er schaut überrascht. „Okay."
Wir sitzen Heft an Buch gegenüber wie Schulkinder, die auf eine leere Postkarte blickend überlegen, wie sie die Urlaubsgrüße formulieren sollen, dann schreiben, wieder den Stift absetzen und nachdenken. Ich schildere unsere Begegnung am Hauptbahnhof in Hue, den verlangten Vorschuss, meine Skepsis, die einzelnen Stationen und wie dankbar ich für die Tour bin. Er schreibt, so sagt er, dass er den Trip sehr genossen habe und er das Beste für mich und meine Familie wünsche. Er hat fast eine ganze Seite auf Vietnamesisch vollgeschrieben, darunter Berge und uns beide auf dem Motorrad gezeichnet. Den restlichen Text lasse ich mir von den Sushilokalbetreibern in Würzburg übersetzen.
Ein letztes Mal schwinge ich mein rechtes Bein über Beifahrersitz und die Motorradkoffer. Ich habe nur noch kurze Sachen an. Auf der

Haut spüre ich gleichzeitig die Kraft der Sonne und den kühlenden Wind. Hai deutet mit gestrecktem Arm nach rechts. Begeistert ruft er: „Cocobay! Ronaldo!“ Offenbar hat er keine Vorbehalte gegen den portugiesischen Fußballstar, dessen Auftreten auf manche – wie ein Freund es einmal bezeichnete – bisweilen „recht gockelhaft“ wirkt. Das ist sicher nicht ganz falsch. Andererseits könnte man Missgünstigen entgegenhalten, dass er sportlich einiges erreicht und dafür eisern trainiert hat. So diszipliniert, dass Freiburgs Trainer Christian Streich, auf die Eitelkeiten Ronaldos einmal angesprochen, lapidar antwortete: „Also ich würde ihn spielen lassen.“

Und so sieht es wohl auch mein vietnamesischer Easy Rider. Der Umstand, dass reiche Ausländer hier große Grundstücke kaufen, schmälert seine Begeisterung nicht. Das Einzelzimmer in dem Hotel, vor dem Hai im 30 Kilometer entfernten Hoi An hält, ist mit umgerechnet 20 Euro pro Nacht vermutlich günstiger als das Cocobay Resort. Aber es ist insgesamt sehr ansprechend, wenngleich ich mich erst daran gewöhnen muss, dass es kein Fenster ins Freie, sondern nur zum Treppenhaus gibt. Mein Fahrer hat es mir empfohlen. Er kennt die Dame an der Rezeption. Ich werde mit Früchten und Saft freundlich begrüßt und verabschiede mich von Hai, der mir heute Abend noch schreiben wird, dass er gut zu Hause angekommen ist.

Mein neues Zuhause grenzt an eine Tempelanlage, die Konfuzius gewidmet ist. Von dort ist es nicht weit zur Nguyen Thi Minh Khai, einer Einkaufsstraße, die nun, bei untergehender Sonne mit Lampions in unterschiedlichen Farben beleuchtet wird. Am Eingang der Straße steht ein rotes Holzschiff, das auf eine besondere Verbindung hinweist: Die Tochter des vietnamesischen Herrschers Nguyen Phuc Nguyen heiratete einen japanischen Kaufmann und folgte diesem 1619 in einem roten Segelschiff nach Nagasaki, wo sie den Rest ihres Lebens verbrachte. „Dieses Ereignis stärkte die Solidarität zwischen zwei Ländern, Vietnam und Japan, und zwei Städten, Hoi An und Nagasaki, in der damaligen Zeit und jetzt“, ist auf einem Schild zu lesen. Die besondere Beziehung verdeutlicht auch das Wahrzeichen

der Stadt, das sogar als Motiv für das Stadtsiegel dient. Die erste Variante der „Japanischen Brücke“ wurde Ende des 16. Jahrhunderts auf Betreiben reicher japanischer Kaufleute errichtet, um den von chinesischen Geschäftsleuten bewohnten Stadtteil mit dem japanischen Viertel zu verbinden. Mehrfach wurde die Brücke zerstört und wieder aufgebaut, die heute existierende überdachte Variante stammt aus dem 18. Jahrhundert und ist gut erhalten. Durch das enge rote Eingangstor drängen Touristen. In dem Strom bleibt wenig Zeit, die auf Steinsäulen ruhende Holzkonstruktion näher zu betrachten. Es ist ein scharfer Kontrast zu der gestern erlebten Abgeschiedenheit im Grenzgebiet zu Laos und den Geräuschen des Regenwaldes. Aber ich will mich nicht beschweren, schließlich bin ich selbst da. Und einladend sieht die historische Altstadt aus. Der Himmel und die Gebäude leuchten in weichen Farben. Unzählige Seidenlampions hängen in Bäumen, Häusern und an Ruderbooten. In Papierschiffchen treiben Kerzen auf dem kleinen Fluss bei sommerlichen Temperaturen.
An dieser Szenerie wollen möglichst viele partizipieren, etwa die in alten Häusern eingerichteten schicken Lokale. Gut gekleidete Paare werden von Kellnern im Anzug bedient. Die Menüs bewegen sich preislich jenseits der Bereiche, die ich in den letzten Tagen kennengelernt habe. Ich folge weiter dem Fluss, komme an Ständen und der Markthalle vorbei, passiere Fischabfälle und einen knatternden Roller. Unter einer gespannten Plane stehen kleine, rote Plastikhocker um eine Straßenküche. Zwei Stühle sind von Vietnamesen in Sandalen besetzt, die eine Suppe schlürfen. Hier bin ich richtig und die Schale Bun Bo gibt mir sofort Recht.
Um halb sieben ist es komplett dunkel. Die etwas abseits der Altstadt gelegenen Spielplätze füllen sich, aus einer Kampfsportschule höre ich kurze Schreie. Es ist so warm wie in einer Mittelmeerstadt an einem Sommerabend nach einem heißen Tag.
In einem Reisebüro (dort spart man laut Hai die Provision für das Hotel) buche ich eine Tour nach My Son für übermorgen.
Zurück am Fluss leuchten die medizinballgroßen Lampions in der Dunkelheit noch kraftvoller als vorhin. Ich sitze auf einem Stein, der

zur Befestigung der Taue der Ruderboote dient, die gerade eng gedrängt auf dem Fluss treiben. Frauen in Sommerkleidern und Männer in kurzen Hosen flanieren vorbei. Wortfetzen in verschiedenen Sprachen vermischen sich. In einem unauffälligen Lokal hole ich mir eine kleine Portion My Quang: Reisbandnudeln mit Kräutern, Schweinefleisch, Garnelen, Salat, Erdnüssen und zwei (nicht angebrüteten) Wachteleiern. Es schmeckt hervorragend. Bislang wurde ich, gerade was Frische der Zutaten und Geschmack der Komposition betrifft, seit meiner Ankunft ausschließlich positiv überrascht. Und in keiner meiner nach Foto ausgesuchten Mahlzeiten fand ich etwas Exotisches wie das Fleisch des „gelben Hundes“. Entgegen der Bezeichnung soll sein Fell rot sein, aber es ist immer ein Hund, der zubereitet wird. Vom anderen Ufer klingt Livemusik herüber. Die Sängerin der Band hat sich auf Songs von Adele spezialisiert, die sie dem Original ausgesprochen ähnlich interpretiert. Selbst bei den schnelleren Liedern behält der Anblick der vorbeiziehenden Boote etwas Meditatives.

Zurück im Hotel setze ich mich in den kleinen Außenbereich mit Blick auf den Konfuziustempel, der mit weißen und roten Lampen erhellt wird. Der Nachtportier begrüßt einen Freund. Dieser holt eine Musikbox aus dem Rucksack und sie machen es sich vor dem Hotel gemütlich. Beide schätzen die „Eagles“, insbesondere „Hotel California“, das von nun an in einer Schleife läuft.

Als ich aufstehe, blicken mich beide an.

„You can check out any time you like“, stimme ich kurz vor dem Solo ein.

„But you can never leave“, erwidert der Nachtportier und lächelt.

Neun

Hoi An

Schau doch! Die gleichen Augen!

Heiß soll es heute in Hoi An werden. Vergleichbar dem Temperaturanstieg nimmt bei meiner Reise in den Süden die Auswahl an TV-Programmen zu. Ein Sender berichtet fast durchgehend über die europäischen Fußballligen, drei zeigen westliche Produktionen wie „Robin Hood", „Tristan und Isolde" oder „Young Sheldon" im Original mit Untertiteln. Ich vermute, dass es auch hier Grenzen für die zuständige Zensurbehörde gibt („Rambo II" dürfte sie überschreiten), aber wer weiß, wie es in Ho-Chi-Minh-City aussieht.
Der Tempel nebenan steht jedenfalls für alte Werte. Die Lehre des Nho Giao, wie Konfuzius seit dem zweiten Jahrhundert in Vietnam genannt wird, die auf Harmonie mit einer allumfassenden Ordnung zielt, dient nicht nur der Ausgeglichenheit des Einzelnen. Dass Pflichten zu erfüllen sind und Freiheit eine stabile Gesellschaftsordnung voraussetzt, hören die jeweils Herrschenden natürlich gerne. Auch die Philosophie des „So-ist-es" lädt dazu ein, die Welt in ihrem Zustand anzunehmen und einen pragmatischen Weg zu suchen, darin zurecht zu kommen, anstatt sich den Kopf darüber zu zerbrechen, wie sie und der Mensch denn sein sollten. Das ist kein schlechter Ansatz, wenn man sich um 10 Uhr morgens bei einer Luftfeuchtigkeit von 70 % und einer Temperatur von 30 Grad (laut Wetterapp „gefühlt" 35 Grad) durch Hoi An bewegt. Mein pragmatischer Weg führt in den Raum eines Verkäufers von Keramikwaren. Solche will ich nicht kaufen, sondern nur Postkarten, die er ebenfalls anbietet. Vor allem aber ist sein Ladenlokal angenehm kühl. Woher ich komme, fragt er. Nach meiner Antwort strahlen seine Augen. Er habe in Frankfurt gelebt, sagt er auf Deutsch.
„Wie lange?"
„Zu kurz!"
Doch aus dieser kurzen Zeit hat er eine Menge Erinnerungen mitgenommen. Meine nächste Zuflucht ist ein Café, das auf einem Schild den „Egg Coffee" anpreist, eine vietnamesische Spezialität. Ein Bar-

keeper aus Hanoi soll sie erfunden haben, als er in den 40er-Jahren eine Alternative zum Milchschaum suchte. Kondensmilch war damals rar und so kam Nguyen Van Giang auf die Idee, diese mit Eigelb zu strecken. Mit einem Schneebesen schlug er beides in einer Schüssel so lange auf, bis eine dicke, schaumige Konsistenz entstand, die er auf den Kaffee hob. Ich sitze am offenen Fenster des Holzhauses. Durch die großflächigen Öffnungen zirkuliert der Wind, der an der hohen Decke die mit Seide bespannten Lampions leicht schaukeln lässt. Eine schmale Gasse trennt das Café von dem gegenüberliegenden alten Holzhaus, in dem Lederwaren verkauft werden. Zwischen den Häusern ist ein Seil gespannt, an dem weitere Laternen sanft schwingen.

Eine Verkäuferin tritt von außen an das Fenster heran. Gehe ich auf der Straße, gebe ich mit einem „No, thanks“ und der unverminderten Schrittgeschwindigkeit zu verstehen, dass ich kein Interesse an Holzwaren, Süßigkeiten, verpackten Nüssen oder Ingwer habe. Jetzt habe ich die Muße, ihr zuzuhören. Sie öffnet eine Papierkarte. Eine Art Scherenschnitt richtet sich zur Japanischen Brücke auf. Darüber würden sich meine Kinder freuen. Ich biete ihr für zwei Karten den eineinhalbfachen Preis, den sie für eine genannt hat. Sie nickt und schenkt mir für meine Familie noch eine dritte Karte, die aufgeklappt eine Frau mit Tragestange zeigt. Der Egg Coffee schmeckt hervorragend. Es fühlt sich gut an, nichts zu tun und für einen Moment alle Pläne loszulassen, oder wie Konfuzius sagen würde: Erreichen wir innere Ausgeglichenheit, haben Himmel und Erde für uns ihren festen Platz, und alle Dinge werden lebendig.

Leider wird mein Smartphone, als ich nach einer Weile die Einrichtung des Cafés fotografieren möchte, nicht lebendig. Bislang habe ich etwa 200 Bilder gemacht. Die Vorstellung, dass ich diese loslassen muss, behagt mir keineswegs. In Kasachstan verlor ich nach der Hälfte der Reisezeit im Tien-Shan-Gebirge ein vollgeschriebenes Reisenotizbuch. Als ich es bemerkte, hielt ich für einige Sekunden die Luft an. Ich überlege, ob es sich jetzt vergleichbar unangenehm anfühlt. Dann trinke ich den Kaffee aus, versuche, das Smartphone runter- und wieder hochzufahren. Der Bildschirm bleibt dunkel. Ich spiele die Lösungsmöglichkeiten durch. Einige Bilder habe ich versendet, vielleicht kann ich weitere wiederherstellen. Aber meine Gedanken sind noch zu unruhig. „Wenn du es eilig hast, mache einen Umweg“, rät ein japanisches Sprichwort. Ich schreibe die gekauften Karten und adressiere die Umschläge. Auf dem Weg zur Post heizt die Sonne meinen Körper auf. Dort angekommen verkauft mir die Angestellte zehn Briefmarken je Karte. Als ich versuche, sie um die Adresse herum kunstvoll aufzukleben, rinnt mir der Schweiß über Stirn und Unterarme. Wenige Minuten später ist jeder Umschlag zu einem Drittel mit Briefmarken bedeckt. Immerhin kann ich die Karten aufgeben.

Zurück im Hotel ist der Umweg zu Ende und ich wende mich erneut dem Smartphone zu. Vielleicht ist es nur ein Problem mit dem Akku? Ich schließe es an ein Ladegerät an. Im dunklen Zimmer sehe ich ein schwaches Licht anzeigen, dass die Batterie zu 89% geladen ist. Dann können weder Akku noch Smartphone defekt sein! Ich hatte versehentlich die Helligkeit auf das Minimum reduziert. Bei der Sonneneinstrahlung war nichts mehr zu erkennen. Alles ist wieder in Ordnung, alle Fotos sind da! Ich stoße einen kurzen Freudenschrei aus. Wer niemals in einer vergleichbaren Situation war: Vielleicht ist es der Freude eines Hirten vergleichbar, der ein verlorengegangenes Schaf wiederfindet. Und wer sich jetzt nicht in den Hirten hineinversetzen möchte oder den Vergleich überzogen findet, dem entgegne ich mit Konfuzius: Wer etwas kennt, reicht nicht heran an jenen, der es liebt; und der es liebt, reicht nicht heran an jenen, den es freut.

Mit neuer Energie ziehe ich an seinem Tempel vorbei und tauche erneut in die Vergangenheit der Stadt ein, die im 16. Jahrhundert als Hafen und Standort chinesischer und japanischer Händler an Bedeutung gewann. In der ersten Hälfte des 17. Jahrhunderts wurde in Japan der Außenhandel verboten. Die dadurch entstandene Lücke versuchten hier europäische Handelsgesellschaften zu füllen, allerdings ohne durchschlagenden Erfolg. Alsbald zogen sie sich wieder zurück. Dafür stiegen Anteil und Einfluss der chinesischen Kaufleute. Viele ihrer Häuser sind noch heute zu sehen, weshalb die Altstadt Hoi Ans mit 800 Objekten zum Weltkulturerbe erklärt wurde. Eines ist das Alte Haus der Phung Hung, einer chinesischen Familie, die ab 1780 mit Seide und Holz handelte. Viele der Wohnhäuser, Tempel und Versammlungshallen können besichtigt werden, für 18 der Sehenswürdigkeiten braucht man eine Eintrittskarte. Eine erworbene Eintrittskarte berechtigt zum Eintritt in fünf Gebäude, die man frei wählen kann. Eine Sehenswürdigkeit, die ich mir nach dem vorgenannten Haus in Ruhe anschaue, ist die Japanische Brücke. Sie verfügt über Nebenräume, die ich gestern nicht sah. An den beiden Eingängen stehen zwei Hunde- beziehungsweise Affenstatuen, die den Beginn der Bauarbeiten an der Ursprungsbrücke im Jahr des Affen 1593 beziehungsweise den Abschluss im Jahr des Hundes 1595 symbolisieren. Zu dem im Nebenraum errichteten Altar erzählt die schnell sprechende Reiseführerin einer Gruppe, er sei dem Wettergott gewidmet. „Trotzdem wurde die Stadt oft überflutet. Gleichwohl beten noch immer viele Menschen zu ihm, auch Japaner, die ihn darum bitten, dass er sie von Erdbeben verschont." Für diese sei der taoistische Gott ebenfalls zuständig.

In Bezug auf das Alte Haus der Tan Ky hat er bislang nicht allzu große Milde walten lassen. Das Erdgeschoss des von einer Kaufmannsfamilie im japanischen Stil errichteten Gebäudes steht seit seiner Errichtung im 18. Jahrhundert regelmäßig unter Wasser, zuletzt im vergangenen Jahr. An den Wänden sind die höchsten Wasserstände eingezeichnet, daneben hängen Fotos, die eindrucksvoll den Umgang mit den Fluten zeigen: Ein Mädchen, das bis zum Hals im Wasser steht, trägt einen kleinen Hund in einer Schüssel über den Kopf und spuckt Wasser aus. Angesichts dieser Heimsuchungen ist das Haus in einem bemerkenswert guten Zustand, gerade das schwarze Hartholz. Begegnen mir in dem Gebäude nur wenige Besucher, so posieren im Hof der Kantonesischen Versammlungshalle zahlreiche Mitglieder einer chinesischen Reisegruppe vor einem Drachen – erst in der Gruppe, dann einer nach dem anderen. Sodann opfern sie unter den Augen des chinesischen Generals Quan Cong („Zihuang“), der in seinem Land im dritten Jahrhundert große und gute Taten für hungernde Menschen vollbracht haben soll, Räucherstäbchen. Ich halte inne und kann mich mental auf den Kulturgenuss einstellen, der mich kurz darauf im Traditional Art Performance House erwartet. Ist das Publikum durch die traditionellen Tänze angesichts der Leichtigkeit einerseits und der bis in jede Finger- beziehungsweise Zehenspitze sichtbare Körperspannung andererseits begeistert, tut es sich bei der Gesangsdarbietung schwer. Die Sängerin, gewiss eine Große ihrer Zunft, trägt drei Lieder vor. Jedes klingt in den Ohren der unkundigen Zuhörer, zu denen ich gehöre, wie ein kaum fassbares Jaulen. Dementsprechend ist der Beifall verhalten und anschließend die Ratlosigkeit groß, als die Moderatorin fragt, welches der drei Stücke am besten gefallen habe. Dieses werde noch einmal vorgetragen. Es werde um Handzeichen gebeten. Niemand meldet sich. Ein eindeutiges Ergebnis.

„Oh, jetzt machen Sie uns verlegen“, sagt sie. Ihr Lächeln wie das gespielte Entsetzen der Sängerin deuten an, dass diese Reaktion der Besucher nicht außerhalb ihres Erwartungshorizonts lag. Umso größer brandet der Applaus nach der letzten Tanzperformance auf. Ein junger Mann und eine attraktive Frau werben umeinander und finden sich. So etwas verstehen selbst westliche Zuschauer. Und alle sind erleichtert.

Vertraut ist mir mittlerweile der Anblick von General Quan Cong, der einen weiteren Platz in dem nach ihm benannten Tempel gefunden hat. Sein strenger Blick soll zur Aufrichtigkeit und Loyalität anhalten. Noch mehr als seine Augen beindrucken mich allerdings seine leuchtend rote Gesichtsfarbe und die Rauchschwaden, die ihn umgeben. Auf meiner Eintrittskarte ist ein Gutschein übrig. Von den Räucherstäbchen benebelt und der Hitze ermüdet betrete ich das nächstgelegene Haus in der Tran Phu, um ihn einzulösen. Die Reiseführer würdigen dieses nur knapp. Inzwischen ist es Abend. In dem Gebäude aus dunklem Holz sind keine Touristen mehr. Eingehüllt in eine wohlige Stille bin ich gänzlich unvorbereitet in Bezug auf das, was nun folgt. Ab dem dritten Satz nach der Begrüßung brennt die Besitzerin ein Feuerwerk ab, wie es zu Tet nicht größer sein könnte. Von ihren Vorfahren sei es erbaut worden, eröffnet sie, sie lebe darin mit ihrer Familie. Ein Blick durch das Röhrenhaus bestätigt ihre Aussage. Hinten, in der Küche, wird gerade Gemüse geschnitten.

„Es ist das schönste Haus in Hoi An! Meine Familie bewohnt es in der siebten Generation. Mein Vorfahr war ein chinesischer Kapitän." Strahlend deutet sie auf das Gemälde an der Wand. „Er hat die gleichen Augen und Ohren!", ihre Stimme strotzt vor Begeisterung.

Ich vergleiche. Die Ohren stehen bei ihm etwas stärker ab. Ansonsten kann ich ihre Einschätzung bestätigen. Ob ich ein Foto von ihr und dem Gemälde machen darf, frage ich.

Sie schaut mich überrascht an. Dann ruft sie aufgeregt: „Ja!"

Die Frau richtet ihre Haare, posiert und blickt in die Ferne wie einst der Kapitän. Ich gehe in die Hocke und nehme die beiden aus verschiedenen Perspektiven auf.

„Noch eines!", bittet sie freudig. Wer kann das verweigern? Nochmals beuge ich die Knie. Nun schaut sie auf die Kamera und mich herab, durchaus ein wenig herrschaftlich. Das liegt ihr einfach im Blut.

„Kannst du es mir zeigen?" Sie ist sichtlich aufgeregt. Ich gebe ihr mein Smartphone. Bei jedem Bild lacht sie vor Freude auf. Sieht sie sich das erste Mal neben ihrem Urahn? Diese Frage stelle ich nicht. Sie schüttelt freudig den Kopf, hält sich ungläubig die Hand vor den Mund: „Schau doch! Die gleichen Augen!"

„So sehe ich das auch", antworte ich.

Als hätte sie ihren Vorfahr nach über 200 Jahren wiedergetroffen, strahlt sie im Wechsel mich und mein Smartphone an. Ich würde die beiden nach dieser Begegnung jetzt auch allein lassen, aber sie will mir noch etwas zeigen.

„Sieh!", sagt sie selbstbewusst, „nur in diesem Haus gibt es einen Sockel zu den Holzpfählen, das ist chinesisch. Und hier", sie deutet auf Schnitzereien, „die fünf Elemente! Und da!", sie weist auf einen

geschnitzten Drachen an der unteren Dachkante, „das gibt es nur in meinem Haus."
Täuscht es mich oder flacht ihre Euphorie gerade um ein Prozent ab? Ich will sehen, ob ich das Feuer anfachen kann.
„Soll ich dir etwas verraten?" Ich lasse meine Worte wirken und halte einen Moment inne.
„Was?" ruft sie gespannt.
„Ich bin im Jahr des Drachen geboren."
„Was?" ruft sie noch eine Spur lauter.
„Ja!"
„Oh!", schon läuft sie los. „Du musst in mein Gästebuch schreiben!" Mit schnellen Schritten verschwindet sie, kehrt zurück und hält mir ein Buch hin. „Und du musst mit deiner Familie kommen!"
Vielleicht erhofft sie sich davon Glück. Ich habe meinen Eintrag gerade begonnen, schon bewegen sich ihre Hände neben meinem Kopf.
„Und hier, das musst du sehen, den Balken, das Steinrelief und die Schnitzereien. Nur in meinem Haus! Das hat kein anderer!"
„Unglaublich."
Das Haus ist beeindruckend. Nur kann ich das alles nicht im Zehntelsekundentakt erfassen und zugleich schreiben. Ich wende mich dem Buch zu. Sie versteht, auch wenn sie mir im selben Augenblick einiges gerne näherbringen würde. Lachend verlässt sie den Raum. An dem schwarzen Tisch schreibe ich – wunschgemäß auf Deutsch – einen Bruchteil meiner Eindrücke in das Gästebuch und übersetze es ihr anschließend mündlich ins Englische. Ihre Reaktion als euphorisch zu bezeichnen, ist keine Übertreibung. Wenn ihr Adrenalinspiegel nicht bald signifikant abebbt, wird sie heute kaum schlafen können. Ein wenig neidisch geworden, bestelle ich in einem kleinen Lokal einen starken vietnamesischen Kaffee, weil ich diesen Energielevel nur annähernd erreichen möchte.
Energiegeladen ist Stunden später auch der große Nachtmarkt, wo so ziemlich alles angeboten wird, was man im Handgepäck mit nach Hause nehmen oder sofort essen kann. Bereits gedanklich in

der Heimat sind die weißen Männer und Frauen, die auf den Bildschirmen der Sportsbar verfolgen, wie Manchester City den FC Liverpool versenkt. Jenseits der Einkaufsstraße sitzen einheimische Männer auf Plastikhockern zusammen und schauen ebenfalls das Spiel, wobei für mich unklar bleibt, ob sie eine Mannschaft favorisieren. Auch heute schwimmen auf dem Fluss Kerzen in Papierschiffchen und auch heute klingt über das Wasser Livemusik. Adele ist nicht dabei, dafür Oasis und amerikanische Klassiker. Und dann: „I wonder how, I wonder why, yesterday you told me ´bout the blue blue sky." 1995 haben die Pforzheimer vermutlich nicht daran gedacht, dass ihr „Lemon Tree" fast 30 Jahre später über 9.000 Kilometer südöstlich live gecovert wird. Vor sieben Jahren habe ich den Song gegen zwei Uhr in einem Club in Ecuador gehört. Jetzt könnte man einwenden, das ist doch in einer globalisierten, vernetzten Welt nichts Besonderes – sogar „Cheri cheri Lady" hat es nach Hanoi geschafft. Aber die jubelnden Zuhörer wollen gar nichts einwenden. Ich bin umgeben von gut gelaunten Menschen.
„Sebastian!", höre ich eine hohe Frauenstimme meinen Namen rufen. Ich drehe mich um. Linda und Martin holen mich mit ihren Fahrrädern ein. Obwohl wir uns erst vor wenigen Tagen zum ersten Mal im Zugabteil begegnet sind, begrüßen wir uns wie alte Bekannte. Es ist schön, sie hier zu treffen. Die Freude überwiegt das Staunen über den Zufall. Sie erzählen von ihrer Zeit in Da Nang und in Hoi An, ich von Hue und meiner Motorradtour. Sie haben morgen ihren letzten Tag und wollen um 4.30 Uhr aufstehen, um in einem Reisfeld zu frühstücken, danach fliegen sie zurück. Wir wünschen uns eine gute Zeit. Ich habe noch eine Woche vor mir.

Zehn

My Son

Im Sommer werden es hier 45 Grad, die sich anfühlen wie 50.

Das Vertraute kann in einem ungewöhnlichen Rahmen begegnen. Das erlebte ich gestern Nacht ein weiteres Mal. Im Hotelzimmer schaltete ich auf den Sportkanal und sah die Buchstaben „DER KLASSIKER“ im Hintergrund das Event ankündigen. Davor saßen drei vietnamesische Experten, die über das Spiel der Bayern gegen den BVB sprachen, wobei ich außer „Bayern“, „Dortmund“ nur einzelne Spielernamen verstand. Die Fachleute lächelten dabei durchweg, auch bei der Halbzeitanalyse, während sich zeitgleich in Deutschland gewiss einige ihrer Kollegen über die Unzulänglichkeiten einzelner Spieler mit gerunzelter Stirn echauffierten. Weil es gegen Mitte der zweiten Hälfte spannend wurde, blieb ich trotz Zeitverschiebung bis zum Ende wach, was meinen Schlaf stark reduzierte. Denn sehr früh holte mich der Kleinbus am Hotel ab.

Neben mir sprechen zwei Frauen spanisch und hinter mir vier Schweizerinnen französisch. Die ganze Aufmerksamkeit zieht aber unser vietnamesischer Reisebegleiter auf sich. Sobald er das Wort ergreift, wird er zu einer Mischung aus Boxpromoter und Geisterbeschwörer. Seine Augen treten heraus, er akzentuiert kurz die erste Silbe und lässt dann die letzten des Wortes ausklingen: „Im-por-tannnnt. We say – My Son. „My“ means beau-ti-fulllll, „Son“ moun-tainnnnn. Don´t pronounce – these worrrrrddddss in English“.

Dass unser Reiseziel nichts mit dem eigenen Sohn zu tun hat, leuchtet allen sofort ein und sichert das erste Lächeln der aufmerksamen Zuhörer. Es geht um einen bedeutenden Ort, den die Cham schufen. Sie kamen aus Indonesien gesegelt und hatten, geprägt durch die indische Kultur, den Hinduismus im Gepäck. Erbaut wurde die heilige Anlage im Zeitraum zwischen dem 7. und dem 14. Jahrhundert, erzählt unser Guide, dessen Name übersetzt „Power“ bedeutet. 50 Gebäude wurden im Amerikanischen Krieg durch Bombardierungen zerstört. Vor einem Jahr erklärte die US-Botschaft, 150.000 Euro für Reparaturarbeiten zur Verfügung zu stellen und schon seit Jahren

restaurieren Vietnamesen mit Wissenschaftlern aus Indien die heiligen Gebäude. Die Köpfe der alten Statuen brachten die Franzosen in der Kolonialzeit in den Louvre nach Paris. Vietnam wollte sie später zurück. Frankreich lehnte die Forderung ab.
„That´s whyyy – they lost – the finallll – of the footballl championship! You seeee – Shivaaa has the power." So wie unser Power spricht, kommt man überhaupt nicht auf die Idee, dass das an Messi und seinen argentinischen Kameraden gelegen haben könnte.
Shiva, erzählt er weiter, vereinigt alles. In der hinduistischen Trinität gilt er neben dem Schöpfer Brahma und dem Bewahrer Vishnu als der Zerstörer. Außerhalb der Trinität steht er auch für Erhaltung und Neubeginn. Seine feminine Kraft ist Shakti, die bisweilen als seine Gattin Parvati erscheint. Mit ihr und Ganesha verkörpert er die „heilige Familie", in einem anderen Kontext den Einzelgänger und Asketen.
Der Kleinbus setzt uns etwa 20 Kilometer entfernt von Hoi An an einem Tor ab, ein kleines Elektromobil bringt uns auf einem schmalen Weg bis zu einem Wendeplatz. Von dort gehen wir zu Fuß durch ein von hohen Hügeln umgebenes Tal. Es ist extrem schwül und heiß. Der Schweiß rinnt mir über das Gesicht. Das T-Shirt des vor mir laufenden Spaniers klebt nass an seinem Rücken. Lautes Zirpen tönt durch den Regenwald. Auf einmal erheben sich aus dem dichten Grün Türme aus rotbraunen Steinen. Wie müssen sich die Franzosen gefühlt haben, als sie im dichten Dschungel die noch nicht freigelegten 70 Tempel entdeckten!
„Es war kein Wohnort", sagt unser Guide. „Es war ein heiliger Platz. Hier wurden Könige beerdigt, Zeremonien ausgerichtet und Shiva verehrt."
Er führt uns in einen Turm, in dem es sofort merklich kühler ist. Dieser wurde im elften Jahrhundert errichtet. Die drei Säulen im Fenster stehen für Shiva, Brahma und Vishnu. Wichtiger ist jedoch die Mauer.
„Seht ihr diesen Abschnitt?"
Er deutet auf rote Steine, die sich nahtlos und sauber aneinanderfügen. Wir nicken.

„Und jetzt seht dorthin!"
Er zeigt auf ein moosbewachsenes Mauerwerk mit deutlichen Feuchtigkeitsspuren.
„Das", er deutet auf die makellosen roten Steine, „wurde vor über 1.000 Jahren gebaut. „Und das", er weist wieder auf die feuchte Mauer, „vor 20 Jahren."
Wir staunen gebührend.
„Keiner weiß, wie die Cham das geschafft haben, ohne Zement! So, dass es noch heute in diesem Zustand ist. Wir wissen, wie sie die Ornamente in den Steinen formten und die Steine brannten. Wie wissen, dass sie in die Fugen Harz aus Bäumen brachten, aber nicht aus welchen Bäumen und wie sie es genau auftrugen. Das ursprüngliche Dach wurde weder durch Zeit noch durch Witterung zerstört. Die Amerikaner vermuteten, dass sich Viet Cong in dem Areal versteckten. Die Bomben sprengten das Dach weg und beschädigten die Mauern. Ansonsten erreichten die Amerikaner mit der Bombardierung nichts. Die Viet Cong hatten sich nicht im heißen Tal versteckt. Sie blieben auf den kühleren Hügeln."
Er lässt uns Zeit, weitere Tempel zu besichtigen. Meine Auswahl orientiert sich danach, wo am meisten Schatten ist. Aus einem anderen Teil der Anlage sind Trommeln zu hören, weitere Instrumente und Rufe stimmen in die Geräusche des Regenwalds ein. Richte ich den Blick weg von den Touristen oder schließe die Augen, kann ich mir eine andere Welt vorstellen.
„Warm, oder?" Power steht neben mir. „Dabei sind es nur 35 Grad, wegen der Luftfeuchtigkeit fühlen sie sich an wie 40. Im Sommer werden es hier 45 Grad, die sich anfühlen wie 50."
Als wollte er die Kühle des Frühjahrs nutzen, winkt er die Gruppe zu sich, eilt mit uns zum Büchereiturm (die Bücher wurden in Sandstein geschrieben), dem Feuerturm, den Wassertürmen und anderen Tempeln.
„Bestimmte Strukturen sind immer gleich", erzählt er unermüdlich, aber ohne den beschwörenden Ton, den er während der Anfahrt einsetzte. Vielleicht ist es ihm dafür mittlerweile auch zu heiß. „Vor

jedem Tempel stehen die Symbole Lingam und Yoni für die männliche und die weibliche Kraft. Lingam ist ein Phallus aus Stein. Aus der zu Yoni gehörenden Steinrinne floss Milch, die der König während einer Zeremonie trank."

Vor der Tempelgruppe F (auf dem Plan ist das Areal nach Buchstaben unterteilt) ist hingegen noch die Kraft der amerikanischen Bomben zu sehen, die tiefe Krater hinterließ. „Die UNESCO", sagt unser Guide, „entdeckte vor ein paar Jahren bislang unbekannte, weitere Teile der Tempelanlage, die nicht einmal der US-Luftwaffe bekannt waren. Sie blieben deshalb unbeschädigt. Der Teil G wurde zur selben Zeit wie Angkor Wat gebaut."

In einem großen Pavillon deutlich jüngerer Bauzeit wird eine Auseinandersetzung der männlichen und weiblichen Kraft tänzerisch dargestellt. In Chamtracht und mit großer Körperspannung bewegen sich die austrainierten Tänzerinnen und Tänzer zur alten Musik. Nach der Vorstellung erwartet uns ein weiterer spannender Moment, als wir von Elektrobussen zu einem Lokal am Eingangstor gebracht werden sollen. Im Drei-Minuten-Takt fahren die Mobile mit Sitzbänken, die jeweils für drei Fahrgäste Platz bieten. Das merkt die vierte Schweizerin schnell, die sich nicht neben ihre drei Freundinnen setzen kann. In der nächsten Reihe haben bereits zwei Asiatinnen Platz genommen. Eine dritte ist gerade im Begriff, den Bus zu besteigen, als die Eidgenossin mit einem Satz auf die freie Stelle springt. Die vor ihr stehende Asiatin schaut, als wäre ihr bei der „Reise nach Jerusalem" der Stuhl weggeschnappt worden, wobei ihr bis zu diesem Moment nicht bewusst war, dass sie überhaupt mitspielt. Nun steht die Asiatin, die unerwartet zu einer neuen Sitznachbarin kam, auf und gibt zu verstehen, dass sie ihre Freundin nicht allein vor dem Bus stehen lasse. Damit ist plötzlich ein Platz frei und jeder aus der vor mir stehenden Schlange (es sind alles Paare) weigert sich, diesen einzunehmen. Ich bin so frei und steige nach einer zweiminütigen Fahrt am Ziel wieder aus. Reist man zusammen, fällt selbst eine kurze Trennung schwer.

Vor dem Lokal spricht mich der Guide wieder an. Er sieht, dass ich mir Notizen mache und fühlt sich dadurch zu weiteren Erklärungen

betreffend UNESCO, den Wiederaufbau und seinen Werdegang ermuntert.
„Drei Jahre habe ich in dieser Anlage gearbeitet. Ich kenne alles."
„Jeden Stein!", sage ich.
„Nicht ganz."
„Aber du könntest alles wieder aufbauen!"
Er lacht. „Ja, mit einer ganz neuen Technik."
Im Restaurant sitze ich am Tisch mit einem älteren Paar. Ich hörte vorhin, wie der Mann mit zwei jungen Frauen spanisch sprach. Jetzt unterhält er sich mit seiner Partnerin auf Französisch. Nach einer Weile spreche ich ihn auf Spanisch an. Beide freuen sich („Ohh!") und legen los. Ich habe zu große Erwartungen geweckt. Nach meiner Reise durch Ecuador vor sieben Jahren ist mein Spanisch eingerostet. Ich verstehe, dass er aus Madrid stammt und sie aus Bordeaux. Meine Worte wollte ich nur als Öffner verwenden und dann auf Englisch wechseln. Beide winken ab. Englisch sprechen sie nicht. Wie sie sich hier denn verständigten, frage ich, der Guide beispielsweise redete nur englisch. Die beiden jungen Frauen hätten ihnen einiges übersetzt, sagt er. Und auf den Erklärungstafeln gebe es oft eine französische Fassung, ergänzt sie. Aber ja, es sei nicht ganz einfach.
Nach einem holprigen Einstieg fallen mir ein paar spanische Worte ein. Ich erzähle von Ecuador, er von Argentinien. Wir vergleichen unsere Routen durch Vietnam und was wo besonders schön war – unter kräftigem Einsatz der Hände, des Reiseführers und neuer Sprachschöpfungen, stets begleitet von einem großen „Ahhh!", wenn wir – vermeintlich – etwas verstanden haben. Das Smartphone kann uns dabei nicht helfen. Wir haben keinen Empfang.
Im Bus sitze ich neben den beiden Frauen, die dem Madrilenen einiges übersetzten. Ich eröffne wieder auf Spanisch, sie sind bereit, kurz danach auf Englisch zu wechseln und das Gespräch fließt. Die eine stammt aus Chile, die andere aus Valencia, in Paris lernten sie sich beim Studium kennen. Als ich auf die Frage der Chilenin antworte, dass ich aus Deutschland komme, weitet sie kurz die Augen.

„Ich hoffe, du hast keine schlechten Erfahrungen in Deutschland gemacht."
„Nein, es ist nur, ich habe gerade einen deutschen Chef und wir kommen nicht so gut miteinander aus." Sie arbeitet als Biologin an einem Pariser Institut. „Die Deutschen gelten dort als – sehr direkt."
„Ich denke, bei 85 Millionen ist die Kategorisierung nicht einfach."
Sie nickt. „Ja, ich weiß. Er ist – ich will es anders formulieren – in meinen Augen nicht sehr empathisch. Mein Vertrag läuft aus, ich will ihn nicht verlängern. Ich habe keinen finanziellen Druck, aber ich weiß auch nicht, wie es weiter geht. Mit meinen Gedanken bin ich nicht hier, sondern in Paris."
Der Bus hält an und unser Guide holt uns mit energischer Stimme nach Vietnam zurück: „Wir steigen jetzt um in ein Boot. Es hat Power! Wie ich!"
Auf dem Thu-Bon bringt uns das 17 Meter lange und 5 Meter breite Kraftpaket durch leichte Wellen Richtung Hoi An.
„Fahren wir bis in die Innenstadt?", frage ich Power.
„Ja."
„Auf dem Fluss mit den kleinen Laternenbooten?"
„Ja!"
„Und wir blasen sie mit unserem Kahn um?"
„Ja!"
Seinem Wort lässt er keine entsprechende Tat folgen. Wir legen sanft an einem mit Palmen bewachsenen Ufer an, wo uns wieder ein Kleinbus aufnimmt. Jetzt sitzt ein pensioniertes Ehepaar aus London neben mir. Auch sie erzählen bereitwillig über ihre Reise, zuvor besuchte Länder, ihre früher ausgeübten Berufe und am Ende die Familienverhältnisse. Es liegt wohl an der Stimmung der Reisenden, dass ich so schnell zu Menschen mit unterschiedlicher Herkunft einen Zugang finde.
„Ich denke, es spielt eine Rolle, dass die Reisenden sich nur kurz begegnen und dann mit großer Wahrscheinlichkeit nicht mehr. Es gibt keine Vorbehalte und keine Befürchtung, dass das, was man erzählt,

irgendwann in irgendeiner Weise schaden könnte", sagt der Londoner, dem ich meine Gedanken mitteile.
Diese kurzfristige, fein verzweigte Verbindung mit Menschen kommt mir in den Sinn, als ich wieder allein an einer Straßenkreuzung in Hoi An stehe. Denn spielerisch, leicht und unvorhersehbar verzweigt ist auch das Leitungsnetz in Vietnam. In Souvenirläden wird häufig ein T-Shirt angeboten, das einen Mast inmitten eines großen Kabelgewirrs zeigt mit der Aufschrift: „Vietnamese Telekom". Die selbstironische Darstellung ist – vermutlich aus Gründen der Erkennbarkeit – eine Untertreibung. Freilich werden auch in Europa nicht alle Leitungen unterirdisch verlegt. Hier hängen am Straßenrand aber unzählige schwarze Kabel in mehreren Ebenen über oder auf Kopfhöhe, manche wie widerspenstige Haare zum Zopf gezähmt oder – in hoffnungslosen Fällen – gekappt. Einige Strommasten sehen aus, als wären sie der ihnen aufgebürdeten Last nicht mehr gewachsen. Bereits geneigt werden sie scheinbar nur durch die in die Gegenrichtung ziehenden Leitungen vor dem Umkippen bewahrt. An anderen, die (noch) stabil an Straßenkreuzungen die Stellung halten, schmiegen sich schwarze Kabel wie Schlangen zu Boden, wo sie bisweilen die Beine der Fußgänger streicheln – wie mir im Moment.
Im Umgang mit den tiefhängenden Leitungen, den quer zum Gehsteig parkenden Rollern, vor allem aber den Straßenverkäufern habe ich einige Ausweichmanöver gelernt. Bei den Letztgenannten erwiderte ich anfangs noch den Blickkontakt, erklärte, warum ich etwas nicht kaufen möchte, und beantwortete ihre klassischen Fragen (Where are you from? How long do you stay in Vietnam? What are you doing today? What´s your name?). Ganz am Anfang sah beziehungsweise hörte ich mir sogar die Angebote an. Auch wenn das der anerzogenen Höflichkeit entspricht – es beflügelt ihren Jagdinstinkt und führt dazu, dass beide Seiten Energie investieren, falls sich nicht einer schnell geschlagen gibt. Mittlerweile verstehen wir uns am besten, wenn ich weder den Blick noch die Worte erwidere, sondern mit einer kurzen Handbewegung ein „Stopp!" andeute und mit unverminderter Geschwindigkeit weitergehe. Will man etwas erwer-

ben und dabei um den Preis handeln, bewirkt der Hinweis, dass man den Gegenstand sehr schön finde, aber auf dem Rückweg noch einmal vorbeischaue, manchmal Wunder. Binnen Sekunden wird klar, von welchen Gewinnspannen die Händler ausgehen. Möchte man den Verkäufern hingegen finanziell unter die Arme greifen, kann man sich das Prozedere sparen.

Ohne jede Kaufabsicht schlendere ich ein letztes Mal durch die Gassen der Altstadt, sehe mir die kunstvollen, nebeneinander liegenden Tore der in der ersten Hälfte des 17. Jahrhunderts an anderer Stelle errichteten Cam Ha- und Hai Binh-Tempel an. Lediglich die Tore sind von den Bauwerken übriggeblieben und wurden vor einem kleinen Teich pittoresk zusammengefügt. In meinem Lieblingscafé der Stadt bestelle ich meinen letzten Egg Coffee. Durch das offene Fenster zieht wieder kühlender Wind. Ich liege in einem weichen Sessel. Harald Juhnke hat einmal gesagt, seine Definition von Glück sei: Keine Termine und leicht einen sitzen zu haben.

Sitzen habe ich keinen, was bei der Hitze meinem Glück nicht zuträglich wäre. Aber ich habe bis zur Abfahrt des Open Bus nach Nha Trang auch nichts anderes zu tun, als den Tag und das Erlebte nachwirken zu lassen, das dunkle Holz der Einrichtung und den Menschenstrom vor dem Fenster zu betrachten. Durch diese Gassen sind schon vor 200 Jahren Menschen flaniert, jetzt posieren einige im Ao Dai oder T-Shirt für Fotos, andere bewundern die dunklen Häuser oder widmen sich ihrem Snack. Die Herkunftsländer und die Passanten sind sehr unterschiedlich, die beständige Bewegung hingegen bleibt gleich. Bevor ich bei der Betrachtung einschlummere, mache ich mich auf zu meinem Hotel, wo ich mit bestickten kleinen Taschen zum Abschied beschenkt werde und meine deponierten Rucksäcke abhole.

Nach einem längeren Fußweg komme ich an dem angegebenen Abfahrtsort des Busses an und erwache schlagartig aus meinem dämmrigen Wohlfühlzustand. Mein Voucher ist weg. Bei dem Ausflug nach My Son wurde das Ticket bei Beginn eingesammelt. Ich weiß nur noch die Sitzplatznummer im Open Bus. Das Problem ist weniger der Preis des verlorenen Vouchers – für die 500 Kilometer lange Strecke zahlte ich 15 Euro. Heikel ist das Ganze, weil morgen Abend von Nha Trang aus mein gebuchter Anschlusszug nach Ho Chi Minh City geht. Wenn ich jetzt zurück zum Hotel laufe, um das Ticket zu suchen, ist der Bus vermutlich weg.

An einem kleinen Tisch sitzt ein Mann, um den Gepäckstücke liegen. Ich frage, ob der Bus nach Nha Trang hier abfahre. Er nickt. Ich erkläre ihm die Situation, nenne meine Sitzplatznummer. Er schreibt sie auf einen kleinen Zettel, den er mir gibt. Ich bezweifle, dass er mich verstanden hat. Ich setze erneut an. Er nickt und antwortet auf Vietnamesisch. Ein anderer ausländischer Fahrgast kommt zu dem Tisch. Nachdem er seinen Zettel erhalten hat, frage ich ihn auf Englisch, ob dieses Stück Papier genügt, um mit dem Bus zu fahren. Ich denke schon, antwortet er.

„Wie oft bist du mit einem Open Bus gefahren?", frage ich.

„Es ist das erste Mal."

Puh. Jetzt ist es definitiv zu spät, um zu dem Hotel zurückzulaufen. Ich muss es darauf ankommen lassen und versuche, mich auf das Gespräch mit dem Fahrgast zu konzentrieren. Seit einem Jahr lebe er hier und liebe das Land, sagt Danilo.

„Woher kommst du?", frage ich.

„Aus Russland."

Ein Jahr – dann hat er seine Heimat pünktlich zu Beginn des Krieges mit der Ukraine verlassen.

„Warst du schon in anderen asiatischen Ländern?"

„In Indien", antwortet er. „Dort ist es ganz anders, sehr laut. Anstrengend. Wenn ich dort bin, lebe ich aber in einem Ashram, bei Sadhguru. Ich bin mit ihm befreundet."

Was für ein Zufall – auch wenn er es als selbstverständlich voraussetzt, dass ich den indischen Yogi, der mit bürgerlichem Namen Jagadish Vasudev heißt, kenne. Denn Danilo erklärt den Mystiker und Autoren nicht weiter. Ich habe auf YouTube einige Videos von Vasudev gesehen. Mit ruhiger Stimme erklärt er Zusammenhänge von Emotionen, Anhaftungen und Krisen, weshalb man morgens voll Freude aufwachen sollte oder wie man einen Tag am besten abschließt. Seine Gedanken und Ideen wirken auf mich sehr klar. Seine kurzen Vorträge, meistens Antworten auf Publikumsfragen, werden teils hunderttausendfach aufgerufen. Er erhielt hohe Auszeichnungen, für manche Aussagen in sensiblen Bereichen wurde er kritisiert. Jetzt treffe ich das erste Mal einen Menschen, der sagt, ihn gut zu kennen.

„Er wirkt in den Videos voller Weisheit und Ruhe, aber er führt eine Organisation an, eine große Anzahl von Menschen. Ist er im Alltag, wenn es Probleme gibt, auch so ruhig?“, frage ich. Weise zu sprechen ist das eine, nach der Meditation in der Einöde auf den Marktplatz zurückzukehren das andere.

„Ja. Ich habe ihn immer nur so erlebt.“

Das ist beachtlich. Ehrlich gesagt geht mir die Ruhe ein wenig verloren, als ich einsteige. Was, wenn Fahrer oder Beifahrer jetzt das Ticket sehen wollen?

Sie sind gerade damit beschäftigt, einer Australierin den Platz zuzuweisen. Ich suche und finde meinen selbst. In dem Bus befinden sich in drei Reihen etwa 60 cm breite Kunstledersitze. Die Lehne neigt unverstellbar im 45 Grad Winkel. Die Füße kann man in Fahrtrichtung unter der Lehne des Vordermanns unterbringen, bei Schuhgröße 44 allerdings nicht senkrecht nach oben. Zwischen den Reihen befinden sich zwei 50 cm breite Gänge.

„This is very basic“, weiß meine Nachbarin, die Australierin. Mir fehlt der Vergleich. Über zu viel Platz kann ich mich nicht beklagen. Es ist, als würde man in einer schmalen Hängematte schaukeln. Das bedeutet: Der Bus rollt. Und ich bin dabei. Es herrscht eine entspannte Atmosphäre. Alle plaudern mit den Nachbarn, als läge man am Strand bei einem Cocktail, nur ohne Strand und Cocktail – dafür mit holpriger Straße. Dass ich ein blutiger Anfänger im Open-Bus-Reisen bin, merke ich daran, dass ich meinen großen Rucksack nicht im Stauraum untergebracht, sondern – sicher ist sicher – mit auf meine kleine Liege gebracht habe, was meine Bewegungsfreiheit zusätzlich einschränkt. Bei einem Stopp an einem kleinen Rasthof begehe ich den nächsten Fauxpas. Als ich zum Bus zurückkehre, vergesse ich, am Eingang sofort meine Schuhe auszuziehen und in eine der bereit liegenden Plastiktüten zu stecken, was mir augenblicklich eine harsche Rüge des Fahrers einbringt. Der Standard im Zug war höher und die Straße schont unsere Rücken nicht. Aber es überwiegt meine Freude, im Bus zu sein und an kleinen Siedlungen vorbei durch die Dunkelheit geschaukelt zu werden.

Elf

Nha Trang

Als Yersin die Küstenlinie von Nha Trang das erste Mal sah, war er gefangen von der Schönheit dieser Seite – die Berge und das Meer, die Reflexionen des Lichts, der Friede und die Ruhe, berührt durch eine leichte Brise.

Noel Bernand

Kurz nach fünf Uhr werde ich auf dem Rücksitz eines Rollers durch die fast leeren Straßen von Nha Trang gefahren. Angenehm ist der kühlende Fahrtwind. Ich bin aufgekratzt übermüdet. Auf dem engen Bussitz habe ich kaum geschlafen. Das lag weniger an der Aufregung wegen des verlorenen Tickets. Je länger der Bus fuhr, desto mehr sank meine Sorge, in einem kleinen Dorf ausgesetzt zu werden. Die Stopps in den Dörfern forderten aber aus einem anderen Grund zunehmend mein Nervenkostüm: Jede Stunde wurde die komplette Beleuchtung eingeschaltet und es herrschte reger Betrieb bei Ein- beziehungsweise Ausstieg. Trotz meines Schlafdefizits aus der vorherigen Nacht blieb ich in einem Dämmerzustand, was mir den Ausstieg an der richtigen Station rettete. Plötzlich wurde „Nia Trang" oder etwas Ähnliches durch den Bus gerufen. Eilig packte ich alles, was ich auf oder neben dem Sitz (Smartphone, Geldbeutel, Powerbank, Ladekabel, Wasserflasche, Reiseführer) und im Fußraum fand, zusammen. Der Beifahrer gab sehr deutlich zu verstehen, dass Danilo und ich mich beeilen sollten. Ich verabschiedete mich von meinem russischen Bekannten, im nächsten Moment kam ein – nicht sehr vertrauenserweckender – Rollerfahrer auf mich zu. Ich muss zum Bahnhof, sagte ich.
In der Morgendämmerung nähern wir uns dem Stadtkern. Und in die scheinbare Ruhe trommelt der Zweifel: Habe ich wirklich alles eingepackt, vor allem mein schwarzes Notizbuch? Oder steckt es noch im Bussitz? Falls ich es nicht habe: Mit dem Roller können wir den Bus nicht mehr einholen. Ich müsste mich an die Gesellschaft wenden – das wäre kompliziert. Der Fahrer holt mich aus meinen Gedanken. Er stellt die Standardfragen. Das Preisthema wurde noch nicht erörtert. Das könnte Probleme geben. Er hält etwa 100 Meter vom Bahnhof entfernt. „There is railway station! Stand up! Stand up!" ruft er. Das wird Probleme geben. Er will keine Zuschauer in der Nähe haben. Ich bin sofort wach und gespannt. Aber ich muss eines nach dem anderen lösen.

„Wait a moment, please!", rufe ich ein wenig lauter als notwendig. Ich öffne den großen Rucksack. Unter der Kapuzenjacke liegt mein Notizbuch. Diese Front ist beseitigt. Jetzt schenke ich ihm meine ganze Aufmerksamkeit.
„Money! Money!". Offenbar wiederholt er gerne Anweisungen, wenn er aufgeregt ist. Und er – gut einen Kopf kleiner als ich – rechnet mit Widerstand. Hektisch hüpft er von einem Bein auf das andere.
„50!" höre ich ihn rufen.
Nein, schüttele ich den Kopf, der Kollege in Hanoi hat für die doppelte Strecke 70 verlangt und dabei Höchstleistungen erbracht.
Dann verstehe ich „40!". Das ging erstaunlich einfach. Habe ich die Zeichen falsch gedeutet?"
Ich nicke, ja, 40 ist in Ordnung. Mein kleinster Schein im Geldbeutel ist eine 50.000 Dong-Note.
„So, give me 10 back!", sage ich.
Sein Geschichtsausdruck oszilliert zwischen Entsetzen und Unverständnis. Dann ruft er laut: „350!"
„You said 40!"
„No! 400!"
Das heißt, er verlangte ursprünglich 500.000 Dong (die letzten drei Nullen lässt man zwecks Vereinfachung weg) für die kurze Fahrt von der Bushaltestelle zum Bahnhof. Für die 500 Kilometer lange Strecke von Hoi An bis Nha Trang bezahlte ich 130.000 Dong weniger. Trotz der Müdigkeit und Anspannung muss ich lachen.
Er: „Okay, give me 50 more." Binnen Sekunden hat er seine Ausgangsforderung auf ein Fünftel reduziert. Ich merke, mit dem Wechselgeld wird es nichts mehr (deshalb: Immer darauf achten, dass man möglichst kleine Banknoten im Geldbeutel hat!). Den Aufpreis verbuche ich als Nachtzuschlag. Aber mehr gibt es nicht. Er tut sehr ungehalten, während ich mit meinen Rucksäcken davon schlendere. Ganz entspannt praktizieren zwei ältere Herren zwischen einem wuchtigen Soldatendenkmal und dem Bahnhof um 5:30 Uhr Tai-Chi. Zwei Frauen spielen auf dem Vorplatz Badminton. Der Fahr-

kartenschalter ist besetzt. Ich erkläre der Bediensteten, dass ich heute mit dem Zug nach Ho-Chi-Minh-City fahren will und zeige ihr mein Ticket.

„Ja, aber, dieser Zug fährt erst in 16 Stunden", sagt sie erstaunt. Das ist mir bewusst. Ich möchte auch nicht hier auf die Abfahrt warten, sondern die Stadt besichtigen. Dafür würde ich gerne den großen Rucksack bei ihr deponieren.

„Das ist in Ordnung. 50 bitte!"

Ich gebe ihr den Rucksack und eine 50.000-Dong-Note. „Bekomme ich einen Abholschein?"

Sie schüttelt den Kopf.

„Sind Sie heute Abend noch im Dienst?"

Sie schüttelt den Kopf.

„Wollen Sie sich meinen Namen aufschreiben?"

Sie schüttelt den Kopf.

„Aber ich erhalte heute Abend sicher den Rucksack?"

Sie nickt. Offenbar lassen nicht allzu viele Reisende ihr Gepäck zur Aufbewahrung hier. Den Bahnhofsvorplatz habe ich bei meinem Frühstück im Blick. Das kleine Lokal hat eine winzige Toilette mit Waschbecken. Obwohl ich mir vorhin das Gesicht wusch und mir Wasser durch die Haare strich, sah mein Spiegelbild nicht frisch aus. Jetzt wärmt mich die Schale Pho. Vor mir jagen fünf Straßenhunde verspielt um das Soldatendenkmal. Innerhalb einer halben Stunde schwillt das Leben deutlich an. Gegen 6.30 Uhr sammeln sich Schüler in Uniformen. Nach dem Frühstück gehe ich den Park entlang, bis ich auf die Duong Yersin stoße. Dass die lange Straße, die bis zum Meer führt, Alexandre Yersin gewidmet ist, freut mich. Und Freude habe ich angesichts einer Straßenwidmung noch nie empfunden. Vielleicht liegt es daran, dass mir ein vertrauter Name gerade guttut, oder dass die Erinnerung an einen inspirierenden Menschen hochgehalten wird. Und deshalb folge ich der Straße gerne, obwohl sie groß und vielbefahren ist.

Lange bevor Yersin die Küstenlinie Nha Trangs das erste Mal sah, war es bereits ein bedeutendes Zentrum. Die Cham prägten die Region vom 2. bis zum 17. Jahrhundert. Bis 1653 war Aya Trang, wie sie die Stadt nannten, Hauptstadt des Königreiches Kauthara. Dann übernehmen die Vietnamesen die Herrschaft und schließlich die Franzosen. Yersin lernt die Stadt als Schiffsarzt bei Zwischenstopps auf der Linie Saigon – Hanoi kennen. Begeistert malt er „die Kokospalmen in ihrem kraftvollen Grün und den funkelnden Strand", wie Patrick Deville schreibt. Der Strand funkelt auch jetzt – bei über 30 Grad um 7 Uhr. Das Yersin-Museum öffnet erst in einer Stunde. Gerne würde ich in die Wellen eintauchen, die in dichter Folge rauschend auslaufen. Aber ich habe weder Handtuch noch Badehose dabei. Und wo stelle ich den Rucksack mit Smartphone, Geldbeutel, Zugticket und Reisepass ab? Wie bekomme ich das Salzwasser nachher wieder von der Haut, bevor ich stundenlang durch die Stadt marschiere? Die Gegenargumente sind zahlreich, weshalb ich das Südchinesische Meer im Schatten einer Palme nur betrachte. 20 Meter weiter führen an der Promenade Treppen zu einer ausgewiesenen Toilette in einen Keller. Von dort kommt eine Vietnamesin mit einem Handtuch auf dem Kopf, in das sie augenscheinlich ihre nassen Haare eingewickelt hat. Ich frage sie, ob man da unten duschen kann. Sie nickt. Ein Gegenargument weniger. Am Strand liegt eine andere Vietnamesin, die ein Buch liest. Das könnte die Lösung für ein weiteres Problem sein. Ich gehe zu ihr und frage sie, ob ich meinen Rucksack neben ihr abstellen darf. Sie nickt. Das Meer hat gewonnen. Mit einer Shorts bekleidet laufe ich in das Wasser, lege mich auf den Rücken und lasse eine Welle nach anderen unter mir durchgleiten. Erst halte ich noch die Haare über Wasser, dann tauche ich vollkommen ein und fühle mich sofort leicht und frisch. Wie kurz waren die Schritte in das Meer und wie lange die Überlegungen zuvor. Eine Stunde treibe, schwimme und tauche ich im Wasser. Danach dusche ich und wasche die Shorts aus, die in der Sonne schnell trocknet. Probleme werden leichter, wenn man anfängt, sie zu lösen. Ich denke, diesen Satz hätten Louis Pasteur und sein Schüler Alexandre Yersin unterschrieben. Vorhin sah ich die beiden als Namensgeber vereint an einer Straßenkreuzung. Nach ihnen wurden aber nicht nur Straßen benannt. Im Pasteurinstitut ist auch das Yersin-Museum untergebracht. Zunächst wundere ich mich, dass in einem Museum ein solcher Andrang herrscht. Dann sehe ich, dass ich den falschen Eingang genommen habe und im Krankenhaus stehe. Ich vermute, der Arzt Yersin, der gerne Kranke behandelte, hätte sich über die Nähe des Museums zu der Klinik gefreut. Endlich finde ich den richtigen Eingang und sehe auf dem ersten Plakat seinen nachdenklichen, aber festen, überzeugten Blick. Daneben hängen alte Fotos, die die Beschwerlichkeit seiner Expeditionen und Reisen auf Ochsenkarren oder Elefanten zeigen. Im ersten Stock wird Yersins Leben chronologisch aufbereitet: Aufgewachsen in Morges am Genfer See. Er studiert Medizin in Lausanne und Marburg. Danach muss er sich entscheiden zwischen Berlin und Paris, zwischen Robert Koch und Louis Pasteur. Obwohl er später auch den Kurs Bakteriologie von Robert Koch in Berlin besucht, wird er ein Schüler Pasteurs, ein Mitglied seiner „Bande", wie Patrick Deville schreibt. Beide Institute stehen in Konkurrenz zueinander und beide sind begierig darauf, die Ursachen neuer und alter Krankheiten zu erforschen. Die Wissenschaftler reisen in die Krisengebiete, nicht wenige infizieren sich mit den Erregern, die sie untersuchen wollen, und sterben.

Yersin, der die französische Staatsangehörigkeit annimmt, geht aber auch innerhalb der Bande eigene Wege. Nachdem er 1888 über experimentelle Tuberkulose promovierte, heuert er zwei Jahre später auf der vorgenannten Linie als Schiffsarzt an. In seiner Freizeit unternimmt er Exkursionen in das Landesinnere, etwa zu den Dörfern der Moi, für die Geld keinerlei Wert hat, was Yersin fasziniert. Er entdeckt den Landweg von der vietnamesischen Küste nach Kambodscha und fertigt Karten an. Später entdeckt er die Lang Bian-Hochebene, das zentrale Hochland Südvietnams. Auf Veranlassung des Generalgouverneurs Paul Doumer, der Yersins Bericht gelesen hat, entsteht der Luftkurort Dalat. Yersin wird bei einer seiner Expeditionen von einem Krieger mit einem Speer beinahe tödlich verwundet und schreibt begeistert in einem Brief in die Heimat: „Diese

Art wilder Freiheit, die man hier genießt, kann in Europa, wo alles durch die Kultur geregelt ist, keiner verstehen."

Zwischenzeitlich erinnert man sich in Paris daran, dass der Pfadfinder auch ein ausgezeichneter Arzt und Bakteriologe ist. Denn es gibt eine gewaltige Herausforderung. Bereits im 6., 14. und 17. Jahrhundert entvölkerten Pestwellen Landstriche. 1894 erreicht eine neue Welle, die insgesamt 12 Millionen Menschen den Tod bringt, Südchina. Nach Ausbruch der Erkrankung bekommen die Patienten hohes Fieber und spucken Blut. Die meisten sterben innerhalb von drei Tagen. Eine Forschergruppe unter Leitung des Japaners Shibasaburo Kitasato, der eng mit Robert Koch zusammenarbeitet, begibt sich nach Hongkong. Das Pasteurinstitut schickt Yersin ins Rennen. Und dieser hat einen vermeintlichen Nachteil: Denn während die Japaner über ausreichend Forschungsobjekte und die beste Ausrüstung der damaligen Zeit verfügen, agiert Yersin – um es vorsichtig zu sagen – im Graubereich, um überhaupt an eine Leiche zu kommen, in der die Pesterreger sind. In einer ausrangierten Bambushütte untersucht und seziert er. Er legt eine Bakterienkultur an. Dann hilft ihm der Zufall. Der Pesterreger vermehrt sich stärker bei Temperaturen, die unterhalb der Körpertemperatur liegen. Gerade weil er – anders als die Japaner – keinen Brutschank hat, kann er in seiner Bambushütte den Erreger identifizieren. Kitasatos Forschungsergebnisse stellen sich demgegenüber später als unzutreffend heraus. Die Krankheit wird zu Ehren des Entdeckers ihres Erregers Yersinia Pestis genannt. Dass Yersin sich in einem Punkt selbst irrt, wird im Museum nicht verheimlicht. Er glaubt, dass Ratten die Pest übertragen. Sein Kollege Paul-Louis Simond findet später heraus, dass Rattenflöhe für die Weitergabe verantwortlich sind. Gleichwohl begegnet man Yersin mit großem Respekt. Die Engländer, die ihn anfangs nur mäßig unterstützten, würden ihn nun gerne als Gesundheitsbeauftragten in Hongkong behalten. Doch er entwickelt mit anderen in Paris ein Heilserum und immunisiert nacheinander Maus, Meerschweinchen, Kaninchen und Pferd. Außerdem fasziniert ihn die Landwirtschaft. Er kehrt nach Vietnam zurück, betreibt eine Schafzucht, baut

Reis, Kaffee, Maniok, Tabak, Palmöl, Kakao an und ein Labor zur Erforschung von Tierseuchen auf. Außerdem kultiviert er Gemüsesorten, die heute noch in der Region Dalat geerntet werden. Yersin erkennt den gewaltigen Bedarf an Kautschuk, weshalb er zu einem Großproduzenten wird. Nicht geringer ist der Bedarf an Chinin als Mittel gegen Malaria. Er pflanzt die zur Gewinnung erforderlichen Chinarindenbäume im großen Stil an. Um die Erreichbarkeit seiner landwirtschaftlichen Betriebe zu verbessern, errichtet er ein Telegrafennetz und – mit dem Geld aus einem Wissenschaftspreis – Straßen, wobei er sich (es kann ja nicht so schwer sein) als Tiefbauingenieur betätigt. Zwischendurch baut er von 1902 bis 1904 als Direktor die Schule für medizinisches Hilfspersonal in Hanoi auf, die spätere Medizinische Hochschule, und leitet von 1904 bis 1924 die Pasteurinstitute in Nha Trang und Saigon.
Wer glaubt, es sei unmöglich, eine solch vielfältige Energieleistung an den Tag zu legen, für den hält das Museum weitere Schmuckstücke bereit. Etwa das Teleskop, mit dem Yersin von seiner – selbst gebauten – Sternwarte aus Forschungen im Bereich der Astronomie betrieb. Außerdem erforschte er das Wetter und, von seinem Haus am Meer in Nha Trang aus, die Gezeiten. In diesen und allen weiteren Tätigkeitsbereichen (Medizin, Biologie, Physik, Landwirtschaft) veröffentlichte er wissenschaftliche Beiträge. Als fast 80jähriger sucht er etwas Abwechslung, lernt intensiv Altgriechisch und Latein. Sodann übersetzt er unter anderem Vergil, Sallust, Horaz und Plato. Kurz darauf stirbt er in Nha Trang. „Wie jeder von uns versucht Yersin, aus seinem Leben eine schöne, harmonische Komposition zu machen. Nur, ihm gelingt es", schreibt Deville.
Ich weiß nicht, ob er auch rastlos und getrieben war. Vielleicht ließ er sich von seinem Meister Pasteur inspirieren, der einmal sagte: „Ein Tag ohne Arbeit zu verbringen, würde mir vorkommen, als würde ich einen Diebstahl begehen." Aus den Fotos (er war der erste, der die Bucht von Nha Trang fotografierte), den Apparaten und Maschinen, die er anfertigte oder nach Vietnam liefern ließ, spricht eine spielerische Begeisterung, wie für das Automobil, mit dem er

als erster die Strecke Haiphong – Hanoi fuhr. Keine der dafür aufgewendeten Mühen war notwendig, um Anerkennung zu erhalten. Wegen „immenser Verdienste in verschiedenen Bereichen“ wurde Alexandre Yersin 2013 von der Sozialistischen Republik Vietnam posthum zum Ehrenbürger ernannt. Diese Ehre wurde nur sehr wenigen Franzosen zuteil. Auch Luis Pasteur erfährt große Wertschätzung in Vietnam, von Anhängern des Caodismus, einer südvietnamesischen Religion, wird er gar als Heiliger verehrt.

Ich gehe wieder am Strand entlang. Die Hoteltürme hätten Yersin vermutlich wenig angesprochen, aber das Licht, die Berge und das Meer dürften sich nicht verändert haben. Direkt am Meer liegt das Nha Trang View 378 Restaurant. An die Terrassenmauer klatschen die Wellen. Ich frage den jungen Kellner, ob das Lokal früher „Svetlana“ hieß. Das könne schon sein, antwortet er.

Ich habe gelesen, dass hier das Haus von Alexandre Yersin gestanden habe. In dem Anwesen sei jetzt ein Hotel untergebracht. Ob ich es mir ansehen könne.

Er tritt näher an mich heran, bückt sich und spricht plötzlich leise: „Ich weiß nicht. Es ist jetzt eine Art Erholungsheim für Cops. Verstehen Sie?“

Ja, das verstehe ich. „Ah, kann ich trotzdem fragen?“

Damit hat er nicht gerechnet. Aber – ich schwamm schon in einer Militäreinrichtung!

Er richtet sich langsam auf, blickt ratlos auf das Meer, dreht sich um und geht zu einem Mann, der in einem schwarzen Polohemd an einer Hausecke lehnt. Beide sehen in meine Richtung. Ich winke und lächle. Der Mann im Polohemd erwidert mein Lächeln nicht. Ich drehe mich um und schaue auf das Meer. Dass Yersin diesen Platz mochte, kann ich gut verstehen. Durchgehend streicht der Wind leicht über die Haut.

„Studieren sie hier?“, fragt mich der Kellner, der plötzlich neben mir steht.

„Nicht im klassischen Sinne.“

Wieder blickt er irritiert. Der Gast macht es ihm nicht einfach.

„Wir können es versuchen", sagt er dann zu meiner Überraschung. Er begleitet mich zum Hoteleingang. Der Fragesatz meines Begleiters ist noch nicht zu Ende gesprochen, als der Rezeptionist mit einer Handbewegung deutlich macht, dass eine Besichtigung ausgeschlossen ist.
„Aber ich kann etwas anderes zeigen", sagt der Kellner. „Die Statue."
Von einer Statue weiß ich nichts. Er wirkt so überzeugt, dass ich ihm vom Lokal weg am Ufer entlang folge.
„Das ist kein Hotel im klassischen Sinne", beginnt er grinsend. Meine Formulierung scheint ihm zu gefallen. „Hohe Beamte aus dem Norden kommen hierher, um sich zu erholen."
Offenbar will er mich den ganzen Weg begleiten. Wir sind bereits fünf Minuten unterwegs. Immer wieder facht er unser auf Englisch geführtes Gespräch bei kurzen Pausen mit Fragen an.
„Wo hast du Englisch gelernt? In der Schule?", frage ich.
„Nein, von Freunden. Sie haben mir gesagt, ich muss in die Innenstadt, weil ich da mehr Gelegenheit zum Üben habe. Aber das ist nicht leicht."
Ich glaube, diese Gelegenheit könnte ein wichtiger Grund für ihn sein, mich bis zum Ziel zu führen, obwohl er – wie jeder unschwer an seiner Kleidung erkennen kann – gerade im Dienst ist. Er heißt Hang, ist hier geboren und 21 Jahre alt. Von Yersin hat er bislang nur den Namen gehört und dass zu seinen Ehren ein Denkmal am Meer steht. Dabei wurde der gut drei Meter hohen Statue nebst Sockel eine über eineinhalb Meter hohe Gedenktafel zur Seite gestellt, die die Biografie in zwei Sprachen aufbereitet. Ich erzähle Hang von Yersins Werk. Er hört 300 Meter entfernt von seinem Arbeitsplatz interessiert zu, fragt nach und nickt. Ob er den vietnamesischen oder den englischen Text auf dem Schild einmal gelesen habe, frage ich. Er schüttelt den Kopf.
„Willst du einen Tipp, wie du gut Englisch lernen kannst?"
Er nickt eifrig.
„Schau dir englische Filme mit englischen Untertiteln auf YouTube an. Wenn es zu schwer ist, zunächst mit vietnamesischen." Jetzt

bricht der Dozent in mir durch. Er müsste vermutlich längst zurück im Restaurant sein. Aber wenn ich in den letzten 20 Jahren interessierte Studenten, Referendare oder Fachanwälte vor mir sitzen hatte, habe ich ebenfalls überzogen. Und er wirkt nach wie vor nicht so, als wollte er eilig zurück. „Diese beiden Texte sind auch gut zum Üben." Satz für Satz gehen wir die englische Fassung durch. Er liest parallel die vietnamesische.

„Wenn du hier vorbeikommst, lies erst einen Satz auf Vietnamesisch, dann schau auf das Meer. Das ist der schönste Ort, um eine Sprache zu lernen. Formuliere den Satz für dich auf Englisch, überlege, wie du ihn schreiben würdest und überprüfe dann die Rechtschreibung. Selbst wenn du den Text irgendwann auswendig kannst – durch die Wiederholung wirst du nützliche Wendungen lernen. Wenn du das bei unbekannten Texten machst, lies dir erst beide Versionen entspannt durch. Im Yersinmuseum gibt es übrigens eine Menge Texte in beiden Sprachen."

Er lacht. „Das ist gut! Lernst du so Vietnamesisch?"

„Leider nein. Die Aussprache werde ich in diesem Leben nicht mehr lernen."

Er schaut mich verständnisvoll an. „Ich habe noch einen Tipp für dich. Schau dir den Tempel der Cham an. Gehe einfach über diese Brücke und dann den Berg hoch", sagt er.

Wir verabschieden uns freundlich. Ich trete neben Yersin. Bei wuchtigen Denkmälern denke ich anders als „Wir sind Helden" nicht automatisch an einen Vorschlaghammer. Doch etwas Starres ist auch diesem immanent. Trotzdem überwiegt meine Freude, weil die Errichtung ein Zeichen der Versöhnung und der Wertschätzung eines Staatsangehörigen der ehemaligen Kolonialmacht ist. Ich kann nicht beurteilen, ob ihm die Ausgestaltung gefallen hätte. Den Standort hätte er gemocht. Die Berge umrahmen den in der Sonne funkelnden Strand und das türkisblaue Meer.

Hangs Rat folgend überquere ich die Brücke und gehe in der drückenden Mittagshitze den Hügel hinauf. Bereits der erste Blick auf das Ausmaß der Tempelanlage zeigt, dass Aya Trang, der „Schilf-

Fluss", ein wichtiger Stützpunkt der Cham gewesen sein muss. Der Tempel Po Nagar zählt zu den Nationalheiligtümern Vietnams. Hier wird nach wie vor gebetet und nicht nur besichtigt. Die dicken achteckigen Steinsäulen am Eingang lassen erahnen, wie groß das von ihnen getragene Dach war. Hinter den Säulen erhebt sich der über 20 Meter hohe Nordostturm mit unzähligen Figuren, Ornamenten und Verschachtelungen. Das wirkt schon sehr beeindruckend. Und das alles ohne Zement, würde der Kenner von My Son, Mr. Power, sagen.

Das Turminnere beeindruckt mich nicht weniger. Als ich den dunklen Raum betrete, begegnet mir eine Familie. Die Kinder sind still, die Frau flüstert ihrem Mann „Photo?" zu, was dieser mit einem kurzen Kopfschütteln ablehnt. Sie stolpert, fängt sich und verlässt bemüht leise den Turm. Hier will niemand laut werden. Spätestens beim Anblick der zentralen Figur verstummen die meisten. Die Cham verehrten ursprünglich Po Yang Y No Nagar als Muttergöttin. Als der Hinduismus an Bedeutung gewann, wurde aus ihr Parvarti, Shivas Frau. Prachtvolle Kleidung und eine große Krone umgeben ihr braunes, freundliches Gesicht. Ihr Blick ist nicht greifbar. Unmittelbar hinter ihr blicken zwei dunkle Fratzen zur Seite, die laut Reiseführer auf die zweite Persönlichkeit Parvatis, Durga, hindeuten, die bluttriefend ihre Gegner vernichtet. Ich bin allein mit Parvati beziehungsweise Durga. Rauchschwaden ziehen von glimmenden Stäbchen durch den Raum. Der Turm und der Geruch bilden einen eindrucksvollen Rahmen für die Figuren, die seit langer Zeit eine starke Wirkung auf Menschen ausüben. Vielleicht liegt es daran, dass sie – ähnlich wie der Koran oder die Bibel – Empfindungen und Erfahrungen des Menschen spiegeln, die tief in ihm verankert sind. Shiva und seine Gefährtin vereinigen die ganze Bandbreite menschlicher Emotionen.

Die Türme der Anlage wurden ab dem neunten Jahrhundert gebaut. Die zuvor aus Holz errichteten Tempel sind nicht mehr vorhanden. Mit Trommeln und Flöten wird vor dem Haupttempel alte Musik der Cham dargeboten. Danach ziehe ich mich auf eine Bank im Schatten zurück, von der man einen wunderbaren Blick auf das Meer hat. Auch dieser Ort dürfte die Menschen vor über 1.000 Jahren angezogen haben.

Zurück an der Strandpromenade sehe ich kleine Gruppen eng zusammenstehen. Ich ahne den Grund und meine Vermutung wird sofort bestätigt. Der Anlass ist ein Spiel, dass es ebenfalls seit über 1.000 Jahren gibt. Bis zu 15 Zuschauer drängen sich um zwei Co Tuong-Spieler. Als Sechzehnter sehe ich, wie der eine – die lebhafte Zustimmung der anderen übertönend – einen Stein laut auf das Feld schlägt und akzentuiert etwas dazu ruft. Als Jugendlicher staunte ich einmal über eine Frau Anfang 40, die Steine ihrer Mitspieler beim „Mensch-ärgere-dich-nicht" genüsslich vom Brett fegte, wenn sie auf das entsprechende Feld kam. Und beim „Schafkopf" kommt es bisweilen vor, dass der noch übrige höchste Ober – gerade, wenn mit dem Stich eine unerwartete Wendung der Partie eintritt – kräftiger auf die liegenden Karten geworfen wird. In Wirtshäusern erlebte ich, dass der ein oder andere Spieler, der bereits das ein oder andere Bier getrunken hatte, das Ausspielen der Karte mit einer auf den Tisch krachenden Faust verband. Bei einem Schachspiel habe ich vergleichbare Äußerungen von Emotionen bis dato aber nicht gesehen.

Ich selbst finde ein ruhiges Miteinander. Nebenan trainieren vietnamesische Männer ihre Kraft unter freiem Himmel. Die klassischen Geräte wie Klimmzugstangen oder Kurzhanteln sind hier aufgebaut beziehungsweise fest installiert. Weil ich eine nächtliche Busfahrt hinter und eine Zugübernachtung vor mir habe, wird es mir vor allem mein Rücken danken, wenn ich – 15 Meter vom Meer entfernt – ein Krafttraining in meinen Spaziergang einbaue. Wie in den meisten Fitnessräumen gibt es eine stille Kommunikation, etwa darüber, ob ein Gerät frei ist, wenn der andere bereits aufgestanden ist. Das ist in Tokyo nicht anders als in Würzburg oder Nha Trang. Anders ist hier der Altersdurchschnitt der Trainierenden. Denn die meisten sind über 70 Jahre alt. Das sagt mit zumindest der 25jährige, mit dem ich mich an der Klimmzugstange abwechsele. Er möch-

te als Einziger nebenbei sein Englisch trainieren. Jeden Tag komme er nach der Arbeit hierher, erzählt er mir, einen schöneren Ort, um Sport zu machen, gebe es nicht. Dem will ich nicht widersprechen.
Eine halbe Stunde später schlendere ich weiter am Strand entlang und höre einige Menschen russisch sprechen. Auf Speisekarten stehen meistens auch kyrillische Schriftzeichen. Es ist seit vielen Jahren ein Hotspot für russische Touristen. Danilo fuhr mit dem Bus hierher, weil seine Schwester mit ihrer Familie in Nha Trang ihren Urlaub verbringt und er sie seit einem Jahr nicht gesehen hat. Neben dem Strand schätzen die russischen Touristen offenbar die sehr helle und farbenfrohe Beleuchtung der Straßen rund um die großen Hotels. Über eine solche verfügt selbst die Kathedrale, die schon zu Lebzeiten Alexandre Yersins fertiggestellt war. Damals hatte sie bereits die Glasfenster, aber vermutlich nicht die vier quadratischen Reihen aus blauen Lichterketten auf dem Turm, die ihn sehr modern leuchten lassen. Lässt man die Lämpchen und das grüne Leuchtband, das die Madonna umgibt, einmal außen vor, bleibt es ein Stück französischer Baukunst, zu dem jetzt etwa 20 Einheimische von ihren blauen Plastikhockern bei sommerlichen Temperaturen friedlich emporblicken.
Abseits der großzügigen Illumination sehe ich um 21 Uhr tiefschwarzen Nachthimmel. Vor dem Soldatendenkmal spielen nicht mehr junge Hunde, sondern zwei kleine Mädchen. Ansonsten ist es sehr ruhig, auch in dem Pho-Lokal, das noch immer geöffnet ist. Ich denke an meine Kinder zu Hause, wo es zur Nachmittagszeit bei Regen 6 Grad kalt ist. Hier sind es 27 Grad.
20 Minuten später stehe ich in der belebten, stickigen Bahnhofshalle. Selbst die Kois scheinen in ihrem Becken einschließlich kleiner Felsenlandschaft nach Luft zu schnappen. Meinen großen Rucksack erhalte ich von einer Bediensteten ausgehändigt. In 16 Stunden habe ich einiges gesehen. In gut 8 Stunden werde ich in Ho-Chi-Minh-City sein. Ich bin sehr müde.

Zwölf

Ho-Chi-Minh-Stadt

Ich glaube, Sie werden als Brücke dienen, die Amerikanern hilft, unser Volk besser zu verstehen. Und wir sind dafür verantwortlich, dass jeder verstehen kann, dass der Konflikt in der Vergangenheit brutal war, aber dass alte Feinde Freunde werden und in die Zukunft schauen können.

Nguyen Duc Soat

086

Übernächtigt packe ich meine Sachen zusammen. Das Schnarchen der Dame nebenan zeigte meinem Gehörschutz die Grenzen auf und die beiden Fahrgäste in den oberen Liegen zeigten einen beachtlichen Bewegungsdrang. Mein Spiegelbild über dem Waschbecken gibt meine Befindlichkeit realistisch wieder. Die Zugfahrt hatte ich vor ein paar Tagen gebucht, um mir einen Platz zu sichern. Andernfalls hätte ich gestern beschlossen, eine Nacht länger in Nha Trang zu bleiben, um auszuschlafen, im Meer zu schwimmen und mit meinen älteren Sportskameraden eine Trainingseinheit unter freiem Himmel zu absolvieren.
Stattdessen passiere ich die Hochhäuser einer Metropole mit neun Millionen Einwohnern. Ho-Chi-Minh-City hat einen Kopfbahnhof, was den meisten Passagieren des Zuges einen langen Fußweg und damit genügend Zeit zum Umschauen und Nachdenken beschert. Auf einem anderen Gleis fährt eine Lok mit der Aufschrift „Doi Moi" ein, ein passender Name für ein Triebfahrzeug. Auf die Reisenden wartet eine andere Kraft. Ein Pulk von Fahrern fixiert die ankommenden Touristen. Meine Müdigkeit ist kurzfristig verschwunden. Ich habe mich gesammelt und mir eine neue Taktik überlegt. Ich weiche dem Pulk nicht aus, sondern steuere direkt in dessen Zentrum. Ein älterer Mann streckt die Hände in meine Richtung und fordert mich auf, ihm zu folgen. Hätte ich mein Gepäck nicht direkt auf dem Rücken beziehungsweise Bauch geschnallt, würde er sicher danach greifen, um seiner Aufforderung Nachdruck zu verleihen. Ich deute mit einer kurzen Handbewegung an, dass ich sein Angebot ablehne und ziehe weiter in das Auge des Sturms. Ein junger Mann, der vermutlich ausreichend englisch spricht und versteht, weicht meinem Blick aus, als ich auf ihn zugehe. Er ist irritiert, bleibt aber stehen.
„Have you got a bike?", frage ich. Einen Autofahrer brauche ich nicht.
„Yes."

Sofort wird er sicherer und will mich aus der belebten Zone lotsen. Ich bleibe stehen. Bis er es bemerkt, hat er sich ein paar Schritte von mir entfernt. Er dreht sich um und blickt wieder irritiert. Langsam hole ich den Stadtplan aus dem Rucksack, den ich vor meiner Brust trage. Ich zeige ihm – im Sichtbereich seiner Kollegen – eine Straßenkreuzung nahe der Pham Na Ngu Lao. Er nickt, geht ein paar Schritte und winkt mir, ihm zu folgen. Ich bleibe stehen. Er kommt erneut zurück.

„Wir müssen einen Preis vereinbaren. Ich zahle 50. Die Strecke habe ich mir angeschaut", sage ich.

„100!", antwortet er.

„Ich zahle 50."

Er nickt: „Okay."

„Nicht 500, nicht 150, ich zahle 50." Ich stehe immer noch.

„Ja, jetzt komm."

Er hat einen kleinen Roller und für mich einen kleinen Helm. Meinen großen Rucksack stütze ich auf die hintere Kante des Fahrzeugs. Wir gleiten um sechs Uhr durch die Straßen. Er stellt nicht die üblichen Fragen. „Du warst sehr direkt und nicht sehr empathisch", würde die Chilenin jetzt vermutlich zu mir sagen. Vielleicht unterstrichen auch mein Wochenbart und meine Mimik, dass kein Verhandlungsspielraum besteht. Er lässt mich wie verabredet an der Kreuzung absteigen und bedankt sich nach der Bezahlung höflich.

Das war nur die erste Etappe. Ich will mich möglichst schnell in ein Hotelzimmerbett legen. Die typische Antwort („Der Raum muss noch gereinigt werden. Er ist von einem anderen Gast belegt. Ab 14 Uhr können Sie das Zimmer beziehen.") will ich unbedingt vermeiden. Ich betrete die Eingangshalle eines Hotels, das im Reiseführer empfohlen wird. Die Rezeption ist besetzt.

„Guten Morgen," eröffne ich, „ich würde gerne vier Nächte in Ho-Chi-Minh-City bleiben. Haben Sie ein freies Zimmer?"

Die Dame blickt auf den Bildschirm. „Grundsätzlich ja."

„Ich würde es gerne sehen."

Sie zögert.

„Wenn ich mich für vier Tage festlege, will ich wissen, ob mir das Zimmer gefällt."
Sie überlegt. „Einen Moment." Sie schaut wieder auf den Bildschirm. Dann sagt sie: „Das verstehe ich." Sie ruft einen Mitarbeiter und gibt ihm die Karte für den Raum. Wir fahren mit dem Fahrstuhl nach oben. Ich werfe einen Blick auf das Bett und in das Bad. Wunderbar. Weniger als eine halbe Minute später fahren wir mit dem Fahrstuhl nach unten.
„Ich nehme das Zimmer", sage ich zur Rezeptionistin und gebe ihr meinen Ausweis.
„Sie wollen es jetzt beziehen? Es ist noch nicht einmal halb sieben."
„Ich weiß. Auch dass die Räume erst ab 14 Uhr gereinigt sind. Aber ich habe in den letzten drei Nächten sehr wenig geschlafen und wäre sehr dankbar, wenn ich mich jetzt dort oben in ein Bett legen könnte."
Sie blickt mich schweigend an.
„Und, wie ich gerade gesehen habe, ist es frei und sauber."
Sie lächelt. „Okay."
Ich bezahle. Minuten später versinke ich in einem strahlend weißen Bett. Ich weiß nicht, ob ich es heute noch einmal verlassen möchte. Drei Stunden später verlasse ich es. Ich habe zu viel über die Stadt gelesen, als dass ich noch mehr Zeit in einem – wenngleich ansprechenden – Hotel verbringen möchte. Seit mindestens 2.000 Jahren leben Menschen in der Gegend. Im Hinblick auf das genaue Alter sind sich meine Quellen nicht einig. Das durch Wälder und Sumpflandschaften geprägte Gebiet gehörte zum Reich der Khmer. Insoweit besteht Einigkeit. Doch zum Namen gibt es wieder unterschiedliche Ansätze. „Prei Nokor" („Dorf im Wald") sollen die Khmer es genannt haben, übersetzt ins Vietnamesische: Sai Gon. Nach einer anderen Quelle soll „Soai Gon" das „Holz des Kapok-Baums" sein. Als die Vietnamesen die Macht übernahmen, legten sie die Sümpfe trocken und rodeten die Wälder. Der Ort wuchs zu einer Stadt, chinesische Händler siedelten sich an. Als Zentrum der französischen Kolonie Cochinchina erlebte Saigon einen gewaltigen Bauschub.

Hier landeten viele Kolonisten. „Mit seinen hohen Schiffswänden biegt der Dampfer bei Flut in den Saigon-Fluss ein und fährt ihn unter einem schweren, tiefhängenden Himmel mit zwei oder drei Knoten hinauf, dem Tempo eines Fußgängers, um keine Dschunke und keinen Sampan zu überfahren und die Pfahlbauten und Fischfangplätze nicht zu rammen, die auf den Wasserläufen mitten zwischen den Mangroven errichtet sind. Die neugierigen und aufgeregten Immigranten, die sich in ihrer klebrigen Kleidung an die Reling lehnen, sehen die Kormorane im Sturzflug in die braune, mit Schilfrohr gespickte Brühe tauchen. Man fragt sich, ob man hier endlich sein Glück machen oder auf dem Grund der überfluteten Reisfelder endgültig vermodern wird." So beschreibt Patrick Deville die Ankunft der Europäer zu Yersins Zeit.

Die Temperatur bei meiner ersten Erkundung (34 Grad, laut Wetterapp gefühlt 40 Grad) dürfte der damaligen entsprochen haben. Ich bin auch aufgeregt, wenngleich mein Aufenthalt auf wesentlich kürzere Zeit angelegt ist. Die Vielfalt, durch die die Stadt im Laufe der Jahrhunderte geprägt wurde, ist immer noch gegenwärtig, wie im Sri-Mariamman-Tempel, der auf meinem Weg liegt. Tamilische Händler, die in Saigon Fuß fassten, verehrten die südindische Fruchtbarkeitsgöttin, der im späten 19. Jahrhundert der Tempel gewidmet wurde. Jetzt leben etwa 50 tamilische Familien in der Stadt. Doch – so steht es auf einem Schild – die meisten Opfergaben stammen von Vietnamesen oder Chinesen anderer Glaubensrichtungen, die ebenfalls die Kraft Mariammans erfahren haben. Ihr wird heilende Wirkung zugeschrieben, gar Wunder werden überliefert. Manche Erfahrung ist niederschwelliger: Eine ältere Frau streichelt am Eingang versonnen das Maul eines großen Kunststofflöwen. Shiva, Brahma, Vishnu, Kali und Buddha haben hier ein Zuhause. Die Opfergaben sind ebenfalls vielfältig, mit einem Schwerpunkt auf Kokosnüssen und Räucherstäbchen. Religiöse Dogmatik scheint für die Besucher keine allzu große Rolle zu spielen. Wichtiger ist, was helfen könnte. Sie lassen sich auch durch die Renovierungsarbeiten nicht vom Überbringen ihrer Anliegen abhalten. Von einem großen Gerüst aus geben Arbeiter den Göttern einen neuen Anstrich. Kräftige Blau-, Rot- und Grüntöne dominieren. Am Boden stehen zahlreiche Farbeimer, Wannen, Pinsel und Rollen. Sogar ein Motorroller, auf dem eine Tonne mit Werkzeug steht, findet im Tempel seinen Platz. Es herrscht ein einladender Pragmatismus und ich bin neugierig, ob das auch für die Einrichtung gilt, die ich jetzt besuchen möchte.

Dort hängt an einem Zaun ein großes Plakat, auf dem eine Friedenstaube die Welt umarmt. Dahinter sehe ich einen Kampfjet, einen Transporthubschrauber, verschiedene Panzer und Kanonen. Auf silbern glänzenden Informationstafeln werden in schwarzer Schrift exakt das Kaliber, die Wirkung und das Einsatzgebiet beschrieben. Obwohl es die Waffen des einstigen Gegners sind, habe ich den Eindruck, die Aussteller wollen den Respekt vor der Technik, die hier aufpoliert glänzt, nicht leugnen. Ich bin im Außenbereich des Kriegsreliktemuseums, das früher – weniger neutral – die Bezeichnung „Museum über amerikanische und chinesische Kriegsverbrechen" hatte. Im Hinblick auf die Bomben geht die Ausstellung noch stärker ins Detail. 13 verschiedene werden beschrieben, darunter Cluster- oder Benzinbomben. Neben der zugehörigen Bezeichnung ist ein Knopf. Betätigt man ihn, werden auf einem großen Monitor rechts Statistiken und links die Wirkung gezeigt, etwa ein vollkommen entlaubter Wald. Die übriggebliebenen Baumstämme ragen wie skelettierte Finger in die Höhe. Mittendrin steht ein nur mit einer kurzen Hose bekleideter Junge, der erstaunt auf einen abgebrochenen Baumstumpf weist.

Die nüchterne Darstellung deutet an, welch ungeheurer wissenschaftlicher Aufwand zur Entwicklung dieser Technik mit eindeutiger Zielsetzung betrieben wurde. Dabei bewegt sie sich im Hinblick auf Komplexität und Kosten noch am unteren Ende des Spektrums. Wirkt dieser Bereich technisch-kühl, transportieren die Fotos im Erdgeschoss des Museums weltweite Anteilnahme: Große Demonstrationszüge in Japan, Malaysia, China, vielen afrikanischen, europäischen, südamerikanischen Staaten, vor allem aber in den USA gegen „die US-Aggression in Vietnam". Auch ein Telegramm von Ho Chi Minh an die „amerikanischen Freunde, die für Freiheit, Frieden und Gerechtigkeit und gegen den Krieg des US-Imperialismus in Vietnam kämpfen", ist abgedruckt. Er wünsche zunächst „a Happy New Year 1968", zählt dann auf, dass bereits über 800.000 Tonnen Bomben Schulen, Kirchen, Krankenhäuser und bewohnte Gebiete zerstört hätten. Er bedanke sich für die Unterstützung der Protestierenden. Vietnam wolle Unabhängigkeit, Freiheit, Einheit sowie einen friedlichen und solidarischen Umgang mit allen Ländern, einschließlich den USA.

Daneben werden gemeinsame Projekte der Gegenwart, insbesondere mit den USA, vorgestellt, etwa die Dekontamination von Böden, die mit Dioxin verseucht sind. Auf einem anderen Bild sieht man einen amerikanischen Arzt, der einem vietnamesischen Patienten eine Prothese anpasst. Dokumentiert werden ferner Treffen der Veteranen der sich ehemals bekämpfenden Streitkräfte. Das Museum ist gut besucht. Die Besucher sind aufmerksam-ruhig. Im obersten Stock erfolgt eine sehr kurze Erklärung für das militärische Eingreifen der USA. Die Dominotheorie und die chronologische Entwicklung ab Ende des Zweiten Weltkriegs einschließlich der Unterstützung der Franzosen bis hin zur Flucht der Amerikaner aus Saigon werden dargelegt. Weitere Räume sind der – von zwei westlichen Fotografen gestalteten – Ausstellung „Requiem" gewidmet. Nachdem sie weltweit präsentiert worden war, zuletzt 1999 im „Center für Kentucky History", wurde sie dem vietnamesischen Volk unter dem Motto „HOPE, HEALING AND HISTORY" geschenkt. Es sind die ausgewählten Werke von 133 Fotografen, darunter 72 vietnamesische „revolutionary martyr-jounalists", 16 amerikanische, 12 französische, 4 japanische sowie weitere Reporter aus Deutschland, Österreich, Australien, England, Kambodscha und der Schweiz, von denen einige im Krieg getötet wurden. Viele Portraitfotos zeigen Erschöpfung, Verzweiflung oder Unsicherheit. Ein GI zieht mit bangem Blick an einer selbstgedrehten, zerknitterten Zigarette, ein anderer fordert mit aufgerissenem Mund Hilfe an, während sein Kamerad verwundet vor einem Panzer liegt. Eine ausgemergelte Vietnamesin blickt auf das Baby, das sie säugt. Er solle das fotografieren und veröffentlichen, wird ihre Aufforderung an den Reporter als Bildunterschrift wiedergegeben. Und weiter: Das Baby hat sein linkes Bein bei einem US-Angriff verloren. Auf anderen Fotos sind vietnamesische Soldatinnen zu sehen, die in einer Gefechtspause hinter einer Flugabwehrkanone stehen, winken und lachen. Zwei junge Frauen gehen lächelnd durch ein Reisfeld. Kinder spielen an Betonzylindern mit einem Meter Durchmesser, die bei Bombenangriffen kurzfristig Schutz gewähren sollen. Eine Serie ist den Opfern von Agent Orange gewidmet, auch den Kindern von US-Soldaten. Die Geschichten der Familien in beiden Ländern werden erzählt. Bei allem Grauen sind es Geschichten, die davon handeln, dass Menschen das Leben meistern wollen, wie der 12jährige, vietnamesische Junge, der versucht, seinem 37jährigen paralysierten Vater zu helfen. Und es sind Momente der Dankbarkeit, etwa des Fotografen, dessen Kamera ihm das Leben rettete, weil sie eine Kugel aufhielt. Fängt diese Ausstellung menschliche Regungen im Umfeld des Krieges ein, ist der erste Stock den Kriegsverbrechen gewidmet. Kriegsverbrechen passieren nicht plötzlich, sie resultieren aus einer Entwicklung, deren Ansatz für viele noch nachvollziehbar oder sogar standhaft klingen mag.

John F. Kennedy formulierte es am 22. November 1963 so: „Unsere wirtschaftliche und militärische Hilfe spielt eine solche Schlüsselrolle dabei, diejenigen in Stand zu setzen, ihre Wahlfreiheit aufrechtzuerhalten, die an der Peripherie der kommunistischen Welt leben. Unsere Hilfe für diese Nationen kann schmerzhaft, riskant und teuer sein, wie sie es, das ist wahr, heute in Südostasien ist. Aber wir dürfen es nicht wagen, bei dieser Aufgabe müde zu werden." Und sein Außenminister Robert McNamara: „Südvietnam ist ein Testfall für die Standhaftigkeit der Vereinigten Staaten." Als die US-Army immer höhere Verluste erlitt und die Situation außer Kontrolle geriet, verschärfte sich der Ton. General Curtis Lemay kündigte an: „Wir werden Vietnam in die Steinzeit zurückbomben." Ähnlich wird Präsident Richard Nixon zitiert: „Wir werden dieses gottverdammte Land dem Erdboden gleichmachen.“

Die „angry gods“ warfen Phosphor- und Napalmbomben, das berühmt gewordene Foto von der neunjährigen, nackten Phan Thi Kim Phuc, die schreiend mit schweren Verletzungen und ausgebreiteten Armen nach einem Brandbombenangriff auf einer Straße läuft, ist zu sehen. Ebenso die Ergebnisse der Strategie „burn all, destroy all, kill all.“: US-Soldaten, die lebende Gefangene aus einem Hubschrauber werfen oder hinter einem Panzer schleifen, oder mit den Schädeln getöteter, feindlicher Soldaten posieren. Dokumentiert ist das Massaker von My Lai am 16.03.1968, wo 504 Dorfbewohner, darunter viele Alte, Frauen und Kinder, auf Veranlassung von Lieutenant William L. Calley getötet werden. Sein Vorgesetzter Captain Medina gibt den Befehl, alle Häuser der benachbarten Dörfer zu zerstören, in denen er Viet Cong vermutet. Eine Anweisung zum Abtransport der Gefangenen gibt der Captain nicht. Um 7.25 Uhr beschießt die US-Einheit das Dorf. Der Soldat Paul Meadlo berichtet, wie 40 bis 45 Dorfbewohner zusammengetrieben werden. Sein Vorgesetzter Lieutenant Calley sagt zu ihm: „Du weißt, was du mit ihnen zu tun hast.“

Meadlo antwortet: „Ja.“ Er geht davon aus, dass er sie bewachen soll. 10 bis 15 Minuten später kehrt Calley zurück und fragt: „Wie kommt es, dass du sie nicht getötet hast?“

„Ich dachte nicht, dass ich sie töten soll. Ich dachte, Sie wollen nur, dass ich sie bewache.“

„Nein“, schreit Calley, „ich will sie tot.“ Er geht 10 Schritte zurück und schießt in die Gruppe. Er schreit Meadlo an, dieser solle ebenfalls schießen. Meadlo schießt vier Salven in den Pulk. Eine weitere Gruppe wird zusammengetrieben, 70 bis 75 Menschen. Und auch sie werden auf Befehl Calleys mit automatischen Waffen zusammengeschossen. Ein Jahr später wird das Blutbad bekannt. Captain Medina wird freigesprochen, nur Calley zu lebenslanger Haft verurteilt. Präsident Nixon lässt ihn 1974 nach 44 Monaten Hausarrest wieder frei. Dokumentiert ist weiter das Massaker von Tahn Phong – Ben

tre vom 25.02.1969 und das Alter der jeweils namentlich genannten Opfer: 66, 62, 10, 8, 6, 12, 10, 8, 6, 3 Jahre sind sie alt und Nguyen Thi Be Hoang: 5 Monate.
Erwähnt werden der Hubschrauberpilot Hugh Thompson und seine Besatzung, die, als sie das Morden von My Lai sehen, in das Geschehen eingreifen und vietnamesische Zivilisten mit ihrem Helikopter in Sicherheit bringen. Thompson befielt seiner Besatzung, auf die eigenen Soldaten zu schießen, sollten die weiter Dorfbewohner töten. 30 Jahre nach dem Vorfall erhalten Thompson und seine Besatzungsmitglieder als Anerkennung die Soldier´s Medal.
Um verstehen und annehmen zu können, ist für jeden Betrachter eine differenzierte Darstellung hilfreich. In keinem Raum finde ich die Dokumentation von Kriegsverbrechen der nordvietnamesischen Soldaten an südvietnamesischen „Verrätern". Die Täter-Opfer-Grenze wird in dem Museum sehr scharf gezogen. Dementsprechend sind in erster Linie auch die von den USA beziehungsweise der südvietnamesischen Armee verwendeten Waffen zu sehen. Deutlich wird dabei eine Botschaft, die nicht von der Hand zu weisen ist: Die USA unterschätzten Willen und Wunsch der Vietnamesen nach Unabhängigkeit.
Zurück im Erdgeschoss sehe ich die Schritte, die gemacht werden, um sich näher zu kommen. Ein wesentlicher Faktor dafür war die wachsende Einsicht bei vielen Amerikanern, klar formuliert von Robert McNamara, der bereute, Kennedys Ruf in die Politik gefolgt und „damit verantwortlich geworden zu sein für unzählige Tote in Vietnam". Der ehemalige Verteidigungsminister räumte 20 Jahre nach Ende des Krieges ein: „Wir haben uns schrecklich geirrt. Amerikanische Sprühaktionen haben zu keiner Zeit zu irgendeiner tatsächlichen und dauerhaften Sicherheit Südvietnams geführt. Wir haben es versäumt, uns die wichtigsten Fragen zu stellen: War es richtig, dass der Fall Südvietnams den Verlust ganz Südostasiens nach sich ziehen würde? Würde dies eine ernst zu nehmende Bedrohung der westlichen Sicherheit darstellen? Könnten wir den Krieg mit amerikanischen Truppen, die gemeinsam mit Südvietnamesen kämpften, gewinnen? Sollten wir

nicht die Antworten auf alle diese Fragen kennen, bevor wir uns dazu entschließen würden, Truppen zu entsenden?"

Das Bekenntnis erinnert mich an die Worte von Duong Thu Huong in „Bitterer Reis": „Es kommt immer ein Moment, da das, was unsere größte Überzeugung ist, wie Rauch verfliegt. Ganz plötzlich offenbaren die Werte, die wir ein Leben lang hochgehalten und verehrt haben, ihre ganze Armseligkeit und Trivialität. Niemand kann diesem fatalen Moment der Desillusionierung entgehen."

Ein Foto im Erdgeschoss zeigt, wie ehemalige Piloten der US Air Force, die Vietnam bombardierten, mit einem alten vietnamesischen General 2016 in der Fernsehsendung Talk Vietnam TV zusammensitzen. Der General Nguyen Duc Soat wird zitiert: „Ich glaube, Sie werden als Brücke dienen, die Amerikanern hilft, unser Volk besser zu verstehen. Und wir sind dafür verantwortlich, dass jeder verstehen kann, dass der Konflikt in der Vergangenheit brutal war, aber dass alte Feinde Freunde werden und in die Zukunft schauen können."

„Excuse me!" Die Zukunft spricht mich in Gestalt von zwei Studentinnen der Kommunikationswissenschaft an, als ich in mein Notizbuch schreibe. Sie fragen mich, ob sie mich für eine Studienarbeit interviewen und fotografieren dürfen. Sofort überlege ich, wie ich kritische Aspekte – beispielsweise die Selektion bei der Darstellung von Kriegsverbrechen – diplomatisch verpacken könnte. Doch ihre Fragen beziehen sich nicht auf das Museum. Sie fragen mich, ob ich das Land mag (die Antwort fällt mir leicht), welches vietnamesische Essen ich besonders schätze (auch nicht schwierig) und wie ich bisher gereist bin. Ich beschreibe die einzelnen Abschnitte, sie zeigen sich beeindruckt. Dann fragen sie, warum ich mir Notizen mache. Ich überlege kurz, ob ich ehrlich oder unverfänglich antworten soll. Von den beiden drohen keine Probleme. Ich antworte wahrheitsgemäß, aber zurückhaltend.

„Also, falls daraus irgendwann ein Buch entstehen sollte", sagt Linh, „würdest du uns informieren?" Das kann ich tun. Wir tauschen Mail-Adressen aus. Thanh kichert. „Das haben wir nicht erwartet, als wir dich ansprachen."

Ich auch nicht.

Es gibt unangenehmere Begegnungen, etwa mit einem Mann, der ungeniert an eine Mauer pinkelt. Ich passiere ihn. Als er mich wahrnimmt, ruft er mir – noch mit der Verrichtung beschäftigt – nach: „Hey, motorbike?"

Ich gehe weiter, ohne mich umzudrehen. Das sollte als Antwort genügen. Ein Roller hinter mir springt an, beschleunigt, kommt näher. „Hey!", ruft der Fahrer ungeduldig (und mit ungewaschenen Händen). Ich gehe mit unverminderter Geschwindigkeit weiter. Er schert vor mir auf den Gehweg ein und schreit: „Motorbike?!"

„Did I ask you?" rufe ich zurück. Er blickt verdutzt. Ich ziehe links an ihm vorbei und habe mein Ziel erreicht, die Xo-Loi-Pagode. Friedlich sitzen dort ein großer Buddha und vor ihm – auf gefliestem Boden – einige Besucher. Einige beten, andere unterhalten sich. Ein junger Mann schaut auf sein Smartphone. Neben seinem Knie hat er einen Eiskaffee abgestellt. Durch die offenen Fenster weht kühlender Wind. Über ihnen erzählen vergoldete Reliefs Szenen, vielleicht aus dem Leben Siddhartha Gautamas. Die Pagode selbst hat ebenfalls eine bewegte Geschichte. 1963 war der Tempel Ort einer weltweit beachteten Eskalation zwischen dem Präsidenten Südvietnams, Ngo Dinh Diem, und der buddhistischen Glaubensgemeinschaft. Der katholische Diem wird 1954 Premierminister. Ein Jahr später ernennt sich der von den USA unterstützte Antikommunist zum Staats- und Regierungschef. Gemeinsam mit seinem Bruder Ngo Dinh Nhu und dessen Frau baut er einen Polizeistaat auf, in dem er politische Gegner unerbittlich verfolgt. Zehntausende werden verhaftet, allein bis 1957 mehr als 10.000 getötet. Die katholische Führung bringt aber auch die buddhistische Mehrheit des Landes gegen sich auf, die sich von ihr gegängelt und benachteiligt fühlt. Die buddhistischen Mönche, die schon zur Zeit der französischen Kolonialherrschaft politisches Selbstbewusstsein bewiesen, kritisieren Diems Führung und Vetternwirtschaft scharf. Unter der Führung Nhus stürmen südvietnamesische Truppen die Xa-Loi-Pagode und nehmen 400 Mönche nebst Abt fest, was heftige Straßenkämpfe auslöst. Unweit wird an eine weitere Eskalation im Jahr 1963 gedacht. Am Tag vor dem höchsten buddhistischen Feiertag verbietet die Regierung das Hissen der buddhistischen Flagge. Die Mönche ignorieren das Verbot und demonstrieren in verschiedenen Städten gegen die Diskriminierung, woraufhin Einheiten der Armee (ARVN) Demonstranten erschießen. Hier bilden am Morgen des 11. Juni 300 Protestierende einen Kreis, in dessen Mitte der Mönch Thich Quang Duc auf dem Boden im Lotussitz Platz nimmt. Zwei Helfer übergießen ihn mit Benzin. Der Sitzende entzündet ein Streichholz und im nächsten Augenblick sich selbst. Der anwesende Reporter David Halberstam schreibt, Thich Quang Duc habe, als er verbrannte, keinen Laut von sich gegeben und keinen Muskel bewegt. Halberstam selbst sei zu erschüttert gewesen, um zu weinen oder zu denken. Einige Nonnen und Mönche rufen: „Ein buddhistischer Priester wird zum Märtyrer." Die Schwägerin Diems, „Madame Nhu", bezeichnet den Vorfall gegenüber westlichen Medien als „Monk-BBQ". Zu dem nächsten würde sie die Streichhölzer und den Senf mitbringen. Die Proteste eskalieren, die USA erkennen, dass Diem und seine Führungsriege nicht zu halten sind. Im Herbst putschen Generäle der ARVN. Diem und sein Bruder Nhu werden auf der Flucht erschossen.

Der Stupa an einer großen Straße zeigt den von Flammen umgebenen Thich Quang Duc, dessen Herz von dem Feuer unberührt geblieben sein soll. Vor ihm liegen frische gelbe und rote Blumen, hinter ihm sind auf einem Bronzerelief Soldaten zu sehen, die mit Schlagstöcken auf Demonstranten einschlagen, Frauen wegschleifen und mit Maschinenpistolen Mönche zusammentreiben, die fromm beten. Was nicht zu sehen ist: Die Mönche blieben in der Folge politisch und kritisierten nach der Wiedervereinigung auch das kommunistische System. Die 1964 gegründete Vereinigte Buddhistische Kirche wurde 1975 verboten und in der Folge wurden Mönche, die die sozialistische Regierung kritisierten, inhaftiert. Das Oberhaupt der Buddhistischen Kirche, Thich Huyen Quang, befand sich 30 Jahre lang unter Hausarrest, bevor er 2008 im Alter von 88 Jahren starb.

Der Stupa ist eine Insel der Ruhe inmitten des losbrechenden Feierabendverkehrs der Stadt. Die Überquerung der Straßen erfordert – wie in Hanoi – Geduld und Konzentration. Viele Einheimische fordern sich auch abseits der Straße, wo ich gerade große Sportzentren passiere, in denen getanzt, gekämpft, Fußball oder Tennis gespielt wird. Individuelle Sportler sehe ich nur in Form von Joggern, die neben stark befahrenen Straßen große Komplexe wie den Wiedervereinigungspalast umrunden.

Oder sie laufen durch den Park zu der nahegelegenen Kathedrale Notre Dame, die zu einem großen Teil von einem Gerüst umgeben ist. Vor ihr zieht die beleuchtete Mutter-Gottes-Statue mit der Aufschrift „Regina pacis ora pro nobis" Besucher an. Vermutlich hat die Friedenskönigin zur Erfüllung einiger Wünsche beigetragen. Zu ihren Füßen liegen zahlreiche Dankesbotschaften. Eine ähnlich freundliche Stimmung umgibt auf dem Nuyen Hue Boulevard den Mann, der seit 1975 Namensgeber der Metropole ist. Fröhlich winkt „Onkel Ho" den Menschen in der Fußgängerzone zu, obwohl die meisten Bewohner die Stadt nach wie vor „Saigon" und nicht „Ho-Chi-Minh-City" nennen. Immerhin ist Sai Gon die offizielle Bezeichnung für das Zentrum, den ersten Bezirk.

Angefreundet haben sich die meisten Saigoner hingegen mit einem neuen Wahrzeichen, dem Bitexco Financial Tower. Er sei einer Lotusblume, Vietnams Nationalblume, nachempfunden, die für Schönheit, Anpassungsfähigkeit, Reinheit und einen offenen Geist stehe, heißt es in einem Hochglanzprospekt. Ich betrete den Fahrstuhl, der laut Prospekt sieben Meter pro Sekunde zurücklegt. Es knackt in meinen Ohren. Im nächsten Moment öffnet die Tür im 49. Stock, der rundum vom Boden bis zur Decke verglast ist. Die Wölbung des Turms erzeugt einen Überhang. Mit der Stirn am Glas des „Saigon Skydeck" fühlt es sich an, als würde ich knapp 180 Meter über dem Grund in der Luft stehen. In jede Richtung strahlen die Lichter bis zum Horizont. Beleuchtete Schiffe ziehen langsam auf dem breiten Song Sai Gon. Ein Nebenfluss schlängelt sich in S-Form zu ihm hin. Einige Hochhäuser und die von den Franzosen geschaf-

fenen breiten Alleen sind von hier oben gute Orientierungspunkte. Weiß beziehungsweise rot leuchtende Linien zeigen die Fahrtrichtung der Roller und Autos. Bei ruhiger Hintergrundmusik verharre ich minutenlang unbewegt. Es ist ein wunderschöner, friedlicher Ausblick auf ein riesiges Energiefeld voller Leben. Auch die gewiss sehr ansprechende Ao Dai-Ausstellung auf dem Stock lenkt meine Aufmerksamkeit nicht ab.
Das schafft erst eine junge Frau, die mich anspricht, als ich diesen Gedanken in meinem Notizbuch festhalte. Sie fragt mich, was ich aufschreibe.
„Warum fragst du?"
„Es interessiert mich einfach nur. Ich besuche gerade Vietnam und ich will Englisch sprechen, um es zu verbessern."
„Und woher kommst du?"
„Ich studiere in Taiwan, bin aber aus Japan."
Damit ist jedweder Rest eines Misstrauens beseitigt.
„Woher aus Japan?"
„Tokyo".
Ich erzähle ihr, dass ich dort dreieinhalb Monate gearbeitet habe. Ihre Familie lebt im Stadtteil Shinagawa, wo ich ebenfalls zeitweise wohnte. Und natürlich kennt sie die mir bekannten Orte. Neugierig bleibt sie im Hinblick auf die Notizen. Ich frage sie zu ihrem Aufenthalt. Kazumi ist nur eine Woche in Vietnam. Sie ist drei Tage hier. Übermorgen fliegt sie nach Hanoi.
„Ich glaube, Hoi An könnte dir gefallen", sage ich und zeige ihr einige Fotos. Sie ist begeistert. „Ich muss wiederkommen."
Wir verabschieden uns herzlich auf Japanisch, dankbar für die Begegnung. Zurück auf dem Grund sehe ich Jugendliche, die auf gesperrten Straßen Kunststücke mit ihren Skateboards trainieren. Familien und Pärchen sitzen in der warmen Nacht vor den Hochhäusern. Ich fühle mich wohl in dieser Stadt und treffe – wenn auch nur auf Straßenschildern – erneut auf die alten Bekannten Pasteur, Calmette und Yersin. Eine große Werbetafel rühmt den „German Spirit", der in den angepriesenen Küchengeräten (Geschirrspüler,

Abzugshaube, Töpfe) stecken soll. Immerhin erfährt das Essen und alles, was mit dessen Zubereitung zusammenhängt, in Vietnam eine große Wertschätzung. In einem Lokal, das – soweit erkennbar – nur von Einheimischen besucht wird (es gibt keine englische Fassung der Speisekarte), nimmt der Kellner die Herausforderung mit Freude an und erklärt mir das Angebot. Nachdem er die bestellte Suppe serviert hat, schärfe ich etwas zu stark nach, werde dadurch aber munter. Zurück im Hotel wird mir schnell bewusst, dass ich diesen Zustand mit vielen anderen teile. Heute Morgen war hier alles ruhig. Bei der Auswahl des Hotels achtete ich nicht auf die Umgebung. Jetzt ist die kleine Gasse voller Menschen. Das erste Mal informiere ich mich über die beiden Straßen, zwischen denen die Gasse liegt, die Bui Vien und die Pham Nu Lao. Die letztgenannte ist die ehemalige Bahnhofsstraße, in der viele US-Soldaten während des Krieges lebten und sich amüsierten. Doch sie ist noch die harmlose Schwester. Über die Bui Vien lese ich: „Perhaps no other street in Vietnam ist met with such polarization as this one“. Es sei *der* Hotspot zum Ausgehen bis mindestens zwei Uhr morgens. Ich werfe einen Blick in die Straße, in der eine Bar an die nächste grenzt. Im Rücken spüre ich plötzlich Wärme. Zwei Straßenkünstler pusten eine meterhohe Flamme in die Luft und verschaffen sich damit ein wenig Platz. Ich wollte heute frühzeitig schlafen. Entweder wechsle ich morgen das Hotel oder ich nehme für die nächsten Nächte ein Zimmer ohne Fenster. Die Rezeption ist besetzt.

„Mir gefällt es, im Zentrum zu wohnen. Aber ich hätte nicht geahnt, dass hier so viel los ist“, sage ich zu dem Portier.

„Meinen Sie?“, antwortet er. „Hier ist der ruhige Bereich. Schauen Sie sich die Bui Vien doch einmal weiter unten an!“

Gleichwohl sagt er mir den Zimmerwechsel ab morgen zu. Im Gegenzug befolge ich seinen Rat. Er hat recht. Der von mir gesehene Abschnitt ist eine behagliche Seniorenresidenz verglichen mit dem, was sich jetzt vor mir auftut. Tänzerinnen mit hochhackigen Stiefeln und Tänzer auf Sockeln, riesige Bildschirme, starke Scheinwerfer, laute Musik und Werber, die ihr Handwerk verstehen. Sie sprechen die Vorbeiziehenden offensiv an, wissen aber zugleich, wann sie in dem dichten Gedränge zurückziehen müssen. Nur einer legt kurz den Arm um meine Schultern, entfernt sich nach einem kurzen Blick meinerseits aber sofort wieder. Wenn eine Gruppe Feierwütiger Exzesse erleben will, ist sie hier richtig. Nachdem ich den wildesten Abschnitt einmal unbeschadet durchquert habe, kehre ich über die Pham Nu Lao in den beruhigten Bereich zurück. Auch hier versuchen junge Männer die Passanten in ein Lokal zu lotsen. Sie sind dabei aber verspielter als ihre Kollegen im Hexenkessel und erinnern mich an junge Hunde. Sie tanzen ein paar Schritte zu „Staying alive“ oder „Mama mia“, stecken sich gegenseitig Eiswürfel unter das T-Shirt oder deuten eine kleine Rauferei an. Ich komme mit einem ins Gespräch und setze mich zu dem von ihm genannten Lockpreis für einen Gin Tonic an einen Tisch. Es gibt wohl nur wenige Orte, an denen dem Zuschauer – egal, in welche Richtung er blickt – so viel gleichzeitig geboten wird. Eine Frau zieht einen mit Früchten beladenen Wagen vorbei. Begleitet wird sie von ihrer maximal vier Jahre alten Tochter, die in ihrem dünnen Kleid den Bordstein auf und ab springt. Neben mir lacht ein junges Paar aus Irland, das sich in der „Happy Hour“ (die sich vermutlich über die gesamte Nacht erstreckt) den nächsten Drink bestellt. Eine andere Mutter passiert mich mit ihrer Tochter, wie ich vermute. Die Mutter trägt Sportklamotten, die stark geschminkte Tochter (geschätzt 20 Jahre alt) eine enganliegende Hüfthose. Das nächste Paar ist Anfang 30, er ist unauffällig gekleidet, auf ihrem Kopf blinken rote Hasenohren. „Hit me baby one more time“ stimmen drei westlich aussehende junge Frauen kichernd zu Britney Spears ein. Zwischen den Fußgängern fahren durch die „Walking Street“ Roller. Gerade passiert mich eine junge Fahrerin, die als Oberteil lediglich einen knappen BH trägt. Vor mir wippt auf einem viel zu kleinen Plastikhocker ein weißbärtiger, üppig tätowierter Mann, der lebhaft mit einer noch älteren Frau und einem jungen Asiaten diskutiert, während die jungen Hunde daneben Kung Fu-Sprünge üben. Madonnas „Material Girl“ tönt durch die Boxen der benachbarten Sportsbar. Auf dem Bildschirm müht sich derweil Eintracht Frankfurt gegen Union Berlin ab. Um die Aufnahme der Eindrücke zu drosseln, nehme ich mein Smartphone in die Hand und sortiere einige Fotos aus. Der Kellner, der mir den Gin Tonic servierte, fragt mich, ob ich einen weiteren Drink wolle.

„Ist noch Happy Hour?"

„Selbstverständlich!" Er lacht. Wir kommen ins Gespräch. Er heißt Tuan Dat „aka Mega", wie er grinsend ergänzt. Er spricht flüssig Englisch, trägt ein weißes T-Shirt zur weißen Sporthose. An den Kung Fu-Übungen beteiligt er sich nicht. Wenn die anderen Angestellten Gäste nicht verstehen, rufen sie ihn. Jetzt sitzen weniger Gäste im Lokal. Einige haben sich in den wilden Teil der Straße verabschiedet. Mega fragt mich, was in dem schwarzen Buch steht. Diesmal antworte ich lediglich: „Ich habe so viel in Vietnam erlebt und will es nicht vergessen. Und in dieser Straße passiert jeden Moment besonders viel."

„Ja, das stimmt. Es ist eine Menge los." Er entdeckt meinen Reiseführer. „Was ist das?"

„In dem Buch steht einiges über dein Land."

Er blättert darin, sieht sich aufmerksam Fotos von Hanoi und der Halong-Bucht an.

„Warst du schon dort?", frage ich.

Er schüttelt den Kopf. „Ich würde gerne, aber es ist zu teuer."

„Wie alt bist du?"

„18. Übermorgen werde ich 19."

„Und die anderen?" Ich deute auf die beiden Kung Fu-Experten.

„17."

„Gehst du noch zur Schule?"

„Nein. Ich bin fertig."

„Und, willst du weiter machen? Dein Englisch ist gut."

„Ich versuche es." Er lächelt. „Ich würde gerne. Aber ich habe nicht genug Geld. Um zu studieren, bräuchte ich 300 Millionen Dong."

„Was ist mit deinen Eltern?"

„Das ist ein schwieriges Thema.“ Er dreht den Kopf, schaut in eine andere Richtung, dann wieder zu mir. „Sie sind getrennt und mit sich beschäftigt. Ich muss für mich sorgen.“
„Arbeitest du hier jeden Tag?“
Er nickt.
„Und wie viel verdienst du?“
„Mein Chef gibt mir 4 Millionen Dong im Monat.“ Etwa 160 Euro.
Die Lücken zwischen den vorbeiziehenden Menschen werden größer. Wir schauen schweigend die Straße hinunter, wo die Bässe wummern.
„Ich muss jetzt ins Bett. In den letzten drei Nächten habe ich nicht so viel geschlafen. Vielleicht können wir uns morgen noch ein wenig unterhalten“, sage ich.
„Wäre schön.“
Ich verabschiede mich von Tho Sang und Dac Tien, den beiden 17jährigen. Sie lachen. „Bis morgen!“, rufen sie mir nach.

Dreizehn

Saigon

Die weißen Viertel aller Kolonialstädte der Welt waren in jenen Jahren von tadelloser Sauberkeit. Aber nicht nur die Städte, auch die Weißen waren sauber. Sobald sie ankamen, lernten sie, jeden Tag ein Bad zu nehmen, wie man kleine Kinder täglich badet, und die Uniform der Kolonien, den weißen Anzug, zu tragen, die Farbe der Immunität und Unschuld. Der Abstand wurde schnell größer, der erste Unterschied, Weiß auf Weiß, vervielfachte sich zwischen ihnen und den anderen, die sich mit dem Regen des Himmels und dem schlammigen Wasser der Ströme und Flüsse säuberten. Von einem Tag zum andern entdeckten die Weißen, dass sie weißer waren als je, gebadet, neu, im Schatten ihrer Villen Siesta haltend, große wilde Tiere mit empfindlichem Fell.

Marguerite Duras

Mit Blick auf das Stadtzentrum frühstücke ich auf der Dachterrasse. Die Auswahl am Buffet ist so begrenzt wie mein Hunger. Aber den kleinen Pool auf dem Dach – über einen solchen verfügen viele Hotels – nutze ich bei der sich bereits jetzt abzeichnenden Hitze gerne. Die in der Union Indochinoise lebenden Franzosen hätten ihn vermutlich auch nicht verschmäht. Sie suchten indes andere Orte auf, wo sie es sich gut gehen ließen, wie das „Majestic", das „weiße Grandhotel am Ende der Rue Catinat mit seinen Empiresesseln mit Vergoldungen und Pagen in Livree", wie Deville in „Pest und Cholera" schreibt. Yersin gefiel es dort. Und das Haus in der prachtvollen Straße, die jetzt Duong Dong Khoi heißt, ist immer noch elegant: Mit verzierter Seide überzogene Stuhlpolster, Tische aus dunklem Holz, Glasfenster im Jugendstil, die zu einem Nebenraum abgrenzen, und Kronleuchtern. Das Hotel wurde 1925 von einem der reichsten Geschäftsleute Südvietnams, dem Chinesen Bon Hoa, im Stil der französischen Kolonialzeit erbaut. Es hat diesen Charme erhalten, wenngleich es sich partiell der Zeit anpassen musste: An einem bestimmten Tag wird ein „All you can eat"-Buffet angeboten und einige Räume im Erdgeschoss dienen als Verkaufsfläche für teuren Schmuck und Teppiche. Beschränkt wird der Zugang über den Preis: Der (ausgezeichnete) vietnamesische Kaffee kostet das Sechsfache dessen, was ich üblicherweise zahle. Offen gestanden war ich überrascht, dass ich mit meinem Zweiwochenbart und dem Rucksack eingelassen und an einen guten Tisch geleitet wurde.

An anderer Stelle bin ich heute abgeblitzt: Ich wollte, wie vom Reiseführer empfohlen, eine Tour zum Cao Dai-Tempel in Tay Ninh buchen. Das erste Mal las ich im „stillen Amerikaner" über die originär vietnamesische Glaubensrichtung: „Die Religion Cao Dais war stets das Lieblingskapitel in meinen Kurzeinführungen für auswärtige Besucher gewesen: Der Caodaismus, die Erfindung eines Staatsbeamten aus Cochin, war eine Synthese aus drei Religionen. Der Heilige Stuhl befand sich in Tay Ninh. Es gab einen Papst und weibliche Kardinäle. Weissagungen erfolgten mittels Schreibtäfelchen. Es gab einen heiligen Victor Hugo. Christus und Buddha blickten vom Deckengewölbe der Kathedrale herab auf ein Phantasiebild des Ostens im Stil Walt Disneys, auf Drachen und Schlangen in Technicolor. Neuankömmlinge waren von dieser Beschreibung stets entzückt."

Der Kolonialverwaltung bereitete es Kopfzerbrechen, wenn ein hoher Feiertag anstand, zu dem französische Amtsträger aus Saigon eingeladen wurden. Reisten sie an, mussten sie Anschläge befürchten. Lehnten sie die Einladung der militärisch hochgerüsteten Glaubensgemeinschaft ab, liefen sie Gefahr, einen Verbündeten zu verlieren. Ich hingegen wäre gerne (und zudem gefahrlos) nach Tay Ninh gereist, um die dargestellten „göttlichen Agenten" Jesus Christus, Konfuzius, Laotse und Buddha in einer Religion zu sehen, die auch die „himmlischen Kommunikationsmedien" Literatur, Musik und Gebet vereinigt. Die Zusammenführung der Heiligen Victor Hugo, Napoleon, Winston Churchill, Luis Pasteur sowie der Jungfrau von Orleans in einem Glauben war ein weiterer reizvoller Aspekt. Aber, so wurde mir in vier Reisebüros versichert, das Interesse der Touristen sei zu gering, um eine Fahrt anbieten zu können. Als ich im fünften meine Enttäuschung mimisch unterstrich, reagierte die bis dahin lächelnde Frau für hiesige Verhältnisse ungewöhnlich deutlich: „Was wollen Sie dort? Außen ein bunter Tempel, innen ein großes Auge aus Kunststoff, das vielleicht noch Kinder beeindruckt, und – wenn Sie Glück haben – ein Gottesdienst. Das ist alles."

Das ist eine klare Aussage. Greenes Berichterstatter Fowler blieb auch lieber im Majestic, um abends auf der Dachterrasse neben seinem Cocktail den Abendwind zu genießen, der vom Saigonfluss hinaufwehte. Im fünften Stock habe ich einen wunderbaren Blick auf den Fluss. An der Wand des Restaurants hängen Fotografien des Hotels aus den Jahren 1950, 1940 sowie eine weitere von 1925. Zu dieser Zeit lebte Marguerite Duras in der französischen Kolonie. Die Erinnerungen daran inspirierten sie zu ihrem erfolgreichsten Roman „Der Liebhaber". Dessen Verfilmung steigerte ihre Bekanntheit außerhalb Frankreichs immens, obgleich sie sich von dieser energisch distanzierte. Weniger bekannt, dafür mit detaillierter Darlegung ihrer Perspektive auf die Verhältnisse in der Kolonie ist ein anderes Werk. Dessen Originaltitel „Un barrage contre le Pacifique" fasst die Aussichtslosigkeit eines mühsamen Kampfes plakativ zusammen: Die 17-jährige Suzanne lebt um das Jahr 1930 mit ihrer Mutter und ihrem älteren Bruder Joseph in ärmlichen Verhältnissen an der Küste Französisch-Indochinas. Die Mutter erwirbt eine Konzession für den Reisanbau, unwissend, dass das Meer einmal im Jahr die Felder überschwemmt und die Pflanzen vernichtet. Dies verschwiegen die Beamten, die ihr die Konzession teuer verkauften, arglistig. Der „Damm gegen den Pazifik", den sie gemeinsam mit einheimischen Bauern errichtet, hält der Flut nicht stand. Die überforderte Mutter schreit andauernd. Einen möglichen Ausweg sieht sie darin, ihre Tochter reich zu verheiraten. Der reiche Plantagen-Besitzer Herr Jo verliebt sich in Suzanne. Diese reizt ihn, hält ihn aber gleichzeitig auf Distanz. Schließlich schenkt Herr Jo Suzanne einen Ring mit einem großen Diamanten. Die Mutter, Suzanne und Joseph reisen in die Großstadt, um den Diamanten möglichst teuer zu verkaufen, was sich als schwieriges Unterfangen erweist.

Was den Verlag dazu veranlasst hat, für die deutsche Fassung den Titel „Heiße Küste" zu wählen – darüber will ich nicht spekulieren. Er weckt Erwartungen, die das Buch nicht erfüllt. Dafür erhält der Leser eine eindrucksvolle Beschreibung der Großstadt in der Kolonialzeit: „Es war eine große Stadt von hunderttausend Einwohnern, die sich an beiden Ufern eines schönen und breiten Flusses ausdehnte. Wie alle Kolonialstädte bestand auch sie aus zwei Städten; der weißen Stadt und der anderen. (...) Die weißen Viertel aller Kolonialstädte der Welt waren in jenen Jahren von tadelloser Sauberkeit. (...) In der Oberstadt wohnten nur die Reichen, die es zu Geld gebracht hatten. Und durch die Avenuen glitten ihre Autos mit den schweren Reifen, schwebten sozusagen dahin in eindrucksvoller Halbstille. Das Zentrum der Oberstadt war ihr wahres Heiligtum. Hier dehn-

ten sich im Schatten der Tamarindenbäume die ungeheuren Cafés. Hier waren sie abends für sich allein. Nur die Kellner waren Eingeborene, aber sie waren als Weiße verkleidet. Sie trugen Smokings, und die Palmen auf den Terrassen waren in große Kübel gepflanzt." Suzanne fühlt sich weder den Einheimischen noch den reichen Franzosen zugehörig. Als sie allein durch die Oberstadt spazieren geht, fühlt sie sich beobachtet und ausgegrenzt: „Kein junges Mädchen ihres Alters ging allein durch die Oberstadt. Die, denen man begegnete, waren immer zu mehreren und trugen Sportkleider. Manche hatten einen Tennisschläger unter dem Arm. Auch die Frauen gingen selten allein. Die Gruppen waren umgeben von dem Duft amerikanischer Zigaretten, dem frischen Geruch des Geldes."
Ich fühle mich nicht beobachtet, als ich allein die Dong Khoi entlang gehe. Weiß strahlen die prachtvollen Häuser nach wie vor. Und weiß sind die SUVs, die vor den Häusern halten. Es ist immer noch die Farbe des Geldes in HCMC und es ist ein deutlicher Kontrast zu Hanoi mit seinem wuchtigen Ho-Chi-Minh-Mausoleum, vor dem Besucher in langen Warteschlangen ausharren und sich für einen Blick auf den Einbalsamierten einer strengen Kleider- und Verhaltensordnung unterwerfen. Es war auch der Kontrast, der die größtenteils arme Bevölkerung dazu bewegte, dem asketisch lebenden „Onkel Ho" zu folgen, der sagte, er wünsche sich lediglich, dass das Land unabhängig werde, jeder genug zu essen und die Möglichkeit auf Bildung habe. In der Kolonialzeit wurde die Kluft für die Landbewohner auf den Straßen sichtbar, auf denen ihre Kinder spielten und die Autos der Reichen fuhren: „Sobald die Kinder gehen konnten, liefen sie auf die Straße oder zu den Brücken der Straße. Und in der ganzen Kolonie, überall, wo es Straßen und Wege gab, galten die Kinder und die streunenden Hunde als ein Hindernis für den Autoverkehr. Wenn ein Autofahrer ein Kind überfuhr, hielt er vielleicht an, zahlte den Eltern eine kleine Summe und fuhr weiter. Meist fuhr er weiter, ohne etwas zu zahlen, denn die Eltern waren nicht an Ort und Stelle. Wurde ein Hund, ein Huhn oder selbst ein Schwein überfahren, hielten die Autofahrer nicht an. Nur ein Kind konnte ihren

Fahrplan ein wenig in Unordnung bringen. Und wenn das Auto weitergefahren war, schwärmten die Kinder wieder über die Straße", erzählt Marguerite Duras.

Die wohlhabenden Weißen befassten sich mit anderen Problemen, etwa im Hotel Continental, wie Graham Greene, der selbst Dauergast dort war, beschreibt: „Geräuschvoll und mit großen Gesten rückte der Handelsattaché die Stühle zurecht und rief nach dem Kellner, obwohl ein solcher Eifer im „Continental" unmöglich mehr zeitigen konnte als eine Wahl zwischen Bier, Brandy mit Soda und Vermouth-Cassis."

Der Franzose Pierre Cazeau errichtete 1880 das Hotel Continental, um seinen Landsleuten nach einer langen Reise eine kleine Wohlfühloase anbieten zu können. Im selben Jahr wurde die Kathedrale Notre Dame und in den folgenden zwei Dekaden prachtvolle Gebäude wie das Postamt, das Rathaus oder – gegenüber des Continentals – die Oper gebaut. Auch die Letztgenannte bekam einen Anstrich in Weiß und Beige. Inspiriert von den Plänen des Pariser Petit Palais wurde sie zeitgleich mit diesem fertig gestellt. Doch profane Einwürfe trübten die Freude über dieses flamboyante Stück Heimat samt großartiger Fassade mit zahlreichen Reliefs und kunstvollen Inschriften. Errichtung und Unterhaltung seien zu teuer, monierte die Stadtverwaltung. Und dann wurden um die Jahrhundertwende Clubs und Tanzräume so beliebt, dass der Oper das Publikum ausblieb. Mittlerweile ist das „Municipal Theatre of Ho Chi Minh City" Spielort für diverse Shows und Stücke. Außerhalb der Vorstellungszeiten (also jetzt) kann es leider nicht besichtigt werden.

Glücklicherweise steht mir das benachbarte Continental offen, das im Indochinakrieg ein beliebter Treffpunkt von Politikern, Militärs und Journalisten war. Im hellen Restaurant mit seiner hohen, stuckverzierten, weißen Decke kann man „koloniale Weite atmen", wie es ein Korrespondent einmal beschrieb, auch wenn eine staatseigene Betreibergesellschaft gegenwärtig das Haus führt. Ebenfalls gut erhalten ist der Innenhof in der Hai Ba Trung 74, der nicht mehr im ursprünglichen Sinne genutzt wird. Die Aufschrift „The Refinery“ lässt noch Interpretationsspielraum, den eine Zeichnung sofort beseitigt: Eine Pferdekutsche wartet vor einem Turm mit der geschwungenen Inschrift „LA MANUFACTURE D‘OPIUM“. Das klingt weicher als die deutsche Übersetzung. Und es lässt die Dimension des hier betriebenen Geschäfts nicht erahnen. 1881 übernahm der französische Gouverneur von Indochina die Kontrolle über den Opiumverkauf und errichtete im selben Jahr die Raffinerie, die alsbald einen großen Teil des Budgets der Kolonie erwirtschaftete, im Jahr 1914 beispielsweise 37 %. Jetzt ziert die romantische Zeichnung des alten Gebäudes die Speisekarte eines Restaurants mit hübscher Terrasse. An meinem rechten Nebentisch wird französisch gesprochen, am linken von drei Amerikanerinnen (erheblich lauter) englisch. Einheimische sehe ich – das Personal ausgenommen – in dem belebten Innenhof nicht.

Dafür kommuniziere ich auf meinem nächtlichen Rückweg mit einem Saigoner lautlos. An einer roten Ampel sammeln sich links von mir etwa 50 eng aneinander stehende Rollerfahrer. Ich hole das Smartphone aus der Tasche. Kurz bevor ich fotografiere, hebt einer der Wartenden die Hand und zeigt mir ein Victoryzeichen. Ich erkenne ihn in der Masse und grüße entsprechend zurück. Er lacht und fährt im nächsten Moment winkend vorbei.

Für die Bui Vien fühle ich mich heute zu müde. Trotzdem komme ich in den Genuss feuriger Musik. Im Park vor der Pham Ngu Lao höre ich – passend zur Temperatur von 30 Grad – Salsa-Klänge, zu denen sich Tänzerinnen und Tänzer im fortgeschrittenen Alter geschmeidig bewegen. Alles wirkt stimmig, bis ich den Text verstehe. Doch die Tanzversion von „Feliz Navidad“ beglückt hier auch im April.

Vierzehn

Cu Chi

Es gab dort unten Küchen, Schulen und ein Krankenhaus.

Ich habe Zeit, von der Dachterrasse die noch stillen Gassen zwischen Pham Ngu Lao und Bui Vien eingehend zu betrachten. Diesen kontemplativen Moment verdanke ich dem Büro, bei dem ich gestern eine für heute geplante Tour nach Cu Chi und für morgen eine weitere ins Mekongdelta buchte. Um 6.45 Uhr sollte ich mich vor dem Büro einfinden. Das tat ich, allerdings allein. Ich betrat den Raum, um mich zu vergewissern, ob der Bus tatsächlich in zehn Minuten fahre. Der junge Mann hinter dem Tisch runzelte die Stirn.
„Da gibt es ein Problem, Cu Chi wird als Halbtagestour nicht angeboten. Sie können eine kombinierte Tour machen: Vormittags Cu Chi, Nachmittags Mekong."
„Nein. Gestern sagte mir Ihr Kollege, dass es gut sei, wenn man für das Mekongdelta einen Tag Zeit habe."
„Ach so. Einen Moment bitte."
Um 7 Uhr fährt der Bus für die kombinierte Tour vor. Jetzt wüsste ich gerne Bescheid.
„Ah – der Kollege hat gestern einen Fehler gemacht", klärt mich der junge Mann auf. „Es gibt zwei Touren, aber die Abfahrt nach Cu Chi ist erst um 7.45 Uhr. Tut mir leid."
Damit habe ich auf der Dachterrasse auch genügend Zeit, das auf Englisch gefasste Infoblatt für den Trip zu studieren. Auf der Rückseite ist die vietnamesische Variante, bei der ich die Namen der Orte und die Uhrzeiten erkenne. Interessant: Die Orte und Ankunftszeiten sind identisch, nicht aber die Abfahrtszeiten. Wird auf der vietnamesischen Seite 7.45 Uhr angegeben, ist auf der englischen „Departure 07.15". Der Veranstalter traut seinen Landsleuten eher zu, pünktlich zu sein. Um 8 Uhr steht jedoch weder ein Bus noch irgendein Reisender vor dem Büro. Dafür begleitet mich ein netter Mitarbeiter zu dem Reisebüro, dessen Bedienstete mir gestern verdeutlichte, dass Tay Ninh kein lohnendes Ziel sei. Damit sich die Fahrt für sie lohnt, kooperieren die Büros. Und auch mit Hotels ar-

beiten sie offenbar zusammen, denn die weiteren Teilnehmer werden direkt bei ihren Unterkünften eingesammelt. Das kostet Zeit, zumal sie nicht immer an der Rezeption warten. Manche müssen noch zwischen Rezeption, Hotel- und Frühstückszimmer gesucht werden wie die drei jungen Männer, die nun in den Bus schlurfen. „Sorry, wir haben uns in der Zeit vertan", sagt der erste. Das ist vermutlich ein Grund für die Zeitangaben auf der englischen Fassung des Infoblattes.

Immerhin ist der Sitz bequem. Ich schlafe ein. Als unser Begleiter in das Mikrofon schnaubt, wechsle ich in einen leichten Dämmerzustand und bekomme bei geschlossenen Augen mit, dass er den Ablauf des Tages und sodann die Geschichte seines Landes seit dem Zweiten Weltkrieg referiert. Er spricht jedes einzelne Wort schnell, lässt nach dem Wortende aber stets eine kurze Pause. Als der Busfahrer sich lautstark erzürnt, folgt eine längere Sprechpause. Der Fahrer drückt dauerhaft auf die Hupe. Und dieses Hupen hat erkennbar Aggressionspotential. Ich mache die Augen auf. Als nächste Eskalationsstufe wird unsere Tür geöffnet. Mit hoher Stimme beklagt der soeben noch Hupende gegenüber einem Kollegen, der mit dem von ihm geführten Bus sehr nah bei uns steht, dass dieser bei einer Zusammenführung der Fahrspuren uns nicht passieren lässt. Wir stehen in einem Stau und das scheint hohen Druck auszulösen. Der andere blickt durch das Fahrerfenster und gibt sich unbeeindruckt. Unser Streithahn wechselt schreiend in die nächsthöhere Tonlage. Der andere erwidert, nicht unbedingt zurückhaltender. Unser Begleiter merkt, die Entwicklung ist kritisch. Passagiere hin oder her, der Fahrer ist gerade zu allem entschlossen. Der Guide redet vietnamesisch (ohne Sprechpausen) auf ihn ein – mit Erfolg. Wir reihen uns hinter dem Kontrahenten ein und der Tourbegleiter setzt nahtlos den Geschichtsvortrag fort: „Tunnelsysteme wurden bereits im Französischen Krieg errichtet. In den 60er Jahren wurden sie aber erheblich ausgebaut. In Cu Chi waren sie über 200 Kilometer lang. Es gab drei Ebenen, teilweise noch eine vierte. Die oberste war drei bis vier Meter unter der Erde, die zweite sechs Meter, die dritte acht bis zehn Meter. Es gab dort unten Küchen, Schulen und ein Krankenhaus. Die Zugänge befanden sich teilweise unter Wasser, zum Beispiel am Saigon-Fluss. Die Tunnel waren eine wichtige Basis während der Tet-Offensive und ein Rückzugsort nach Anschlägen. Die Amerikaner hatten immer das Problem, dass sie mit ihrer Waffenüberlegenheit wenig anfangen konnten, weil sie nicht wussten, wo ihr Feind steckte. Und er war nur 25 Kilometer von Saigon entfernt, also vor der Haustür."

Bei dem jetzt angewachsenen Verkehr hätten allerdings auch die Truppen der „Nationalen Front für die Befreiung Südvietnams" (NLF) ihre Schwierigkeiten gehabt, in die Metropole oder zurückzukommen. Der Tourbegleiter verwendet für sie ebenfalls den Begriff „Viet Cong", eine Abkürzung von „Viet Cong-san", vietnamesischer Kommunist. Ursprünglich als Abgrenzung zu den nationalistischen „Viet Quoc" – selbst in vietnamesischen Lexika – verwendet, verbreiteten vor allem Diem und die US-Behörden den Begriff nachdrücklich, um den Unterschied zu den im Indochinakrieg siegreichen Viet Minh hervorzuheben. Auch wenn die Kommunisten innerhalb der NLF dominierten, war es zunächst ein Sammelbecken für verschiedene Gegner Diems wie enteignete Bauern, Buddhisten, Caodisten oder ehemalige Viet Minh. Die bei den US-Soldaten übliche Bezeichnung „Charlie" folgte aus der Verkürzung auf die Anfangsbuchstaben „VC" und der Entsprechung im NATO-Alphabet für den Buchstaben C. Diese Bezeichnung habe ich hier allerdings noch nicht gehört.

„Cu Chi war strategisch sehr wichtig für die Viet Cong", fährt der Guide fort. „Die US-Streitkräfte hatten in der Nähe ein großes Lager mit Flughafen. Neben diesem griffen die Viet Cong von hier aus die Wehrdörfer an."

Das Wehrdorfprogramm ging auf einen ausgeklügelten Plan des amerikanischen Ökonomen Eugene Staley zurück, der erkannte, dass die südvietnamesische Regierung der Landbevölkerung etwas geben musste, um sie für sich zu gewinnen. Dementsprechend beunruhigte diese Idee die NLF mehr als die Ankündigung einer ame-

rikanischen Waffenlieferung. Um deren Kämpfern die Rückzugsmöglichkeiten zu nehmen, sollten auf Kosten der USA in eineinhalb Jahren etwa 15.000 Dörfer mit Stacheldraht und Zäunen aus angespitzten Bambusstangen gesichert werden. Dazu sollte jede Siedlung mit bis zu 900 Einwohnern ein Krankenhaus und eine Schule erhalten. Dass ein guter Plan nicht immer gut umgesetzt wird, ist nichts Ungewöhnliches. Dass die Umsetzung zum Gegenteil des beabsichtigten Zieles führt, kann passieren. Doch selten dürfte dabei die Diskrepanz von Aufwand und Nutzen so groß gewesen sein. Diem und sein Bruder waren von der amerikanischen Idee nicht begeistert, bis sie das wirtschaftliche Ausmaß der US-Hilfen und das Kontrollpotential erkannten. Ein großer Teil der Hilfen versickerte im südvietnamesischen Verwaltungsapparat. Dieser erlegte den Bauern, sobald sie in ein Dorf umgezogen waren, auch noch erhebliche „Schutzsteuern“ auf. Außerdem mussten sie eine Kleiderordnung einhalten und sich nachts in der Siedlung aufhalten.
„Die Menschen wollten ihre alten Dörfer nicht verlassen, weil dort ihre Vorfahren beerdigt sind und deren Seelen am Altar ein Zuhause haben“, sagt der Begleiter. „Sie mussten sie zurücklassen. In den Wehrdörfern war außerdem kein Platz für die Tiere der Bauern.“ Zu allem Überfluss erkannten die Viet Cong, dass sie den in den Dörfern verbauten Stacheldraht gut verwenden können. Von nun an griffen sie bevorzugt Wehrdörfer an. Damit demonstrierten sie zugleich, dass die Bewohner dort besonders gefährdet sind. Von dem ursprünglichen Ziel, die Landbevölkerung für sich zu gewinnen, war man spätestens dann weit entfernt, als die ARVN-Truppen begannen, die Dorfältesten, die den Umzug verweigerten, öffentlich hinzurichten, die alten Dörfer niederzubrennen und die Bauern mit Waffengewalt zum Bau eines neuen Wehrdorfes zu zwingen. Kurz nach der Ermordung Diems im November 1963 und knapp zwei Jahre nach Anordnung des Programms gestattete die neue Führung den Bauern, in ihre alten Dörfer zurückzukehren, was die meisten sofort taten. Die Viet Cong hatten inzwischen zahlreiche neue Unterstützer gewonnen.

Unterstützung erhoffen sich auch die Betreiber einer Manufaktur für Lackarbeiten, an der unser Bus auf Grund einer Provisionszusage hält. Doch Hitze und fortgeschrittene Zeit mindern bei den Tourteilnehmern die Kauflaune. „Jetzt geht es direkt in die Tunnel." Der Guide deutet die Zeichen richtig.

Die Gemeinde Cu Chi ist unspektakulär. Nichts lässt bei der Anfahrt erahnen, welche Leistungen damals im Untergrund erbracht wurden. Auch die US-Einheiten erahnten das lange nicht. Als sie von den Tunneln erfuhren, unterschätzten sie das Ausmaß. „Über 16.000 Guerillakämpfer lebten hier in kleinen Einheiten. Für die Beleuchtung verwendeten sie kleine Öllampen. Leitungen sorgten dafür, dass der Rauch vom Herd an einer ganz anderen Stelle an die Oberfläche kam", erzählt unser Begleiter. „Ab 1967 bekämpften die Amerikaner die Viet Cong in den Tunneln. Sie versuchten es mit Giftgas und mit Wasser. Aber wegen der Zwischenräume hatte das fast keine Wirkung. Sie setzten Tunnelratten ein: So hießen Soldaten aus den USA, Australien und Neuseeland, die mit leichten Waffen in die Tunnel krochen. Falls sie durchkamen, konnten sie den Viet Cong schaden. Doch die meisten starben selbst. Die Viet Cong bauten Sprengfallen ein oder warteten, bis der Feind durchkroch und spießten ihn dann mit Bambusstöcken auf. Einige Gänge endeten in Fallen." Im Wald, eingehüllt von lautem Zirpen und flirrender Hitze, sehen wir, mit welchen Mitteln die Viet Cong im Dschungel kämpften. „Das ist zum Beispiel eine Tigerfalle, nur nicht für Tiger, sondern für GIs." Wir sehen nichts. Der Guide tritt an ein Stück umzäunten grünen Rasen, unter dem sich ein Holzbrett verbirgt. Er tritt auf eine Seite, die andere schnellt hoch. Holzspieße, einen halben Meter hoch, ragen uns entgegen. „Sie war aber eher selten. Häufiger wurden diese verwendet." Er deutet auf Fallen, in die man tritt, die das Opfer aufspießen oder zumindest dem Bein fürchterliche Verletzungen zufügen. „Und die Viet Cong lernten: US-Soldaten traten bei Durchsuchungen von Häusern oft die Türen mit den Stiefeln auf, während sie das Gewehr hochhielten. Und dann passierte das:" Er tritt unten gegen ein Brett. Von der anderen Seite schnellt ein Nagelbrett herunter. „Die Verletzungen hatten eine starke Wirkung auf die Kampfmoral. Die GIs mussten hinter jedem harmlosen Stück Holz eine Waffe vermuten, die sie verstümmelte oder tötete."

Auf der anderen Seite war das Leben der Cu-Chi-Kämpfer ebenfalls kein Zuckerschlecken. Weil China und die Sowjetunion sich anfangs mit Waffenunterstützung zurückhielten, mussten sie aus Blindgängern der amerikanischen Bomben Stahl und Pulver für ihre Fallen gewinnen, was nicht weniger gefährlich war als die Falle selbst.

„Seht ihr den Eingang?", fragt der Guide.

Wir schütteln den Kopf. „Hier!", mit dem Fuß schiebt er Laub zur Seite. Zum Vorschein kommt ein kleines Brett. „Das ist ein Eingang. Wer mag hinein?"

Ein Amerikaner aus unserer Gruppe hebt zuerst die Hand. Was folgt, erfüllt ein fast schon erwartbares Klischee. „Die Arme gestreckt nach oben halten beim Einsteigen", sagt unser Tourguide. Der Besucher hält sie nach oben, doch seine Hüfte ist zu breit. Er steckt fest. Obwohl kein Viet Cong ihn angreift, wird er hektisch. „Ganz ruhig", sagt der Guide. Gemeinsam mit dem Freund des Feststeckenden gelingt es, diesen wieder an die Oberfläche zu ziehen. Nach ihm wagt eine Südamerikanerin den Einstieg. Sie ist zierlich genug, um durch die Öffnung zu rutschen, muss aber ebenfalls nach oben gezogen werden, weil sie zu tief im Loch versinkt, um sich aus eigener Kraft wieder hochstemmen zu können. Ein schmächtiger Argentinier verschwindet vollständig im Eingang, dessen Öffnung er von unten mit dem Brett schließt. Mit dem Laub, das unser Guide darüber streut, ist die Tarnung perfekt. Danach versuche ich es. Ich halte das Brett mit gestreckten Armen nach oben, setze es dann über mir mit einer langsamen Bewegung ab. Sofort ist es dunkel, eng und stickig. Dass Menschen jahrelang unter der Erde lebten, sagt viel über ihre Leidensfähigkeit und physische Konstitution.

„Der Eingang", sagt unser Guide, „wurde für westliche Besucher vergrößert." Und an den eineinhalb Köpfe größeren und etwa einen Zentner schwereren, lachenden Amerikaner gerichtet: „Dich

könnte ich zu einem Cu Chi-Kämpfer formen.“ Er spricht es aus wie „Gucci-Fighter“. Das wäre auch eine Idee.
Wir gehen ein paar Schritte weiter. Der Guide bleibt stehen: „Fällt euch etwas auf?“
Natürlich nicht.
„Was ist das?“. Er deutet auf einen Termitenhügel.
„Ein Termitenhügel?“, frage ich.
„So soll es aussehen. Es ist aber eine Belüftungsstation. Wurde sie erkannt und zerstört, zog die Einheit unter der Erde in ein anderes Gebiet. Und das könnt ihr jetzt versuchen. Hier könnt ihr einen Tunnel kennenlernen. Ursprünglich waren sie 80 cm hoch und am Boden maximal 70 cm breit. Für westliche Besucher wurden sie auf über einen Meter Höhe erweitert. Nach 20 Metern ist der erste Ausstieg. Passt auf, dass ihr nichts verliert. Ihr könnt nicht umkehren. Und stellt euch vor: Früher begegneten den Cu Chi-Kämpfern giftige Schlangen und Spinnen.“
Im Entengang watschele ich hinter dem Argentinier her. Menschen mit Platzangst können hier ein extremes Flooding praktizieren. Nach zehn Metern bin ich nass geschwitzt und wähle – wie alle anderen – den ersten Ausstieg.
„1969 haben die Amerikaner das Tunnelsystem so stark bombardiert, dass Abschnitte kollabierten.“
„Trafen die Bomben auch die Siedlung Cu Chi?“, fragt ein Chilene.
„Davon ist auszugehen.“ Der Guide winkt uns zu sich und spricht mit gedämpfter Stimme. „Wart ihr schon einmal in dem Museum in Saigon?“
Einige nicken.
„Es wird dort nur eine Seite gezeigt. Was nicht gezeigt wird: Soldaten der südvietnamesischen Armee wechselten die Seiten und verübten Anschläge auf Amerikaner. Viet Cong tarnten sich als Dorfbewohner und erschossen US-Soldaten. Die Amerikaner wussten nie, wem sie trauen konnten, immer mussten sie mit einem Hinterhalt rechnen. Und es gab Massaker der Viet Cong an der Zivilbevölkerung, wenn sie glaubten, dass jemand aus einem Dorf mit den US-Soldaten oder

der südvietnamesischen Armee zusammenarbeitete. Was in den Museen gezeigt wird, ist richtig. Aber es ist nur eine Seite. Mein Vater war Helikopterpilot bei der ARVN. Er musste zwei Jahre in ein Umerziehungslager. Danach konnte er nicht mehr arbeiten. Und er hatte Glück, dass er überlebte. Die Nordvietnamesen nahmen sich alles und viele aus dem Süden versuchten, aus Vietnam zu fliehen."

Er erzählt von den Boatpeople, die wegen der drohenden Inhaftierung oder Perspektivlosigkeit nach vollständiger Enteignung das Land verließen. Weil die Flucht in eines der angrenzenden Länder keine Verbesserung gebracht hätte, wählten sie den Weg über das Meer in überfüllten Booten, die kenterten oder von Piraten angegriffen wurden. Für eine Viertel Millionen Menschen endete dieser Weg tödlich. Die USA und Frankreich nahmen am meisten Flüchtlinge auf.

„Viele Vietnamesen leben und arbeiten im Ausland und unterstützen ihre Familienangehörigen, die im Land geblieben sind."

„Und, kann man jetzt in Vietnam gut leben?" fragt der noch nicht ausgebildete Gucci-Fighter.

„Besser als damals", grinst der Guide. Im nächsten Moment blickt er wieder ernst. „Wir haben aber nach wie vor ein großes Korruptionsproblem." Wie das konkret aussieht, legt er nicht näher dar, weil der Argentinier sich jetzt für einen anderen sensiblen Bereich interessiert: Wie denn die Position Vietnams zu dem Angriffskrieg Russlands gegen die Ukraine und zu den Drohgebärden Chinas gegenüber Taiwan sei.

Der Guide lächelt: „Die Haltung ist: Diese beiden Länder haben Vietnam in dem Amerikanischen Krieg unterstützt, die Regierung legt Wert darauf, neutral zu sein."

Und lächelnd erscheint er kurz darauf mit einem Tablett, auf dem geschnittene weiße Würfel liegen. Maniok schmeckt hervorragend, vor allem die Lateinamerikaner sind begeistert. Ob er selbst kosten wolle, fragen wir unseren Gastgeber.

Nein, er winkt deutlich ab. „Zu Hause bekam ich das jeden Tag morgens, mittags und abends. Meine Mutter sagte, den Reis brauchen

die Soldaten. Später hieß es, er werde nach China exportiert. Bei uns gab es immer Maniok. Für euch gibt es noch einen Nachtisch." Er grinst. „Einen 20-Minuten-Film. Es ist ein Film für die Gewinner."
Was er damit meint, wird nach 20 Sekunden klar. In einem kleinen überdachten Raum flimmern Schwarz-Weiß-Bilder, die an Werke aus den 50er Jahren erinnern. Doch der Inhalt verrät: Sie müssen später gedreht worden sein. Die ersten Einstellungen zeigen eine große, farblose Idylle. Die lächelnden „Cu Chi"-People werden stets mit einem Zusatz wie „gentle" bedacht. Sie haben süße, kleine Kinder und „schöne Pflanzen". Dann hört man zum furchtbaren Dröhnen schwarzer Bomber der „american devils" die Erklärung: „They fired into women and children, chicken and ducks, Buddhas and the ground." Nach dem nächsten Schnitt wird der Grundton deutlich heller. Eine zierliche junge Vietnamesin schwebt mit ihrer Kalaschnikow fröhlich über den Boden. Ein Mädchen, das aus einem kleinen Loch im Boden robbt, schießt, legt Fallen und Minen. Alle lachen herzlich. Aus den Bomben der Teufel werden von gut gelaunten Cu-Chi-Fightern gute Waffen geschmiedet. Dann arbeiten sie mit den Sturmgewehren auf dem Rücken gelöst im Reisfeld oder kriechen vergnügt in einen Tunnel. Dazwischen tanzen sie anmutig aus Freude über einen Sieg. Es geht erkennbar nicht darum, Handeln von Menschen begreifbar zu machen. Der beabsichtigte Effekt springt jeden Zuschauer an. Umso beachtlicher ist, wie klar unser Guide seine Sicht der Dinge formuliert.
Deutliche Formulierungen finde ich auch in deutschsprachigen Reiseführern und Artikeln betreffend ein weiteres Angebot, das den Besuchern unterbreitet wird. Diesbezüglich dürfte das beliebteste Wort der deutschen Autorinnen und Autoren „geschmacklos" sein. Auch wenn es häufig verwendet wird: Jeder Wertende begibt sich damit auf dünnes Eis, ist dem Geschmack doch immanent, dass er subjektiv ist. Der, der etwas als „geschmacklos" bezeichnet, möchte ihn aber einem anderen mit dem Anschein der Objektivität absprechen. Ich will mich deshalb vorsichtig herantasten: Ungewöhnlich – zumal für einen in Deutschland so-

zialisierten Menschen – erscheint es durchaus, dass mitten in einem ehemaligen Schlachtfeld Schüsse aus (wie ich später erfahre) AK47- beziehungsweise M16-Sturmgewehren zu hören sind. Und noch bemerkenswerter ist, dass jeder Tourist für umgerechnet einen Dollar pro Patrone damit – beaufsichtigt durch einen Waffenmeister – auf Zielscheiben schießen darf. Gut, nicht jeder. Kinder sind vermutlich ausgenommen und Männer, die gerne würden, aber deren Frauen mit einem kurzen entsetzten Blick ihre Missbilligung zu deutlich zum Ausdruck bringen – wie die Argentinierin, die mit einem kurzen Kopfschütteln ihren Ehemann, der schon mit juckendem Finger Richtung Kasse geht, zurechtweist. Dass nicht alle Südamerikaner auf diese Erfahrung verzichten wollen, sehe ich an dem Chilenen, der sich mit seiner Tochter den kurzen Patronengurt teilt. Der Waffenmeister nickt ihnen freundlich zu. Sie wählen die Kalaschnikow, die Tochter staunt über den Rückstoß. Kurz darauf kehren sie strahlend vom Schießstand zurück. Dass die ausgeprägte Waffenaffinität eines Menschen bei anderen Unbehagen auslöst, kann ich gut nachvollziehen. Ich denke, für das friedliche Zusammenleben in einer Gesellschaft ist es wichtig, dass der private Besitz von Waffen sehr restriktiv gehandhabt wird. In Vietnam ist er untersagt. Davon zu trennen ist die Frage, ob man den Vietnamesen für den gegenwärtigen Umgang mit ihrer Vergangenheit den Geschmack absprechen sollte. Auch auf mich wirkten die DMZ-Bar in Hue oder dieser Schießstand zunächst wie ein Tabubruch. In Deutschland wären entsprechende Einrichtungen kaum denkbar. Gleichwohl wäre es vielleicht manchmal besser, andere weniger zu bewerten und dafür länger zu beobachten.

Zurück in der Stadt werde ich vor dem Büro meines Veranstalters abgesetzt. Für morgen will ich „Missverständnisse" betreffend die Uhrzeit und Durchführung ausräumen. Der Tisch ist mit drei Mitarbeitern besetzt, auf die ich zusteuere.

„Hello, today..." Mehr muss ich nicht sagen. Alle drei blicken schuldbewusst (sogar einer, der heute Morgen nicht dabei war), verbeugen sich, und wiederholen fortlaufen: „Sorry! I´m so sorry." Damit hat sich meine ganze Ansprache erledigt. Selbst wenn ich wollte, könnte ich jetzt nicht böse sein.

„And tomorrow?", frage ich nur.

„Tomorrow will be fine", sagt die älteste Mitarbeiterin.

„We´ll see", sage ich, um einen Rest Skepsis zum Ausdruck zu bringen.

„Tomorrow will be fine", wiederholt die jüngere Kollegin. Sie wissen, wie sie mir die Worte aus dem Mund nehmen.

Fein ist jedenfalls die Dachterrasse des Hotels Rex – ein weißer Prachtbau, in dem ich mich am späten Nachmittag mit meinem besseren Dschungeloutfit underdressed fühle, als ich am Eingang uniformierten Bediensteten und nach Öffnen der Fahrstuhltür im obersten Stock zwei jungen Damen im schwarzen Rock, weißer Bluse, gelber Weste und schwarzer Fliege begegne. Weil aber die nächste junge Dame („Bedienung" oder gar „Kellnerin" wäre bei der Erscheinung unpassend) in einem perfekt anliegenden, eleganten Ao Dai auf meinen Wunsch, sie möge mir den Saigon Coffee nicht zu süß zuzubereiten, zweimal mit Verbesserungsvorschlägen Rücksprache nimmt, vermute ich: Sie wollen mich nicht möglichst schnell loswerden. Oder sie verbergen den Wunsch sehr gut.

Warum das Rex? Ich habe einiges über die Geschichte des Hotels und den Blick von der Dachterrasse gelesen. Und dabei wurde nicht zu viel versprochen. Links unten grüßt „Onkel Ho" vor dem alten Rathaus. In der Sonne strahlen freundlich die grün eingerahmte Fußgängerzone, ein hübscher Springbrunnen, die Oper und ein Stück der Dhoi Khoi. Auf der Terrasse vor mir biegt sich der Bambus sanft im Wind, der die weiße Krone, die ich gestern Nacht hell von unten leuchten sah, teilweise verdeckt. Anders als bei dem Majestic oder dem Continental war die Bestimmung des Gebäudes ursprünglich eine andere. Der französische Geschäftsmann Banier errichtete 1927 hier ein Autohaus. Ab 1959 wurde es in ein Hotel mit Kinos und Tanzsaal umgestaltet. Die ersten Gäste kamen bereits während der Umbauarbeiten: 400 US-Soldaten bezogen es 1961 für eine Woche. Für sie wurde ein Thanksgiving-Abendessen in einer Feldküche hier oben auf dem Dach gekocht. Drei Jahre später begannen im Rex die täglichen Pressekonferenzen der US-Militärführung, die den Kriegsverlauf stets euphemistisch darstellte. Die Journalisten vor Ort durchschauten das schnell, weshalb die Konferenzen von ihnen bald als „Five O´Clock Follies" bezeichnet wurden. Ihre Landsleute zu Hause ließen sich länger von der Regierung täuschen. Für eine Enttäuschung, also die Beseitigung der Täuschung, sorgte ausgerechnet die Tet-Offensive der Viet Cong, die diesen hohe Verluste einbrachte und aus rein militärischer Sicht ein gewaltiger Fehlschlag war. Am 31. Januar 1968 griffen sie mit 80.000 Soldaten gleichzeitig 100 Städte und 50 Dörfer in Südvietnam an. Die ARVN-Truppen waren zu Hause, gab es doch bislang zu Tet eine informelle Waffenruhe. Bis dahin setzte General Vo Nguyen Giap, der als Verteidigungsminister Hanois die Strategie maßgeblich bestimmte, auf die Zermürbungstaktik und Guerillaaktionen. Jetzt will er mit einem Überraschungsangriff einen Volksaufstand gegen die Amerikaner auslösen. Wenn die unzufriedene Bevölkerung sieht, dass die südvietnamesische Führung keine Kontrolle über die Sicherheit hat, wird sie sich erheben, so seine Idee. Doch die Offensive und das Halten eingenommener Stellungen zählen nicht zu den größten Stärken seiner Streitkräfte. Endlich haben die US-Truppen einen Feind, der ihnen eine Angriffsfläche bietet, den sie sehen und bekämpfen können. Die Angreifer verlieren mehr als die Hälfte ihrer Soldaten und mehr als zehnmal so viele wie die südvietnamesischen beziehungsweise amerikanischen Truppen. In den folgenden vier Jahren kann die geschwächte NLF keine größere Operation mehr durchführen. In kurzer Zeit haben die ARVN- und US-Truppen die besetzten Orte zurückerobert. Doch Ironie der Geschichte: Der größte militärische Fehlschlag der NLF wird zum Wendepunkt des Krieges. Denn die Tet-Offensive lässt die Stimmung in den USA kippen. Noch im November versicherte der US-Oberbefehlshaber in Vietnam Westmoreland den Journalisten: „Wir haben einen wichtigen Punkt erreicht, wo das Ende in Sicht kommt. Ich bin heute absolut sicher, dass der Gegner verliert. Die feindlichen Hoffnungen sind am Ende." Und zwei Monate später sehen die Amerikaner in ihren Fernsehern, wie ihre Botschaft in Saigon attackiert wird und eine Angriffswelle über Südvietnam rollt. Dass die Lage gerade nicht unter Kontrolle ist, zeigen weitere Bilder, die über den Bildschirm flimmern: Am zweiten Tag der Tet-Offensive richtet der Chef der südvietnamesischen Polizei vor den klickenden Kameras westlicher Berichterstatter auf offener Straße einen Viet Cong-Kämpfer mit einem Kopfschuss hin.

Was sie in den Fernsehern nicht sehen, sind die Verluste der Gegner und das Fehlschlagen Giaps Plans. Denn ein Volksaufstand bricht nicht aus. Die US-Journalisten liefern Bilder der Verzweiflung und der Verbrechen, begangen von denen, die die amerikanische Bevölkerung bislang zu den Guten zählte. Die Bilder entfachen Massendemonstrationen gegen den Krieg und Zusammenstöße der Kriegsgegner mit der Polizei in den USA wie im Mai 1970 an der Kent State University, wo vier Studenten von Nationalgardisten erschossen werden. Letztlich hatte Giap Erfolg, wenngleich dieser auf einem anderen Weg kam. Der General kommentierte seine Taktik später mit den Worten: „Bis Tet dachten die Amerikaner, dass sie diesen Krieg gewinnen können. Dann wussten sie, dass sie es nicht können."

Als ich meine Tasse ausgetrunken habe, ist die Sonne untergegangen. Die Krone leuchtet an der Ecke der Dachterrasse. Mit Genuss löffle ich 20 Minuten später auf dem roten Plastikhocker einer Straßenküche sitzend eine Suppe. Pho schmeckt – das habe ich im Vorfeld bereits gelesen – im Süden tatsächlich anders als in Hue oder Hanoi. Sie ist weniger herzhaft, dafür hat sie einen leicht süßen Geschmack.

Den hat auch mein Gin Tonic, den ich vor der Sportsbar bei Mega und seinem pragmatischen Chef trinke. Sie haben einen Teil der Straße bestuhlt. So sitze ich noch näher am pulsierenden Leben. Während ich die Fotos des Tages durchgehe beziehungsweise aussortiere, nehme ich im Augenwinkel um mich herum plötzlich hektische Bewegungen wahr. Ich hebe den Kopf. Direkt vor mir steht ein großer Polizei-SUV. Rechts daneben gibt mir Mega mit den Augen zu verstehen, dass ich mich auf einen Stuhl an der Bar setzen soll. Ich nehme mein Glas und folge stumm seinem Rat. „The police!“, ruft eine Amerikanerin, die im Außenbereich sitzt. Sie und zehn weitere Gäste springen auf. Der Chef räumt mit seinen Mitarbeitern eilig die auf der Straße stehenden Stühle weg und winkt die Gäste mit einem rudernden Arm nach drinnen. Das Polizeischiff schippert langsam weiter. Es verschwindet gerade um die Ecke, als der Chef den Stuhl, den er noch in der Hand hält, erneut auf die Straße stellt. Ebenso schnell wie der Platz geräumt wurde, ist er bestuhlt. Die Gäste setzen sich sofort wieder draußen hin.

„Man darf mit der Polizei nicht diskutieren. Man muss machen, was sie sagt,“ grinst der Chef. „Solange sie da ist.“

Fünfzehn

My Tho

Der Mekong gibt alles.

TG-11862

„We say Saigon, not Ho-Chi-Minh-City. Ho Chi Minh is a person, but Saigon is in our mind and blood." Das ist ein deutliches Bekenntnis zu einer Stadt und einem Namen. Der Name des Bekennenden ist Tang, das bedeute „Gewinner". „Doch meine Eltern meinen, „Verlierer" würde besser passen. Denn ich bin 30 und nicht verheiratet. Meine Schwester ist 21 und hat geheiratet. Meine Eltern stammen aus einem Dorf nördlich von Hue. Die Menschen in dem Ort heiraten im Alter von 20 bis 25. Wenn meine Eltern an mich denken, werden sie nervös." Dafür lebt er in der Stadt, die er liebt und die er kennt. Der Bus passiert Cho Lon. Unser Begleiter erklärt: „Das ist die Chinatown. Es gibt dort viele Märkte. Als die Chinesen nach Saigon zogen, siedelten sie hier. Der Stadtteil war der am weitesten entwickelte. Wir haben eine Menge von ihnen gelernt."
Was Tang nach eigenen Worten ebenso liebt wie Saigon ist der Mekong. Wenngleich (unter anderem) die Chinesen hier eine Entwicklung geprägt haben, deren Ergebnis ihm weniger gefällt: „40 Staudämme für Wasserkraftwerke sind es mittlerweile, von China, über Laos und Kambodscha bis Vietnam. Deshalb haben wir heute viel weniger Fische im Fluss. Und 100 weitere Dämme sind geplant." Ungeachtet dieser Nutzung sei der Mekong nach wie vor ein großer Segen. Ein Großteil des Reises und der Früchte wächst an seinen Ufern. „Dort gab es immer genug Essen, anders als in Zentralvietnam, wo ich aufgewachsen bin. Bei uns gab es oft eingelegte Speisen. Meine Eltern mussten die Nahrungsmittel konservieren, damit wir das ganze Jahr über genug hatten. Der Mekong verschaffte den Menschen im Delta schon früher ein easy-going: Er nimmt ihnen viel Arbeit ab. Wegen der Nähe zum Meer werden durch den Tidenhub die Obstfelder bewässert. Die Bauern müssen nur Kanäle anlegen, der Mekong erledigt den Rest."
Vermutlich würde Tang, der zierliche Hände und feine Gesichtszüge hat, es nicht so uneingeschränkt formulieren, wenn er ein Obstbau-

er wäre. Aber er hat andere Stärken. Er weiß etwa, dass die Stadt, die wir ansteuern, lange Zeit im Herrschaftsgebiet der Khmer lag. Vor etwa 300 Jahren gründeten Flüchtlinge aus China My Tho („schönes Schilf“). Im 18. Jahrhundert übernahmen die Vietnamesen die Macht. „Die wichtigste Sehenswürdigkeit ist der Mekong. Er ist der längste Fluss in Südostasien, auf seinem Weg durch China, Myanmar, Laos und Kambodscha nimmt er viel Erde mit, deshalb ist er so braun. Viele Menschen leben am Fluss und auch von ihm. Wenn ihr sie fragen würdet, ob sie den Mekong kennen, würden sie „nein“ sagen. Sie nennen ihn hier Drachenfluss.“ Die Bedeutung des Drachens wurde von den Chinesen übernommen. „Im Fluss liegen eine Drachen- und eine Einhorninsel. Wenn ein Drache mit einem Einhorn tanzt, bringt das viel Glück.“ Das können die Fischer, an deren schwimmenden Häusern wir mit unserem Boot vorbeituckern, angesichts der geplanten neuen Staudämme gut gebrauchen. 14 Kilometer ist der Fluss an einer Stelle in Laos breit. Im Delta teilt er sich in mehrere Arme. Auch dieser Arm ist kräftig, obwohl der Wasserstand nach Angaben Tangs gerade niedrig sein soll: Er ist deutlich breiter als etwa der Rhein bei Mainz und deutlich unruhiger.
Die Ruhe zu bewahren ist bei unserem Stopp an einer Insel kein Nachteil. Tang möchte uns die „Symbiose zwischen Mensch und Tier“ – hier in Gestalt von unzähligen Bienen – demonstrieren. „Die Bienen sammeln den Nektar von den Obstbäumen und bestäuben dabei die Blüten. Sie produzieren wunderbaren Honig.“ Ich hätte eher an eine Symbiose zwischen Biene und Baum gedacht. Den Nutzen aus der von ihm angesprochenen Zusammenarbeit dürfte im Schwerpunkt der Mensch ziehen, aber weil Nutzen schwer messbar ist, will ich mich gedanklich nicht mit dem Aufwiegen beschäftigen. Ich komme ohnehin nicht dazu. Denn ein junger, kräftiger, großer und noch dazu schweigsamer Mann trägt einen Holzkasten mit einem von Bienen übersäten Wabenfeld zu uns. Um ihn herum schwirren die Honigproduzenten. Er hält den Kopf schief und lächelt irritierend.
„Möchte jemand kosten?“, fragt der Guide. Die Blicke der anderen gehen in verschiedene Richtungen. Keiner sieht ihn oder den

lächelnden Bienendompteur an. Das Angebot zu ignorieren, empfinde ich als unhöflich. Zaghaft hebe ich die Hand. Auf den Waben krabbeln viele Bienen. Der Dauerlächler trägt sie zu mir, hält sie auf Gesichtshöhe und pustet in einen Pulk. Kohlendioxid soll Wespen aggressiv machen. Ist das bei Bienen anders? Wo er hinbläst, räumen die Bienen einige Waben. Wortlos nimmt der Lächler meinen Zeigefinger und steckt ihn in die von den Insekten umringte Wabe, während ich staunend zusehe. Tatsächlich ziehe ich ihn unversehrt wieder heraus und schlecke ihn – entsprechend der stummen Aufforderung des Fingerführers – ab. Der Honig schmeckt hervorragend, die Bienen bleiben friedlich. Und gesund soll ihr Produkt zudem sein. Vielleicht mildert er den Reizhusten, den ich seit der Ankunft in Saigon habe. Andererseits darf man nicht zu viele Erwartungen in Honig setzen. Jedenfalls nicht in gewöhnlichen. Angepriesen wird in der Imkerei noch etwas anderes. Will man dem ausgeteilten Informationszettel glauben, handelt es sich um ein Zaubermittel: „Royal Jelly", auch genannt „Gelée Royal" oder „Muttermilch der Bienen". Es ist das, wovon sich die Bienenkönigin ernährt. Nüchtern bezeichnet: Der Futtersaft für die Stockmutter. Aber die sachlich-nüchterne Betrachtung steht auf dem Informationsblatt nicht allzu hoch im Kurs. Vielmehr ist zu lesen: Royal Jelly hilft, die Haut zu glätten, die Falten zu beseitigen, die Schönheit zu pflegen und dem Alterungsprozess entgegenzuwirken. Die beiden letztgenannten Wirkungen klingen ein wenig unbestimmt. Die beiden zuerst genannten wünschen sich einige. Doch das ist noch lange nicht alles. Denn Royal Jelly wirkt zudem gegen Bluthochdruck, Probleme hormoneller Umstellungen („menopause"), zu hohe Blutfettwerte und lässt die Augen strahlen. Wen selbst das nicht überzeugt: Er stellt die sexuelle Potenz „beider Geschlechter" wieder her und hilft gegen Schlafstörungen. Auf dem Informationsblatt werden stichpunktartig weitere fantastische Effekte beschrieben, die mich an die Wundermittel erinnern, die auf Verkaufssendern rund um die Uhr beworben werden. In keinem der zahlreichen Prozesse, die ich in dem Zivilsenat für Streitigkeiten auf dem Gebiet des gewerblichen

Rechtsschutzes erlebte, konnten die Anpreisenden wissenschaftlich aussagekräftige Studien vorlegen, die die versprochenen Wirkungen belegten. Den Verkaufserfolg schien das nicht zu trüben.
Und für den Absatz des Royal Jelly ist es vermutlich förderlich, dass auf dem Infoblatt kein Platz für mögliche Nebeneffekte wie Blutdruckabfall, Erbrechen, Durchfall oder allergische Reaktionen ist. Andererseits soll man sich nicht zu sehr vor jeder Gefahr verstecken, wenn man das Leben ganzheitlich erfassen will. Das denkt sich vermutlich der stumme Bienenfreund, der mir nur wenige Meter weiter eine helle Python um den Hals legt. Die Frage nach einem etwaigen Einverständnis hat er in ein angedeutetes Heben des Kinns verpackt und die Antwort wohl meinem stillen vorherigen Gewährenlassen entnommen, als er meinen Zeigefinger in die Waben presste. Auch diese Erfahrung ist keine unangenehme: Die Haut der Schlange ist kühl, glatt und weich. Und wenn es gefährlich wäre, würden sie sie einem Touristen nicht einfach um dem Hals legen, beruhige ich mich. Andererseits hat der Schlangenbändiger ihren Kopf vorhin, als er sie um seine Schultern gelegt hatte, auffallend schnell ergriffen und von sich weggehalten. Deshalb ist es nicht unangenehm, als er sie wieder zu sich nimmt.
„Sie wirkt harmlos“, sage ich zu Tang.
„Das ist nur, weil sie vorhin gefressen hat. Sonst wäre sie nicht so friedlich.“ Er antwortet sehr leise. Die zierliche Asiatin, die vorsichtig nach vorne getreten ist, um eine neue Erfahrung zu machen, hört ihn nicht. Trotzdem beginnt sie im nächsten Moment, Geräusche von sich zu geben, die man mit gutem Willen als Singen bezeichnen könnte. Sie fängt damit an, als die Python sich an ihre Schultern schmiegt. Und sie scheint es zu bereuen, dass sie einmal mutig sein wollte. Lange war man sich uneins, ob Schlangen hören können, weil sie weder Gehörgang noch Trommelfell, andererseits aber ein sensibles Innenohr und eine Hörschnecke haben. Diese scheint zumindest die hohen Töne ihrer Trägerin nicht als störend wahrzunehmen, jedenfalls bleibt sie friedlich. Vielleicht weiß sie auch, dass es ihr hier gut geht und sie es sich mit den Besuchern nicht verscherzen darf.

„Früher gab es in der Nähe einen großen Schlangenmarkt. Schlangenfänger war einmal ein verbreiteter Beruf. Und – sie werden immer noch gegessen", sagt Tang.
„Auch von dir?", frage ich.
Seine Miene verändert sich augenblicklich, als habe er gerade in eine Zitrone gebissen. „Wenn ich nach Hause komme, bereitet meine Mutter fast immer eine Mahlzeit damit zu. Ein paar kleine Stücke kann ich hinunterwürgen. Dann ist sie nicht allzu enttäuscht." Sie haben es nicht einfach miteinander.
Es fiele ihm wohl leichter, ihre Speisen zu loben, wenn sie Puffreis zubereiten würde. Tang führt uns in eine Hütte. In einem Holzofen knistert brennendes Holz. Darüber ist ein Wok mit einem Durchmesser von etwa einem Meter eingelassen. Ein schlanker Mann in einem grauen Hemd mit hochgekrempelten Ärmeln wirft eine Schaufel voll weißer und (winziger) schwarzer Körner hinein. Dann rührt er mit einem langen Stab den Inhalt. Erst springen einzelne, dann immer mehr weiße Körner wie kleine Knallfrösche in dem Wok umher.
„Puffreis", ruft Tang begeistert, „schmeckt ausgezeichnet mit Gewürzen." Mit einem Sieb werden die schwarzen Teilchen vom gepoppten Reis getrennt.
„Was sind die schwarzen Körner?", frage ich ihn.
„Sand."
„Ein spezieller Sand?"
„Nein, direkt vom Flussufer." Er grinst. „Der Mekong gibt alles."
Alles scheint er dann doch nicht zu übernehmen. Denn wir brauchen jetzt ein Tuk-Tuk, auf dessen Ladefläche wir regelmäßig die Köpfe einziehen müssen, um den Ästen der Bäume auszuweichen. Bei unserem nächsten Halt werden die Früchte der zahllosen Obstbäume aufgetischt: Papaya, Mango, Drachenfrucht, aber nicht Durian, wie Tang betont. „Manche nennen sie Stinkfrucht. Ich mag sie. In Vietnam gilt sie als Delikatesse." Der Geschmack sei eine Mischung als Vanille, Mandeln und Ananas, aber das, was die meisten Besucher aus Amerika oder Europa abschrecke, sei der Geruch. Es

sei eine Mischung aus altem Käse, verfaulten Zwiebeln (andere sagen faulen Eiern) und/oder Terpentin. Es soll Länder geben, in denen der Verzehr in U-Bahnen, Zügen oder Flugzeugen verboten sei. Und in Jakarta hätten Fluggäste einmal gemeutert, weil die geladene Fracht aus dem Raum unter ihnen so unfassbar gestunken hätte. Sie hätten sich erst beruhigt, als die Ladung vor dem Abflug wieder entfernt worden sei.

Von der intensiven Geruchsvielfalt bleiben wir verschont. Unser Teller ist auch ohne Durian gut gefüllt. Dazu bekommen wir kulturelle Genüsse serviert. Ein Gitarrist in schwarzem T-Shirt und vier Sängerinnen in rosafarbenen Kleidern tragen traditionelle Lieder (laut Guide inhaltlich traurig, weil sie davon handeln, dass der Kolonialherr alles genommen hat) vor. Die Wurzeln des letzten Werks, das deutlich lebendiger klingt, liegen jedoch in Europa. Zur Melodie von „Frère Jacques" wird ein (vermutlich) vietnamesischer Text gesungen. Das in der deutschen Variante enthaltene „Ding dang dong" bleibt aus.

Wir verabschieden uns. Tang möchte uns noch etwas anderes zeigen. Auf einem schmalen Pfad gehen wir um ein Haus und sehen weiß geflieste, blau gestrichene Gräber. „Es gibt hier keinen öffentlichen Friedhof. Die Angehörigen werden auf den eigenen Grundstücken bestattet. Wenn jemand viel Platz hat, ist das kein Problem. Ist das Grundstück klein, ist das Grab sehr nahe am Haus. Als ich in den Süden kam, hat mich ein Freund einmal zu sich nach Hause eingeladen. Wir waren einige Zeit unterwegs. Um mich auszuruhen, setzte ich mich auf eine kleine Mauer, wie ich dachte. Entsetzt sprang er auf mich zu und rief: Du sitzt auf meiner Großmutter!" Er lässt die Vorstellung kurz wirken. Die kleine Schlangenträgerin von vorhin gibt ein unterdrücktes, kurzes Quieken von sich und hält die Hand vor den Mund. Dann fährt er fort: „Ein anderes Problem sind die Überschwemmungen. Sind die Grundstücke unter Wasser, kannst du die Toten nicht beerdigen. Sie haben sie auch schon in Bäumen aufbewahrt, bis das Wasser abgelaufen und der Boden soweit getrocknet war, dass man tief genug graben konnte." Fast alle aus der Gruppe heben die Köpfe und blicken in die Äste.

Mich erinnert die Lösung des Bestattungsproblems an eine Beschreibung der hohen Kindersterblichkeit zur Zeit der Kolonie in „Un barrage contre le Pacifique“: „Mit den Kindern war es genau wie mit dem Regen, den Früchten und den Überschwemmungen. Jedes Jahr kamen sie, mit der Regelmäßigkeit der Flut, der Ernte oder Blüte. Jede Frau der Ebene bekam, solange sie jung genug war, von ihrem Mann begehrt zu werden, jährlich ein Kind. Die Kinder starben in großen Mengen, und der Schlamm der Ebene enthielt viel mehr tote Kinder als der feste Boden lebendige, die herangewachsen waren und nun auf den Büffeln saßen und sangen. Sie starben in solchen Mengen, dass man keine Träne mehr um sie vergoss und ihnen schon lange kein Begräbnis mehr gönnte. Wenn der Vater von der Arbeit nach Hause kam, grub er vor der Hütte ein Loch und legte sein totes Kind hinein. Die Kinder wurden einfach wieder Erde, wie die wilden Wurzelbäume auf den Höhen. Sie starben besonders an der Cholera. Andere ertranken im Fluss. Wieder andere starben am Sonnenstich oder wurden blind. Andere hatten die gleichen Würmer wie die streunenden Hunde und starben den Erstickungstod.“
Für Marguerite Duras selbst war die Kindheit kein easy-going. Ihre Mutter verlor – wie Suzannes Mutter – ihr Vermögen durch eine Fehlinvestition in Reisfelder. Authentisch erzählt sie von der Not der verarmten Kolonialisten. In dieser Perspektive bleibt sie, wenn sie in Kontakt mit Vietnamesen kommt. Die Einheimischen werden nicht als Individuen wahrgenommen und gezeichnet. Es sind „die Kinder“, „die Frauen“, „die Männer“.
Wir gleiten leise mit einem schmalen Boot auf kleinen Kanälen und Zuflüssen des Mekong. Zwischen den Ästen blinzelt die Sonne hindurch und lässt die Blätter und Früchte in intensiven Farben leuchten, die Wassertropfen hell funkeln. Der Bootsmann gibt mir sein dünnes, leichtes Ruder. Bei den ersten kräftigen Zügen bleibt es im Schlamm stecken. Danach ziehe ich es ruhig an der Oberfläche entlang, ohne dass wir an Geschwindigkeit verlieren. Am Ziel unserer Fahrt erwartet uns – wie Tang sagt – ein „Sechs-Gänge-Menü“. Auf jedem Tisch à vier Personen werden zwei Terrinen Suppen, Platten

mit Fisch, Fleisch und Gemüse, Schalen mit Nudeln und Reis, Obstteller und Kuchen abgestellt.
„Ist das der erste Gang?“, frage ich Tang.
Er lacht. „Keine Sorge, bei uns wird alles gleichzeitig serviert.“
Dann weiß man zumindest sofort, was auf einen zukommt. Die Erwartungen der Küche können wir bei dem „All-in-one-sechs-Gänge-Menü“ nicht ansatzweise erfüllen, obwohl Afrin, die beiden anderen und ich uns alle Mühe geben. Afrin stammt aus dem Kosovo, wenngleich seine asketisch-zierliche Statur unter den uns bedienenden Vietnamesen nicht auffallen würde. Wir unterhalten uns auf Englisch. Er würde lieber spanisch sprechen, gesteht er mir, deshalb reise er am liebsten durch Südamerika. Aber in Vietnam sei das Reisen wegen der geringeren Straßenkriminalität viel entspannter. Es sei nicht so, dass die Menschen hier mehr Geld hätten, aber sie gehen anders miteinander und insbesondere mit Fremden um.
Eine besondere Art des Umgangs wurde auf der Flussinsel gepflegt, an der wir danach vorbeituckern. „Auf der Phönixinsel lebte der Kokosnuss-Mönch, der 1963 eine gleichnamige Religion gründete“, erzählt Tang. „Er vereinigte verschiedene Glaubensrichtungen wie das Christentum und den Buddhismus. Zentraler Bestandteil war aber die Kokosnuss. Der Mönch ernährte sich ausschließlich von deren Saft und Fleisch. Deshalb wog er nach drei Jahren nur noch 30 Kilogramm, die Hälfte seines vorherigen Körpergewichts. Er lebte asketisch und verlangte das auch von seinen Anhängern. Ein Teil der Aufnahmeprüfung bestand darin, dass er einen nackten Mann und eine nackte Frau für einige Stunden in einen Raum steckte. Wenn sie es schafften, die Hände voneinander zu lassen, durften sie bleiben.“
Während des Vietnamkriegs hätten sich zudem einige westliche Reporter auf der Insel erholt. Das friedliche Miteinander sei ein starker Kontrast zum Kriegsalltag gewesen. „Er hatte so viele Anhänger, dass die neue Regierung 1975 die Religion verbot. 1990 starb er. Kurz darauf löste sich die Glaubensgemeinschaft auf.“
Die physische Essenz der Kokosnussreligion steht bei unserem nächsten Stopp im Zentrum. In einer offenen Halle demonstrieren

Maschinen und Filme die Verarbeitung der hiesigen Früchte. Daneben schließt sich ein ebenso großer Verkaufsraum an.
„Meine Mutter stand jeden Tag um vier Uhr auf und tat das", erzählt Tang. Er sitzt auf einem Hocker und schabt an einer festgeschraubten Metallzunge das Fruchtfleisch von einer Kokosnusshälfte ab. „Ihr seht, das ist nicht sehr effizient." Er steht auf und zeigt die nächste Entwicklungsstufe. „Bei der Maschine wirft man oben die Kokosnusshälften ein und erhält unten das zerriebene Fruchtfleisch." Tangs Bewegungen und Worte sind so routiniert, dass eine Provisionsvereinbarung mit der Verkaufsleitung naheliegt. „Und hier werden die Bonbons hergestellt. Zum Erhitzen werden die Schalen verbrannt. Ihr seht, es wird alles verwendet. Das ist nachhaltig und schützt die Umwelt." Auch diese Partitur beherrscht er. Er reicht uns ein Tablett mit Bonbons. Würde ich diese Art von Süßigkeiten mögen, würde ich zugreifen. Aber auch diejenigen, die jeden Genuss von Kokosnuss verschmähen, finden ein breites Angebot auf den Verkaufstischen: Besteck, Teewärmer, Ringe, Ketten, Teller, Becher – alles aus der Schale der Steinfrucht. Vielleicht war das ein tragender Gedanke der Religion: Wenn die Kokosnuss fast alles bietet, kann man auf den Rest verzichten. Und die daraus hergestellten Nahrungsmittel (Fett, Paste, Flocken, Milch, Bonbons) werden auf einem Informationsblatt mit kraftvollen Wirkungen angepriesen, die dem „Royal Jelly" durchaus das Wasser reichen können.
Eine ganz andere Kraft bekommt unser Boot kurz darauf zu spüren. Der Mekong ist jetzt aufgewühlt, wobei ich nicht sagen kann, ob das am stärkeren Wind, seiner Breite an dieser Stelle oder dem erhöhten Schiffsverkehr liegt. Immer wieder klatschen Wellen an unsere Planken, der Bug hebt und senkt sich spürbar. Die Wege stattlicher Frachter und kleiner Personenboote kreuzen sich in allen denkbaren Varianten. Es erinnert an den Verkehr auf den Straßen in Saigon, nur dass Abstände und Fahrzeuge größer sind.
Kurz vor Ausbruch des Feierabendverkehrs bin ich zurück in der Pham Ngu Lao. Es ist mein letzter Abend. In einem Café sortiere ich Fotos aus und versende ein paar Eindrücke in die Heimat. Ich

besuche noch einmal das kleine Bekleidungsgeschäft in der winzigen Gasse HEM 185, die von der Pham Ngu Lao abzweigt. Gestern fand ich dort einige T-Shirts mit kreativen Aufdrucken. Ich kaufe drei, plaudere mit der Verkäuferin über meine Reisestationen, unterschiedliche Käufertypen und den Alltag in Saigon (sie verwendet ebenfalls nur diesen Namen). Zurück an der Straßenecke weiche ich zwei Frauen aus, mein Blick streift das Gesicht der einen. Als sich noch eine Ahnung ihren Weg sucht, höre ich schon hinter mir einen Ruf: „Sébastien!"

Ich drehe mich um. Es ist Eli. Fast gleichzeitig sieht mich Justin. „Sébastien!"

In der Gasse einer Millionenmetropole begegnen wir uns knapp zwei Wochen nach unserem gemeinsamen Ausflug in die Halong-Bucht. Als ich in Namibia nach 30 Jahren einen Schulfreund zufällig traf und wir uns erst einige Minuten später erkannten, waren es die Erinnerungen an die gemeinsame Schulzeit und das Eintreten sehr unwahrscheinlicher Umstände, die unserer Zusammenkunft eine solche Wucht gaben. Jetzt gesellt sich zum Zufall eine unbeschwerte Freude sowie die Dankbarkeit, ein solches Land, eine solche Reise erleben zu dürfen und einige Momente geteilt zu haben. Ich stimme „Champs-Elysee" an. Justin sagt, sie werde künftig immer an den Abend in der Bucht denken, wenn sie im Radio das von mir gesungene „Don´t you forget about me!" hört. Wir erzählen, was wir in den letzten zwei Wochen erlebt haben und verabschieden uns herzlich.

Danach streife ich durch den unteren Teil der Bui Vien. Im Außenbereich einer Bar, in der die Musik in gemäßigter Lautstärke aus den Boxen schallt, komme ich mit zwei Taiwanesen ins Gespräch, die geschäftlich in der Stadt sind. Die beiden werden von ihren zwei jungen Freundinnen gefordert, weshalb ihnen die kurzen Dialoge mit mir augenscheinlich willkommen sind. Wir geben uns gegenseitig ein Bier aus. Eine der Freundinnen bietet mir ihren Obstteller an. Ansonsten zeichnet sich zwischen ihr und ihrem Begleiter schnell ein Verhaltensmuster ab: Passiert eine Verkäuferin (mit oder ohne Kleinkind auf dem Rücken) ihren Tisch, nimmt die Freundin Blickkontakt mit ihr auf. Ein Verkaufsgegenstand (Rose, Luftballon, Fächer, pink blinkende Hasenohren) wird in die Höhe gereckt. Die Freundin klopft dem Geschäftsmann auf die Schulter, er sieht den Plunder, schüttelt den Kopf. Sie setzt den Hundeblick auf und zieht eine Schnute. Er schüttelt den Kopf. Sie schaut ihn von unten an und deutet an, was sie mit dem Zielobjekt vorhat. Er zögert, wehrt zumindest nicht mehr entschieden ab. Das genügt ihr. Sie springt auf, winkt die Verkäuferin euphorisch herbei. Er bezahlt, hebt den Zeigefinger, als wolle er sagen: „Das war jetzt aber das letzte Mal!“. Sie strahlt, setzt die Hasenohren auf, fächert beziehungsweise spielt mit dem Luftballon oder der Rose. Kurz darauf will sie ihn dazu bringen, das Gekaufte zu übernehmen. Er wehrt heftig ab. Am Ende fotografieren sie und ich ihn mit Fächer, Luftballon, Rose in der Hand oder Hasenohren auf dem Kopf. An einem anderen Tisch sitzen vietnamesische Geschäftsleute, die ihre japanischen Partner ausführen. Direkt daneben ziehen Schuh-, Drogen-, Losverkäufer oder Backpacker vorbei. Eine vierköpfige Familie auf einem Roller schlängelt sich durch die Fußgänger.

Als ich mich zurück im oberen Bereich in meinem Stammlokal niederlasse, setzt sich Tri zu mir, der „Finanzmanager“ des Clubs. Auch er unterhält sich mit den Gästen oder spielt mit ihnen Billard, aber er trinkt keinen Alkohol. Er ist 42 Jahre alt, verheiratet und hat eine 20 Jahre alte Tochter. Mit dünnem Brillengestell, tadellosem Englisch, sauber gebügeltem Hemd, feinen Gesichtszügen und glatter Haut wirkt er wie eine Mischung aus Feingeist und Betriebswirt. Er spricht ruhig und scheint alles im Blick zu haben: Die jungen Hunde wie die Finanzen.

Ob er seinen Job mag, frage ich.

„In dieser Straße fließt viel Geld. Ich mag die Jungs. Die bekommen hier eine Chance. Sonst machen sie nur Unsinn. Sie können sich hocharbeiten. Und ich mag die Atmosphäre. Klar, es gibt Betrunkene, die sich nicht im Griff haben. Aber es gibt immer auch die andere Sichtweise: Wenn ich mich über die Betrunkenen, die Regierung, die Polizei oder meine Frau aufrege, stecke ich fest in negativen Gedanken. Sie haben alle ihre Sicht und für sie ist diese die richtige. Ich muss reagieren können. Das kann ich nur, wenn ich die andere Sicht zulasse und dann sage: Okay, wie geht es jetzt weiter? Meistens genügt es, wenn ich einen Betrunkenen anlächle, die Hand leicht auf seinen Arm lege und sage: Komm rein, du bist hier willkommen. Mit meiner Frau ist das schwieriger. Aber sie hat einen Job, der sie ausfüllt. Sie arbeitet viel. Und das sehe ich. Zu den Jungs sage ich immer: Ihr bekommt das, was ihr bezahlt. Beschwert euch nicht, dass andere mehr haben. Ihr wisst nicht, wie hart sie dafür arbeiten. Wenn ihr das Geld für Party ausgebt, zahlt ihr weniger für die Zukunft ein. Und dann bekommt ihr weniger zurück."

Mega hat sich zu uns gesetzt, Tri aufmerksam zugehört und genickt. Ob er alles erfasst, weiß ich nicht. Das ist auch nicht notwendig. Er ist vor zwei Stunden 19 geworden. Er lädt mich spontan zu seiner Geburtstagsfeier ein, die gleich stattfindet. Ich stoße mit ihm und den anderen aus der Bar auf ihn an. Gemeinsam singen wir „Happy Birthday". Er strahlt. Es wäre interessant zu sehen, wie es mit ihm und seinen Freunden weitergeht. Bei meinem letzten Weg durch die Bui Vien sind mein Blick und meine Gedanken vollkommen klar. Gegen vier Uhr lege ich mich ins Bett.

Sechzehn

Ho-Chi-Minh-Stadt – Doha

Verstehen ist weniger ein Resultat als ein Prozess.

Navid Kermani

NHÀ KHÁCH CÔNG ĐOÀ
Điểm đến tin cậy cho người lao động
KHÁCH SẠN - NHÀ HÀNG - HỘI TRƯỜNG - SỰ KIỆN - TOUR DU

Drei Stunden später stehe ich auf. Schlafen kann ich in diesem Leben noch genug. Außerdem will ich eine besondere Zusammenkunft nicht verpassen. Im Café Chin treffen sich morgens die „Vogelfreunde". Und sie kommen nicht allein. Schon aus einiger Entfernung höre ich lautes Gezwitscher. Unmittelbar nebeneinander hängen über 30 Käfige an eigens errichteten Stangen und die Insassen geben alles. Unter ihnen sitzen ihre Freunde in der Sonne, fast durchweg Männer mittleren oder fortgeschrittenen Alters, die sich weniger stimmgewaltig unterhalten oder still-zufrieden ihre Schützlinge bei der Interaktion betrachten. Vor dem Café stehen aufgereiht Motorroller. Ein Vogelliebhaber verstaut in einem Rucksack in Doppelzylinderform zwei Holzkäfige, steigt auf sein Gefährt und fährt davon. Es gibt immer einen Weg, Freude zu bereiten.
Zurück im Hotel lasse ich über mein Smartphone meine Vietnamplaylist laufen – einschließlich „Old Town Road", „Counting Stars" und Pinks „Just give me a reason", das ich vor drei Tagen in einem Pho-Lokal auf dem Weg zur Toilette hörte. Während ich packe, singe ich laut mit. Den gepackten Rucksack gebe ich an der Rezeption ab. Ich fühle mich leicht und habe noch Zeit, den Wiedervereinigungspalast anzusehen. Auf einer großen runden Grasfläche, auf der man ein Fußballfeld unterbringen könnte, empfängt mich ein hoher Springbrunnen. Dahinter strahlt eine Fassade im Stile der 60er Jahre, allerdings im besten Sinne. Denn der Palast hat zwar eine eckige Struktur. Kleine Säulen in Bambusoptik brechen diese aber auf. Innen wird erklärt, dass in die Architektur die Symbole für Glück, Weisheit, Wahrheit, Menschlichkeit, Treue, Stärke und Wachstum integriert wurden. Das ist eine ganze Menge, die der Bauherr transportieren wollte. Anlass dafür war ein Attentat auf ihn. Der alte, 1873 fertiggestellte Palast wurde von den französischen Gouverneuren genutzt. Nach seiner Machtergreifung zog Ngo Dinh Diem in den Bau ein, den er 1955 in „Unabhängigkeitspalast"

umbenannte. Im Februar 1962 verübten zwei Piloten der südvietnamesischen Luftwaffe einen Anschlag auf Diem und seine Familie, indem sie den Palast bombardierten. Diem überlebte und gab sofort einen Neubau in Auftrag, dessen Ausführung im Juli desselben Jahres begann. Naturgemäß liegen die Perspektiven der Menschen auseinander: Während der Regierende auf die Notwendigkeit einer würdigen Repräsentation der Nation verweist, meint der ein oder andere Regierte, eine Nummer kleiner hätte hierfür auch gereicht. Ich vermute, Ho Chi Minh hätte bei freiem Ermessen den Aufwand und die Ausmaße geringer gehalten. Diem konnte über diese Frage nicht lange sinnieren. Bereits im November 1963 wurde er ermordet. Knapp vier Jahre später bezog der neue Präsident der Republik Vietnam, Nguyen Van Thieu, den Unabhängigkeitspalast. Im April 1975 bombardierte ein übergelaufener Pilot der südvietnamesischen Luftwaffe auch diesen Palast. Mit einem großen Foto wird er dafür in der Eingangshalle gewürdigt. Größeren Schaden richtete er nicht an, weshalb der ursprüngliche Bankettsaal und der Kabinettstisch (mit einer Größe, die Wladimir Putin gefallen dürfte) so gut erhalten sind wie das Büro des Präsidenten oder dessen Wohnräume. Im Keller befinden sich ein Bunker mit Kommandozentrale, ein weiteres Schlafzimmer, eine Radiostation und ein Fluchtwegsystem, durch das sich Diem retten wollte, als er von dem Staatsstreich erfuhr. Jahre später floh Thieu aus dem Palast, bevor am 30. April 1975 ein Panzer der NLF durch das Tor krachte und kurz darauf deren Flagge auf dem Dach gehisst wurde. Noch im selben Jahr erhielt das Gebäude den Namen „Wiedervereinigungspalast“. Er steht für das Ende verschiedener Zeitabschnitte. In seinem Inneren werden sie mit zahlreichen Fotos und im Außenbereich mit Nachbildungen wie der des Panzers, der durch das Tor stieß, oder des Flugzeugs aus dem Jahr 1975 veranschaulicht. Doch die Kriege waren damit noch nicht zu Ende, denn, wie es in „Der Gesang der Berge“ heißt: „Die Herausforderungen, die das vietnamesische Volk im Lauf der Geschichte meistern musste, sind so groß wie die höchsten Berge. Wenn du zu nah davorstehst, kannst du ihre Gipfel nicht sehen.“

Pol Pot errichtete in Kambodscha nicht nur ein bespielloses Terrorregime mit Killing Fields, auf denen zwei Millionen Menschen den Tod fanden. Die Roten Khmer wollten sich auch Staatsgebiet ihres kommunistischen, wiedervereinigten Nachbarn einverleiben. Weihnachten 1978 marschierten im Gegenzug über 100.000 vietnamesische Soldaten in Kambodscha ein und besetzten die Hauptstadt Phnom Penh. Das wiederum gefiel dem mit Kambodscha verbündeten China nicht, das sich durch die enge Verbindung Vietnams mit der Sowjetunion bedroht sah. Keine drei Monate später fielen deshalb chinesische Truppen in Vietnam ein, was die Sowjetunion auf den Plan rief. China zog sich nach drei Wochen zurück. Die vietnamesischen Truppen blieben zehn Jahre in Kambodscha, wo sie ihrerseits von den Roten Khmer in einem Guerillakrieg bekämpft wurden.

All das erklärt ein engagierter Guide gerade einem interessierten US-amerikanischen Ehepaar. Die Aufmerksamkeit der umstehenden Vietnamesen zieht aber das kleine Kind des Ehepaars auf sich, das in einem Buggy schläft. Ihre Begeisterung kaum unterdrückend fragen sie nach, ob sie es fotografieren dürften. Die Eltern sind erst verblüfft, dann stimmen sie lächelnd zu.

Vom Wiedervereinigungspalast ist der Weg zur Dachterrasse des Rex nicht weit. Für den Ausblick nehme ich die dort gemessenen 36 Grad in Kauf. Die Bedienung fragt mich besorgt, ob ich mich nicht in den klimatisierten Bereich setzen wolle. Dankend lehne ich ab. Der Wind nimmt gerade zu und ich möchte noch einmal den Nguyen Hue Boulevard mit „Onkel Ho“ von oben sehen. Er war ein steter Begleiter, der mich von jedem Geldschein weise und mild anlächelte. Und an fast jedem Ort waren zumindest Spuren der Kolonialzeit, des Französischen oder des Amerikanischen Krieges, die meine Vorstellung vor der Reise geprägt hatten, präsent. Schärfer und eindrucksvoller als meine ursprüngliche Vorstellung sind nun andere Bilder: Der mehrfach umrundete Hoam-Kiem-See, das Pho-Lokal am Fluss in Hoi An, die Lampions in der Nacht, der geringe Fußraum im Open Bus, die Rollerfahrt im Feierabendverkehr von Hanoi, das Schwimmen im Meer und in der Militäreinrichtung, die am Morgen von meinem Bett aus betrachteten Felsen der Halong-Bucht, das Portraitfoto von Alexandre Yersin in dem nach ihm benannten Museum, die Fotoausstellung im Kriegsreliktemuseum, der Wasserfall nahe des Ho-Chi-Minh-Pfades, die mit dem Motorrad befahrene schmale Brücke, die stickigen Tunnel von Cu Chi, die Tempelanlage im Hitzekessel von My Son, das schwankende Boot auf dem Mekong. Während ich das aufschreibe, merke ich, dass sich immer neue Bilder in das Bewusstsein drängen wie das Drachenboot auf dem Parfümfluss in Hue oder die DMZ-Bar. Und diese werden überholt von Stella, Neil, Hai, Linda, Martin, der Rezeptionistin und der Schulklasse in Hanoi, der stolzen Hauseigentümerin in Hoi An, Tri, Mega, Danilo, Justin, Eli, den Kindern in BHong, Hang, dem Kellner im Nha Trang View 378 Restaurant, und Kazumi, der Studentin aus Shinagawa. Es waren durchweg kurze Begegnungen und es wäre vermessen zu sagen, ich hätte die Menschen „kennengelernt". Andererseits: Inwieweit kann man einen Menschen oder gar sich selbst kennen? Eine solche Reise bietet die Chance für Begegnungen. Und jede fühlt sich für mich jetzt stärker an als jeder vermeintlich kluge oder erbauliche Gedanke, den ich je hatte. Vermutlich ist es genau diese Erfahrung, die die Reisenden suchen. Wie Neil sagte: Es ist einfach mit anderen in Kontakt zu kommen und die Erfahrung zu teilen, weil „alle dasselbe wollen und sich freuen, dass man so leicht zueinander findet." Die Faszination des Fremden ist ein starker Antrieb, um die Gelegenheit dafür zu schaffen. Und jetzt fließt noch etwas in mein Bewusstsein – ich denke, das liegt nicht nur am starken vietnamesischen Kaffee: Höre oder lese ich Nachrichten, geht es in erster Linie um Kriegsgebiete (Ukraine, Syrien, Äthiopien), Krisen (Energie, Covid) oder Zukunftskatastrophen (Klimawandel, Mikroplastik, Wassermangel). Es erfolgt keine Auseinandersetzung mit Menschen und nur selten eine Wertschätzung für die konstruktiven Lösungen, die sie leisten. Fast jeden Beitrag könnte man (sofern das nicht bereits geschieht) mit dem Satz beenden: „Und schuld daran ist *der* Mensch." Dementsprechend ist das (abstrakt) gezeichnete Bild des Menschen wie seiner Zukunft meistens düster. Ich habe hier Menschen von verschiedenen Kontinenten getroffen, ihre Lebensfreude und ihr Interesse gespürt, Teile ihrer Geschichte gehört, gesehen, wie sie Probleme lösen, was sie leisten und anderen geben. Mein Bild von jedem einzelnen ist ein sehr positives und genau das stimmt mich optimistisch. Und vielleicht steht das hinter Stellas Überzeugung, dass sie so, wie sie jetzt lebe, ihre Zeit am besten nutze.

Wieder streicht der Wind über die Dachterrasse und biegt sanft die Bambuspflanzen.

Wenig später sitze ich im Bus zum Flughafen. Draußen ziehen Pagoden, Stromkabelbündel an Masten, Baustellen und unzählige Rollerfahrer vorbei. Und auch vom Flieger aus betrachtet wirkt das Stadtzentrum vertraut. Fremd fühlen sich dagegen die Wüstenbilder und die arabische Schrift auf dem Bildschirm an. Dort wird der Koran in verschiedenen Sprachen zum Lesen angeboten. Vor einiger Zeit hätte ich das Angebot der katarischen Fluglinie vielleicht als etwas zu missionarisch beanstandet. Das Buch „Jeder soll von da, wo er ist, einen Schritt näher kommen" hat meine Haltung gelockert. Navid Kermani würdigt selbstbewusst den Islam, so wie er ihn versteht. Zugleich setzt er sich mit anderen Religionen auseinander, ohne sie abzuwerten. Es ist sein offener, versöhnlicher Stil, der es mir leicht machte, weiterzulesen und seinen Gedanken Raum zu geben, mir auch während der Reise immer wieder zu begegnen, wie etwa: „Verstehen ist weniger ein Resultat als ein Prozess", oder die von ihm zitierte Sure 17,36: „Folge dem nicht nach, wovon du gar nichts weißt; denn es sind Ohren, Augen, Herz, von denen einst Rechenschaft gefordert wird."

Ich denke, die Anlässe für Konflikte sind ebenso austauschbar wie die Ängste und Probleme, um die unsere Gedanken kreisen. Die Lösungen werden weniger Schaden anrichten, wenn auf schnelle Wertungen verzichtet und stattdessen der Versuch unternommen wird, sich angstfrei in den anderen hineinzuversetzen. Das gelingt wohl nur wenigen so gut wie der Großmutter in „Der Gesang der Berge".

Das ist leicht gesagt oder geschrieben, könnte man jetzt einwenden, im realen Leben gibt es doch so viele Probleme in einer immer

komplizierter werdenden Gesellschaft. Würde sich Sadghuru, dessen Heimat auf der Flugkarte erscheint, nun in das imaginäre Gespräch einbringen, würde er vermutlich etwas sagen wie: „Was ist das Wichtigste in eurem Leben? Zu leben! Macht euch jede Stunde einmal bewusst, dass es nicht selbstverständlich ist, dass ihr heute Morgen aufgewacht seid. Ihr lebt, als wärt ihr unsterblich. Wenn ihr spürt, dass eure Zeit begrenzt ist, habt ihr keine Zeit mehr für Konflikte. Macht eure Probleme nicht größer als euer Leben. Und versucht, euch von allem zu lösen, woran ihr haftet. Dann seht ihr klar und alles wird einfacher."
Von dieser philosophischen Höhe falle ich mit einem Becher Rotwein in der Hand auf die Flughöhe von „Maverick", der den Geist von „Top Gun" und anderen Produktionen aus den 80ern aufleben lässt. Nach Mavericks letzter Landung sehe ich unter schwarzem Himmel Doha hell beleuchtet. Bei 20 Grad ist es in der Wüste deutlich kühler als in Südvietnam. Ein weiterer Unterschied: In Doha wurde zur Gestaltung des Flughafengebäudes erkennbar viel Geld verwendet und die Bedeutung des Reichtums wird keineswegs versteckt. Für die Ausstellung von Luxusmarken und insbesondere Luxusautos ist in dem einem Wüstenzelt nachgebildeten Prachtbau aus Metall und Glas viel Platz. Ansprechend finde ich die grüne Oase, in der ich Vogelgezwitscher höre. Hier ist Mitternacht – in Hanoi vier Uhr morgens, Zeit für Frühsport.

Siebzehn

Der Weg zurück

Einige Stunden habe ich geschlafen. Anfangs wurde es durch meinen Hintermann (weiße Haare, etwa 60 Jahre) erschwert, der sich für ein Spiel aus dem Kinderprogramm entschieden hatte, bei dem er Gegner abschießen durfte. Von Ehrgeiz oder auch Begeisterung erfasst wollte er ganz sicher gehen, dass seine Treffer zählen, weshalb er mit seinem Zeigefinger kraftvoll und mehrmals auf dieselbe Stelle hämmerte. Dass er damit meine Kopfstütze in Mitleidenschaft zog, war ihm nicht bewusst oder er nahm es – im Interesse der totalen Gegnereliminierung – in Kauf. Der Fairness halber muss ich sagen, dass der Bildschirm bei Hautkontakt nicht immer zuverlässig reagiert, auf Berührungen mit dem Fingernagel hingegen schon. Um seinen Erfolg und meinen Schlaf zu sichern, drehte ich mich zu ihm um und gab ihm auf Englisch den Tipp, mit dem Fingernagel zu arbeiten. Er nickte betroffen und stellte kurz darauf das Feuer auf seine Feinde ein. Das hing eventuell damit zusammen, dass seine Frau und sein Sohn sich über seine Spielfreude und meine Reaktion sehr amüsierten. Zu meiner Überraschung kommentierten sie den Vorfall auf Deutsch. Als ich wieder aufwache, sprechen – mit Ausnahme der Stewardessen – alle im Umkreis deutsch. Die Passagiere hatten in der Nacht (wenn überhaupt) nur geflüstert.
Vor ein paar Tagen schrieb mir meine Mutter: „Ich bin froh, wenn du wieder zurück in Deutschland bist.“ Sie schrieb es (auch) aus Sorge, es könnte in einem so weit entfernten Land „irgendetwas passieren“ und meinte, sie hätte ein besseres Gefühl, wenn ich meinen 15jährigen Sohn (!) mitgenommen hätte. Bei so einer Reise wäre das besser. Der Gedanke („Denn nur zusammen ist man nicht allein“) beschäftigte mich in den Wochen vor meinem Aufbruch selbst wiederholt und endete stets mit der von Zweifeln eingehüllten Frage: Will ich das wirklich allein durchziehen?
Als ich das erste Mal am Hoam-Kiem-See entlanggging, kam mir plötzlich und kraftvoll in den Sinn: „Hey, du bist jetzt in Vietnam!

Alle Zweifel der letzten Wochen haben sich erledigt!" Und ohne spürbaren Übergang ergab sich vor Ort alles weitere wie von selbst: In der jeweiligen Stadt eine Unterkunft zu suchen, mich um den Transfer oder das Waschen meiner Kleider zu kümmern, mit Menschen gleich welcher Herkunft zu sprechen, spontan einen Reiseplan abzuändern. Als gefährlich empfand ich anfangs nur das Überqueren einer Straße. Und das war selbst im Feierabendverkehr von Saigon nichts mehr, was meinen Puls spürbar veränderte. Die Inanspruchnahme der jederzeit verfügbaren Rollertaxen war spätestens nach der Fahrt in Nha Trang nicht mehr exotisch. Ungewöhnlich dürfte es für mich eher sein, nach über zwei Wochen wieder in einen Pkw einzusteigen. Für den, der zu Hause bleibt, bedeutet ein fremdes Land Ungewissheit und Fantasie, für den, der geht, wird vor Ort alles klar. Allein war ich nur am Anfang und nur in meiner Vorstellung. Seit den Gesprächen mit der geschäftstüchtigen Rezeptionistin und den aufgeweckten Schülern an meinem ersten Tag in Hanoi hatte ich diesbezüglich keine Sorge mehr. Die zahlreichen weiteren Begegnungen hätten sich in dieser Art und Intensität vermutlich nicht ereignet, wenn ein Begleiter dabei gewesen wäre. Auch wenn ich keine Reise mit meinen Freunden oder meinem Bruder mit den geteilten Momenten missen möchte: Vielleicht ist genau diese Erfahrung der große Gewinn, wenn man es wagt, allein loszuziehen. Und vielleicht fällt mir dieses Alleinlosziehen deshalb relativ leicht, weil ich weiß, dass ich zurückkomme. Ich freue mich, meine Familie wiederzusehen. Und meine Eltern besuchen uns heute, am Ostersonntag.

Im Landeanflug fallen mir die Augen zu. Ich öffne sie erst, als wir aufsetzen. Draußen ist es diesig und bewölkt, deutlich kälter als in Vietnam. Vor einiger Zeit sah ich das Terminal, den Shuttlebus, den Bahnhof. Wenn ich mit Kollegen auf berufliche Termine zurückblicke, staunen wir bisweilen, wie viele Wochen, Monate oder Jahre seitdem vergangen sind. Meine verspätete Ankunft am Flughafen liegt 16 Tage zurück, gefühlt aber deutlich länger. Ich habe einmal gelesen, dass man die Zeitspannen mit zunehmendem Alter als kürzer werdend empfindet, weil zum einen bis dahin schon viele Erinnerungen abgespeichert sind, andererseits der Tag mit Terminen ausgefüllt ist, so dass keine Zeit zum Innehalten verbleibt. So wie auf einer vollgestellten Theaterbühne eine neue Requisite weniger wahrgenommen wird als auf einer leeren, bleibt auch ein einzelner Tag im Alter kaum im Bewusstsein haften. Um im Bild zu bleiben: Vor 16 Tagen habe ich eine komplett leere Bühne betreten, auf der alle Begegnungen und Eindrücke wirken konnten.

Um neun Uhr sitze ich in einem leeren Zugabteil. Draußen kündigt ein zartes Grün einzelner Astspitzen an, dass es langsam wärmer werden könnte. Die meisten Bäume sind noch kahl. Kurz nach Lohr reißt der Himmel auf und die Sonne lässt den Main glitzern. Im Schatten sehe ich seine leicht bräunliche Farbe, viel dünner als das kräftige Braun des aufgewühlten Mekong. Bis Würzburg nimmt das frische Grün in den Bäumen zu. Meine Tochter wird gleich über den verwilderten Bart lachen („du siehst aus wie ein Bär!") und mein Sohn wird sagen, es sei an der Zeit, ihn zu rasieren. Vielleicht gefallen ihnen die Sachen, die ich aus Hoi An und Saigon mitgebracht habe und sie wollen die ein oder andere Geschichte hören. Das Wichtigste: Ich bin wieder zurück.

CHINA
Lao Cai
Sapa
Lang Son
HANOI
Haiphong
LAOS
Vinh
Golf von Tonkin
Hainan Dao (CHINA)
Mekong
Hue
Da Nang
Hoian
THAILAND
Kontum
Qui Nhon
KAMBODSCHA
Tonle Sap
Nha Trang
Dalat
Cam Ranh
Tay Ninh
Ho-Chi-Minh-Stadt
Phan Thiet
Chau Doc
Mekong
Ha Tien
Vung Tau
Phu Quoc
Rach Gia
Golf von Thailand
Südchinesisches Meer
Ca Mau
0 50 100 km
0 50 100 mi
104
108
20
16
12

Zeittafel

Vor 30.000 Jahren: Dieu-Kultur im Norden Vietnams

258 v. Chr.: Gründung des Königreichs Au Lac bei Co Loa

208 v. Chr.: Der chinesische General Zhao Tuo erobert das Land, ruft sich zum König aus und nennt das Reich Nam Viet.

111 v. Chr. – 938 n. Chr.: Chinesische Herrschaft

41 n.Chr.: Aufstand der Truong-Schwestern

938 General Ngo Quyen vertreibt mit seiner Armee die chinesischen Besatzer.

1010 Thang Long („aufsteigender Drache"), das heutige Hanoi, wird Hauptstadt des Reichs Dai Viet, Ly-Dynastie (bis 1224).

1042 Erstes vietnamesisches Gesetzbuch

1225 Tran-Dynastie (bis 1293)

1257 Mongolen erobern für kurze Zeit Thang Long.

1377 Cham besetzen Thang Long, werden in den Folgejahren aber wieder vertrieben.

1407 China besetzt das Land und gliedert es als Provinz Giao Chi an.

1427 Ende der chinesischen Besatzungszeit

1471 Unterwerfung der Cham

1527 Bürgerkrieg zwischen Clans der Nguyen und der Trinh (bis 1592)

1627 Der Jesuit Alexandre de Rhodes missioniert im Norden Vietnams. Er veröffentlicht später in Europa das erste Wörterbuch für die vietnamesische Sprache. Die entwickelte vietnamesische Schrift basiert auf dem lateinischen Alphabet.

1673 Zweiteilung des Landes: Nguyen herrschen im Süden, Trinh im Norden.

1771 Beginn der Tay-Son-Rebellion

1802 Kaiser Gia Long begründet die letzte Dynastie und benennt das Land in Viet Nam um, dessen Hauptstadt Hue wird. Gia Long duldet französische Missionsarbeit und lässt sich von

Franzosen bei Infrastruktur- und Verteidigungsprojekten beraten.

1834 Teile Kambodschas werden Vietnam eingegliedert.

1856 Zweiter Opiumkrieg (bis 1860): Sieg Großbritanniens und Frankreichs gegen China, Machtzuwachs der beiden europäischen Staaten in Ostasien.

1858 Französische Kanonenboote greifen den Hafen von Da Nang an.

1859 Französische Truppen erobern Saigon.

1862 Kaiser Tu Duc tritt den Franzosen Teile Südvietnams ab.

1867 Frankreich annektiert die übrigen Provinzen Cochinchinas.

1887 Frankreich erklärt die Protektorate Annam, Cochinchina, Tonkin und Kambodscha zur „Union Indochinoise".

1890 Alexandre Yersin arbeitet als Schiffsarzt in Indochina.

1897 Paul Doumer wird Generalgouverneur von Indochina (bis 1902).

1904 Yersin leitet die Niederlassungen des Institut Pasteur in Saigon und Nha Trang (bis 1924).

1914 Marguerite Duras wird in Gia Dinh bei Saigon geboren.

1926 Der letzte Kaiser Bao Dai wird inthronisiert, die Religion des Caodaismus im Süden Vietnams offiziell gegründet.

1930 Ho Chi Minh gründet die Kommunistische Partei Indochinas.

1939 Begründung des Hoa-Hao-Buddhismus im Mekongdelta

1940 Japanische Truppen landen in Tonkin und besetzen Haiphong und Hanoi.

1941 Ho Chi Minh kehrt aus China zurück und gründet die Viet Minh (Liga für die Unabhängigkeit Vietnams), die in der Folge mit Unterstützung der USA die japanischen Besatzungstruppen bekämpfen.

1944 Hungersnot (bis Mai 1945): Ernteausfall und Ausbeutung im Rahmen der japanischen Kriegswirtschaft führen zum Tod von etwa 1,3 Millionen Vietnamesen. Die Viet Minh gewinnen an Popularität.

1945 Die Viet Minh werden von März bis August im Kampf gegen die Japaner als offizielle Verbündete der Alliierten vom des US-amerikanischen Geheimdienst Office of Strategic Services (OSS) logistisch unterstützt. Ho Chi Minh steht unter dem Decknamen „Lucius" als Agent im Dienst des OSS.
Ho Chi Minh proklamiert im September die Demokratische Republik Vietnam unter Berufung auf die Unabhängigkeitserklärung USA von 1776. Französische Truppen landen in Saigon, um in Südvietnam ein koloniales Regime wiederherzustellen.

1946 Beginn des Indochinakrieges (Französischer Krieg)

1949 Der ehemalige Kaiser Bao Dai wird von den Franzosen in Südvietnam als Staatsoberhaupt eingesetzt.

1954 Niederlage Frankreichs in der Schlacht von Dien Bien Phu, Indochina-Konferenz in Genf, provisorische Teilung Vietnams entlang des 17. Breitengrades, Ende des Indochinakrieges; der ehemalige Kaiser Bao Dai beauftragt in Südvietnam den Katholikenführer Diem mit der Regierungsbildung.

1955 Der von den USA unterstützte Diem entmachtet Bao Dai, ernennt sich zum Staatschef der (südlichen) Republik Vietnam und lässt in den ersten beiden Regierungsjahren etwa 12.000 politische Gegner töten. Die ARVN (Armee der Republik Vietnam) wird gegründet. Landreformkampagne in der (nördlichen) Demokratischen Republik Vietnam (DRV) mit „Säuberungsaktionen" und Hinrichtung von über 10.000 Menschen.

1956 Ho Chi Minh gesteht große Fehler im Zusammenhang mit der Landreform ein („Korrekturkampagne"). In Südvietnam formiert sich eine Widerstandsbewegung gegen Diem, die ab 1959 von der Regierung der DRV über den Ho-Chi-Minh-Pfad unterstützt wird.

1960 Gründung der Nationalen Befreiungsfront (NLF) in Südvietnam

1961 John F. Kennedy folgt Dwight D. Eisenhower in das Amt des Präsidenten der USA. Die USA werfen die ersten Napalm- und Chemiebomben zur Bekämpfung der NLF ab.

1962 Wehrdorfprogramm in Südvietnam: In ländlichen Gebieten werden Zivilisten in militärisch gesicherte Dörfer umgesiedelt.

1963 ARVN-Truppen erschießen buddhistische Mönche. Der Mönch Thich Quang Duc verbrennt sich aus Protest vor laufenden Kameras. Diem wird von putschenden Generälen ermordet. US-Truppen versprühen zum ersten Mal Agent Orange in Vietnam. Nach der Ermordung Kennedys wird Lyndon B. Johnson Präsident der USA.

1964 Nach dem „Tonkin-Zwischenfall" verüben die USA Vergeltungsschläge mit Luftangriffen auf nordvietnamesische Hafenanlagen und Flugabwehrstellungen. Der Kongress verabschiedet die Tonkin-Resolution.

1965 Vietnamkrieg („Amerikanischer Krieg", bis 1975): US-Bodentruppen landen in Da Nang. Beginn der Operation „Rolling Thunder" (bis 1968): Luftoffensive gegen Ziele in Nordvietnam und den Ho-Chi-Minh-Pfad in Laos. Bis 1970 wirft die US-Air-Force über vier Millionen Tonnen Bomben auf Vietnam und über zwei Millionen Tonnen Bomben auf Laos; Anti-Kriegs-Demonstrationen in Washington.

1966 Der zum einem Hospitalschiff umgebaute Ausflugsdampfer „Helgoland" versorgt – finanziert von der Bundesrepublik Deutschland – vor der Küste Vietnams Verletzte und Kranke.

1968 Tet-Offensive

1969 Schlacht am Hamburger Hill. Der neue US-Präsident Richard Nixon beschließt die „Vietnamisierung des Krieges". Die NLF ernennt eine „Provisorische Revolutionäre Regierung der Republik Südvietnam". Das Massaker von My Lai, bei dem US-Soldaten im Vorjahr über 500 Zivilisten ermordeten, wird bekannt, wodurch die Antikriegsbewegung weiter mobilisiert wird. Ho Chi Minh stirbt.

1970 Südvietnamesische und US-Truppen marschieren in Kambodscha ein.

1972 Nordvietnamesische Soldaten erobern die fünf nördlichsten Provinzen Südvietnams. Im „Weihnachtsbombardement" werfen die USA in zwölf Tagen 20.000 Tonnen Bomben auf Hanoi und den Hafen Hai Phong.

1973 Pariser Abkommen und Abzug der US-Truppen

1975 Tay-Nguyen-Offensive, Kapitulation Südvietnams; die Roten Khmer übernehmen in Kambodscha die Macht und verüben Massenmorde.

1976 Sieg der Kommunisten bei landesweiter Wahl, Wiedervereinigung des Landes zur „Sozialistischen Republik Vietnam" (SPV). Saigon wird in Ho-Chi-Minh-Stadt umbenannt.

1977 Kollektivierung der privaten Landwirtschaft

1978 Vietnamesische Soldaten marschieren in Kambodscha ein und bleiben dort bis 1989 stationiert.

1979 Chinesische Truppen marschieren im Norden Vietnams ein, ziehen sich aber drei Wochen später wieder zurück. Höhepunkt der ersten Flüchtlingswelle: Von 1975 bis Ende 1997 fliehen über 800.000 Menschen aus Vietnam, größtenteils über das Meer („Boatpeople"). In drei Jahren rettet Rupert Neudeck mit dem Frachter „Cap Anamur" 9.500 Menschen.

1985 Hungersnot und starke Inflation

1986 Die Regierung beschließt marktwirtschaftliche Reformen („Doi Moi" – „Erneuerung"), in der Folge Wirtschaftswachstum und Rückgang der Inflation.

1994 Die USA heben das Handelsembargo gegen Vietnam auf.

1995 Vietnam und die USA nehmen diplomatische Beziehungen auf.

2001 Vietnam und die USA schließen ein bilaterales Handelsabkommen.

2007 Vietnam wird Mitglied der Welthandelsorganisation.

2015 Nach einer Umfrage haben fast 80 Prozent der Vietnamesen eine „vorteilhafte Meinung“ betreffend die USA, in Bezug auf China hingegen nur knapp 20 Prozent.

2016 US-Präsident Obama besucht Ho-Chi-Minh-Stadt.

2023 Die USA und Vietnam vereinbaren eine strategische Partnerschaft, die eine verstärkte militärische Zusammenarbeit und eine Förderung des vietnamesischen Hochtechnologiesektors beinhaltet.

Literatur

Bernand, Noel: Yersin Pionier, Wissenschaftler, Entdecker, La Colombe, Paris, 1955

Deville, Patrick: Pest und Cholera, Verlag Bilger, 2017

Duong, Thu Huong, Bitterer Reis, Goldmann Verlag, 1991

Duras, Marguerite: Heiße Küste, Suhrkamp Verlag, 6. Edition, 1988

Forster, Karl: Hubert von Goisern über die Ferne, Süddeutsche Zeitung Nr. 23 vom 28.01.2006

Greene, Graham: Der stille Amerikaner, dtv, 18. Edition, 2003

Kermani, Navid: Das Buch der von Neil Young Getöteten, Suhrkamp Verlag, 9. Auflage, 2021

Kermani, Navid: Der Schrecken des Friedens, Die Zeit, 4.5.2023, Nr. 19

Kermani, Navid: Jeder soll von da, wo er ist, einen Schritt näher kommen, Carl Hanser Verlag GmbH & Co. KG; 5. Edition 2022

Kucklick, Christoph: Geo Special: Vietnam und Laos, 2019

Martin, Marko: „...und dreht sich nur und hat kein Ziel", Die Welt, 28.05.2003, https://www.welt.de/print-welt/article237324/und-dreht-sich-nur-und-hat-kein-Ziel.html

Mahler, Jonathan: The Lives They Lived; The Prisoner; The New York Times Magazine, 25.12.2005

Markand, Andrea und Markus: Stefan Loose Reiseführer Vietnam, 6. Edition, 2018

McNamara, Robert: In Retrospect: The Tragedy and Lessons of Vietnam, Knopf Doubleday Publishing Group, 1996

Nguyen Phan Que Mai: Der Gesang der Berge, Insel Taschenbuch, 2023

Osterhammel, Jürgen: Die Verwandlung der Welt: eine Geschichte des 19. Jahrhunderts, C.H. Beck, 2. Auflage, 2016

Rosendorfer, Herbert: Briefe in die chinesische Vergangenheit, dtv, 3. Edition, 1986

Stewart, Iain: Lonely Planet Vietnam 16, 2023

Winkler, Peter: Vietnam und USA zelebrieren Versöhnung, Neue Züricher Zeitung, 08.07.2015
GeoEpoche, 2016, Nr. 80, Der Vietnamkrieg

Filme:

Abresch, Philipp: Mit dem Moped durch Vietnam, 3 Sat, 07.06.2021; https://www.youtube.com/watch?v=zdvWd-WYCuU

Michna, Joana: Die schwimmenden Dörfer der Ha Long Bucht, 360° – Geo Reportage, 21.12.2017; https://www.youtube.com/watch?v=At-Ei18eK_8&t=2073s

Dank an

Corina, Franz und Steffen für die sorgfältige und kritische Korrektur

Stefan für die umfassende Beratung

Naomi und Jan für Eure Begeisterungsfähigkeit und Unterstützung

Namibia

Eine Reiseerzählung

218 Seiten, Broschur
Format 14 × 22,5 cm
ISBN 978-3-8260-7106-5

Durch die Wüste bis zur Atlantikküste, vom Inselberg Spitzkoppe bis in den Etosha. Mit Geländewagen und Zelt reist Sebastian Fickert durch Namibia. Er klettert auf Dünen, die zu den höchsten der Welt der zählen, isst in einem Café in der Namib warmen Apfelkuchen und folgt den Spuren des Geologen Henno Martin, der sich über zwei Jahre im Kuiseb-Canyon versteckte. In Swakopmund stößt er auf Relikte deutscher Kolonialzeit, in Okahandja auf lebendiges Interesse für das Oktoberfest. Er beobachtet Löwen bei der Jagd, vollzieht die blutige Niederschlagung des Hereroaufstandes am Waterberg nach, nimmt den Leser in die Township Katutura und in das Nachtleben Windhoeks mit. Unerwartete Begegnungen prägen seine Zeit in dem faszinierenden Land ebenso wie die Stille abgelegener Orte. Kenntnisreich und witzig erzählt Sebastian Fickert von einer intensiven Reise.

„Spannend geschrieben und sehr lesenswert. Auf unterhaltsame Weise erhält der Leser profunde Kenntnisse über das Land."

Schweinfurter Tagblatt

„Gerade der Bezug auf verschiedenartige Quellen, die historischen Einblicke in die wechselvolle Geschichte des Landes verknüpft mit Fickerts persönlichen Reiseeindrücken machen seine Reiseerzählung so interessant und lesenswert."

Saalezeitung

„In lockerem Stil geschrieben gelingt es dem Autor, das Land nicht aus oberflächlicher Sicht eines europäischen Touristen unvollkommen zu beschreiben, sondern seinen Lesern die Komplexität historischer und neuzeitlicher Probleme zu beschreiben, ohne diese zu bewerten."

Main-Post

Ecuador

Eine Reiseerzählung

184 Seiten, Broschur
Format 14 × 22,5 cm
ISBN 978-3-8260-6244-5

Von Quito über die Straße der Vulkane in den südamerikanischen Regenwald. Sebastian Fickert nimmt den Leser mit auf eine Reise über hohe Gipfel der Anden bis in das Amazonasgebiet. Er schlendert durch die faszinierend schönen Gassen der höchstgelegenen Hauptstadt der Welt, verhandelt mit Otavalo-Indianern, schwimmt im Fluss neben Kaimanen und Piranhas und folgt den Spuren Alexander von Humboldts. Alpakas und Kondore begegnen ihm auf seinem Weg - und zufällig ein ihm bekannter Weltreisender.

»Fickert nimmt mit auf Abenteuer nach Ecuador.«

Main-Post

Kasachstan

160 Seiten, Broschur
Format 14 × 22,5 cm
ISBN 978-3-8260-4588-2

Zehn Tage ist Sebastian Fickert unterwegs. Über Prag und Moskau gelangt er nach Almaty, der größten Stadt Kasachstans nahe der Grenze zu China und Kirgistan. Auf seinem Weg durch den Süden des neuntgrößten Landes der Welt können ihn von nun an weder Kleinkriminelle in den Städten noch abenteuerlustige Rennfahrer auf den Straßen aufhalten. In dem Naturreservat Aksu-Zhabagly beeindruckt die Pflanzen- und Tierwelt, in der südlichen Metropole Schymkent das Nachtleben. Seine Reiseroute verläuft zunächst durch eine faszinierende Steppenlandschaft und entlang des gewaltigen Tien-Shan-Gebirges. Besonderen Nervenkitzel bereiten ein Abstecher nach Taraz, einem ehemaligen Handelszentrum der Seidenstraße, und der Flug mit einer Propellermaschine in den Norden des Landes, wo die Retortenstadt Astana mit einer Vielzahl von architektonischen Wunderwerken verblüfft. Bei Sonne und dauerhaftem Steppenwind trifft er keine Touristen, dafür auf verwegene Reiter, selbstbewusste Kasachinnen, aufgeschlossene Gastgeber, Jurten, freilaufende Pferdeherden und prachtvolle Moscheen.

»157 unterhaltsame, spannende und informative Seiten«

Main-Post

»Detailliert beschreibt der Autor die Schönheit der grandiosen Landschaft. Eine genaue Beobachtung von Menschen, Situationen und Umgebung kennzeichnen die Erzählung.«

Schweinfurter Tagblatt

»Eine fesselnde Darstellung, trefflich und pointiert formuliert«

Würzburg Spezial

14 Wochen Japan

152 Seiten, Broschur
Format 14 × 22,5 cm
ISBN 978-3-8260-3066-6

Ein unvoreingenommener, japanunkundiger Mitteleuropäer taucht in die Welt Tokyos ein. Witzig und ironisch erzählt der Autor in 59 kurzen Geschichten Erlebnisse, Eindrücke und scharfsinnig beobachtete japanische Begebenheiten, für die er im Laufe des Aufenthalts Verständnis entwickelt.

»Es gelingt dem Autor dank seiner ausgeprägten Beobachtungsgabe, dem Leser seine vielfältigen Erfahrungen, Kultur, Menschen und Gepflogenheiten eines fremden Landes näher zu bringen. Er versteht es ausgezeichnet, seine Erlebnisse und Eindrücke authentisch zu schildern.«

Life & Law

»Ob Sprachbarrieren, unterschiedliche Mentalität oder ungewohnte Landesbräuche – der lebendige Stil der Schilderung macht das Buch zu einer vergnüglichen Lektüre.«

Main-Post

»Unterhaltsame und scharfsinnige Beobachtungen – besonders empfehlenswert für Reisende, die zum ersten Mal nach Japan fliegen: Nach der Lektüre der 152 Seiten ist man auf das Land gut vorbereitet.«

Main-Echo

Der Frosch auf dem Wasser

160 Seiten, Broschur
Format 14 × 22,5 cm
ISBN 978-3-8260-4043-6

„Der Frosch auf dem Wasser" schildert die Geschichte der Juristen Frank und Stefan, zweier ungleicher Freunde. Frank lehnt jegliche Bindung ab und sucht die Leichtigkeit. Stefans Leben ist geprägt von Verantwortung und Kontinuität. Trotz und wegen ihrer Unterschiedlichkeit erkennen sie sich gegenseitig.
Ihre Geschichte erzählt von Besitz, Nähe, Abstand, Stärke, dem unterschiedlichen Umgang mit Problemen, Perspektiven, dem Moment und der Zeit.

»So gelingt es dem Autor durch seine prägnante Sprache und präzise Wortwahl, den Leser in die spannungsvolle Welt seiner Romanhelden mitzunehmen.«

Main-Post

Eckert oder Der Vogel im Weinberg

Roman

160 Seiten, Broschur
Format 14 × 22,5 cm
ISBN 978-3-8260-5311-5

Das hätte sich der Eckert nicht träumen lassen. Jahrelang hat er in Würzburg von dem Erbe seines Vater gut gelebt, ohne Arbeit, ohne Probleme und vorwiegend nachts. Und auf einmal platzt eines Abends eine Frau in sein Leben. Um sie zu beeindrucken, gibt er sich als Detektiv aus und schlittert in eine Geschichte, die ihm immer mehr entgleitet. Bei dem Versuch, einen angeblich untreuen Ehemann zu überführen, kommt es zu unsanften Begegnungen mit Kriminellen. Plötzlich taucht auch noch seine Exfreundin auf und er hat mehr Probleme am Hals, als er sich jemals hätte vorstellen können.

»Fickert schildert in diesem Roman humorvoll Facetten des menschlichen Lebens. Wie Max Eckert wird auch der Leser immer tiefer in die Geschehnisse hineingezogen, sodass er voller Spannung auf eine Auflösung der in sich verwobenen Handlungsstränge am Ende des Buches wartet.«

Main-Post